产业技术联盟跨组织知识协同研究

胡春华 著

中国纺织出版社有限公司

内 容 提 要

全球科技的快速发展和经济全球化的不断深入，企业面对激烈的市场竞争与技术创新周期加快的动态环境，为了提高资源利用效率而与其他组织进行合作是必然选择。产业技术联盟中的知识合作等创新活动的成败不仅关系到企业经营的成败，也关系到我国技术创新体系的完善和产业竞争力的提高。同时，知识已经成为当前产业发展和组织创新的重要资源与关键要素，知识经济时代下的企业竞争就是知识竞争，对企业的意义非同一般；也已经有越来越多的企业正在通过多种方式的知识协同来提升其竞争力。

图书在版编目（CIP）数据

产业技术联盟跨组织知识协同研究 / 胡春华著 . -- 北京：中国纺织出版社有限公司，2022.11
ISBN 978-7-5229-0095-7

Ⅰ.①产… Ⅱ.①胡… Ⅲ.①技术革新—企业联盟—研究—中国 Ⅳ.① F279.244

中国版本图书馆 CIP 数据核字（2022）第 224918 号

责任编辑：赵晓红　　责任校对：高　涵　　责任印制：储志伟

中国纺织出版社有限公司出版发行
地址：北京市朝阳区百子湾东里 A407 号楼　邮政编码：100124
销售电话：010—67004422　传真：010—87155801
http://www.c-textilep.com
中国纺织出版社天猫旗舰店
官方微博 http://weibo.com/2119887771
北京虎彩文化传播有限公司印刷　各地新华书店经销
2022 年 11 月第 1 版第 1 次印刷
开本：710×1000　1/16　印张：14
字数：225 千字　定价：99.90 元

凡购本书，如有缺页、倒页、脱页，由本社图书营销中心调换

前言

全球科技的快速发展和经济全球化的不断深入，企业面对激烈的市场竞争与技术创新周期加快的动态环境，为了提高资源利用效率而与其他组织进行合作是必然选择。产业技术联盟中的知识合作等创新活动的成败不仅关系到企业经营的成败，也关系到我国技术创新体系的完善和产业竞争力的提高。同时，知识已经成为当前产业发展和组织创新的重要资源与关键要素，知识经济时代下的企业竞争就是知识竞争，对企业的意义非同一般；已经有越来越多的企业正在通过多种方式的知识协同来提升其竞争力。产业技术联盟如何通过协同技术与平台来整合组织内外知识资源，推动"1+1>2"的协同效应的实现，创造出整体大于部分之和的效益，已经成为热点与难点问题。产业技术联盟中不仅包括企业，也包括高校、中介组织、研发机构乃至政府部门等不同类型的知识主体，这些主体的知识协同活动规律以及特点对于完善知识创新体系、提高产业联盟效率至关重要，对此进行研究，其理论与实践价值较高。

本书的主要内容包括：

第一，在对国内外相关文献研究的基础上，对产业技术联盟、知识协同的相关概念进行了界定，分析了产业技术联盟跨组织知识协同驱动力，包括产业技术联盟跨组织知识协同动力来源、动力机制和驱动力 SD 模型分析。同时，探索了产业技术联盟跨组织知识协同形成的驱动要素因果回路，并进行了仿真模拟分析。

第二，探索了产业技术联盟跨组织知识协同行为博弈，提出了产业技术联盟跨组织知识协同行为博弈框架，分析了产业技术联盟跨组织知识协同伙伴选择博弈、形成博弈和合作行为博弈。研究表明，用博弈分析方法能够深刻揭示这些关系背后的内在规律。

第三，探讨了产业技术联盟跨组织知识协同的运作模式，包括技术共同体运作模式、基于研发项目的跨团队运作模式、基于信息网络的虚拟组织运作模式和核心企业盟主领袖式运作模式，并开展了产业技术联盟运作稳定性的实证分析。研究有助于我们进一步揭示产业技术联盟稳定性通过知识协同中介作用对联盟绩效的内在作用机制，为联盟绩效的增强提供科学的实现路径。

第四，分析了产业技术联盟跨组织知识协同能力结构，包括知识协同网络节点维度、知识协同关系和认知维度、知识协同网络结构维度，并进行了产业技术联盟跨组织知识协同能力模型实证分析。

第五，分析了产业技术联盟跨组织知识协同效率的影响要素，提出了产业技术联盟跨组织知识协同效率的指标体系，并基于 BP 神经网络开展了评价研究，给出了政策建议。

第六，分析了产业技术联盟跨组织知识协同的支撑条件，包括保障机制、协同网络平台和文化建设。

本文的主要创新点包括：

第一，界定了产业技术联盟跨组织知识协同的概念。这一行为不是组织内部、团队、个人之间的知识活动，而是在联盟中产生的协同创新行为，是不同类型知识的多维传导和互动过程。

第二，探讨了知识协同在产业技术联盟运作稳定性中的中介作用，分析了产业技术联盟跨组织知识协同能力结构，包括知识协同网络节点维度、知识协同关系和认知维度、知识协同网络结构维度。

第三，构建了产业技术联盟跨组织知识协同效率的评价指标体系，根据最终评价结果，本研究体系在一定的置信区间内能够计算出产业技术联盟跨组织知识协同效率。

本书为湖北省社科基金一般项目（后期资助）2020046"制造业企业联盟自主创新知识协同研究：来自湖北省的实证"资助。

胡春华

2022 年 8 月

目录

第1章 导论   1
- 1.1 研究的背景、目的和意义   1
- 1.2 国内外研究现状   6
- 1.3 研究的内容与方法   24
- 1.4 相关概念界定   26
- 本章小结   30

第2章 产业技术联盟跨组织知识协同动力   33
- 2.1 动力来源   33
- 2.2 动力机制   37
- 2.3 驱动力 SD 模型   44
- 本章小结   51

第3章 产业技术联盟跨组织知识协同的行为   53
- 3.1 行为博弈框架   53
- 3.2 伙伴选择行为博弈   58
- 3.3 形成行为博弈   63
- 3.4 合作行为博弈   71
- 本章小结   78

第4章 产业技术联盟跨组织知识协同运作模式   81
- 4.1 技术共同体运作模式   81
- 4.2 基于研发项目的跨团队运作模式   86
- 4.3 基于信息网络的虚拟组织运作模式   93
- 4.4 核心企业盟主领袖式运作模式   97

4.5	运作稳定性的实证分析	101
	本章小结	109

第 5 章 产业技术联盟跨组织知识协同的能力　　111

5.1	能力维度构成	111
5.2	知识协同网络节点维度对能力的影响	116
5.3	联盟关系与认知维度对能力的影响	120
5.4	网络结构特征维度对能力的影响	124
5.5	实证分析	129
	本章小结	140

第 6 章 产业技术联盟跨组织知识协同效率　　141

6.1	效率影响要素	141
6.2	效率评价指标体系	153
6.3	基于 BP 神经网络的效率评价	164
	本章小结	173

第 7 章 产业技术联盟跨组织知识协同的支撑条件　　175

7.1	保障机制	175
7.2	协同网络支撑平台	184
7.3	文化建设	190
	本章小结	194

第 8 章 总结与研究展望　　197

8.1	总结	197
8.2	主要创新点	201
8.3	研究展望	201

参考文献　　203

第1章 导论

1.1 研究的背景、目的和意义

1.1.1 研究的背景

国家创新能力的水平既决定了国家竞争力的高低，也决定了国家经济发展的可持续性，这是一个国家综合实力的根本决定因素。我国市场经济的发展已经进入攻坚阶段，要加快创新型国家建设，提升国家创新能力，就必须提升企业的创新能力，特别是知识创新能力。从全世界范围来看，我国的 R&D 经费投入总量已经超过日本，排名居全球第二位，仅次于美国。从我国科技经费投入统计数据来看，2013 年，我国 R&D 经费投入为 11846.5 亿元，同比增加 15%；2014 年，我国 R&D 经费投入为 13312 亿元，同比增加 12.4%。其中，R&D 经费的投入占全国 GDP 的比值也在 2013 年突破 2%，分别在 2013 年和 2014 年达到 2.08% 和 2.09%。这一指标充分反映了国家科技经费投入水平，是国际公认的关键性衡量指标，这说明自 2012 年我国 R&D 经费投入突破万亿元之后，经费投入强度也顺利突破 2%，这是我国科技实力不断提升的标志，也说明我国科技水平正在追赶发达国家并逐渐缩小差距。另外，中国科学技术发展战略研究院发布的《国家创新指数报告 2014》显示，尽管我国的创新能力不断提升，但是 2014 年的数据表明，在全球 40 个主要国家中我国创新指数仅名列第19位，这与中国的GDP发展水平不相符合，说明我国创新能力仍然薄弱，创新基础仍然不够扎实，我国企业的创新之路仍然形势严峻。实际上，我国企业创新投入增加的同时并未带来明显的产出增加，超过98.6%的企业没有申请过专利；全世界16000项国际标准中超过99%的标准是国外企业或标准机构所制定的，我国仅仅参与制定了其中0.2%左右的项目标准。

这种情况说明我国创新经费投入巨大，但是实际创新产出却不够理想。这种情况的产生因素较多，除制度不够完善、经济体制改革不够深化、外部环境未形成驱动自主创新的氛围等因素以外，我国的企业出于多种原因往往钟情于"自我创新、自主经营"的模式，导致许多企业单打独斗，资源分散，效率低下，这在很大程度上影响了我国创新能力和创新绩效的整体水平，也不利于社会资源的优化配置。

在知识经济时代，知识更新周期较快，产品的技术创新要求越来越高，生命周期也越来越短，市场竞争已经转变为对知识创新的能力竞争，转变为对知识资源配置的有效利用率的竞争，可持续的技术创新能力成为衡量企业乃至国家竞争优势的核心要素。产品技术创新和生命周期的发展趋势迫使组织面临的技术问题更为复杂和困难，市场中的组织仅仅依靠自身的理论往往难以承担相应的研发任务和满足创新需求，同时还必须承受来自研发和市场的双重风险，成本也极高。而如果组织能够通过协同创新，学习和借鉴其他组织的知识资源，就能够在成本和风险相对较小的情况下迅速提高自身知识创新能力；通过吸收外部知识和强化内部学习，实现资源的内外合理配置，优势互补、成果共享、风险共担，最终实现共赢的局面。通过协同创新，特别是知识协同创新来降低企业成本，获得外部技术，将有限的资源集中在企业的优势技术配置中，已经成为当前国内外知名企业的合理选择。

特别是进入21世纪以来，国内外的技术竞争已经不仅仅是单一产品线或者某一类技术的竞争，而是表现为全球范围内的标准化规则的竞争；这一竞争形式的存在使得当前全球化形势下的企业竞争已经不仅仅在单个企业之间开展，而是表现为多个相关企业以产业技术联盟的形式展开竞争[1][2]。从英美发达国家的技术创新与产品创新的经验来看，产业技术联盟早已经成为发达国家企业应对全球化挑战的有效方式，技术标准的制定往往是多个企业之间联合开展的。目前，世界跨国企业已经突破5万家，这些企业组成的产业技术联盟控制了85%以上的工艺研发、80%以上的技术转让；其中最为知名的联盟就是微软和英特尔的联盟，直接控制了全球95%以上的计算机市场[3]。这些跨国企业通过产业技术联盟继续实施全球范围内的垄断，拉大了与我国企业在技术层面的差距，增加了我国企业参与国际竞争的难度[4]。这就需要我国企业、研发机构、中介组织、政府部门、高等院校等合作起来，积极创立各种产业技术联盟，走知识协同创新的道路。基于此，借助产业技术联盟这一合作平台不断提升组织的自主创新能力是当前国家战略需要，也是企业提高竞争力的必然道路；产业技术联盟跨组织知识协同的构建能够集聚不同类型组织的优势资源，以联盟作为平台开展各种技术创新活动，这对提高企业创新成功率、加速企业技术变革、实现重大和突破性的创新产品、建设创新型国家、提升国际竞争优势等都有非常重要而现实的意义和价值。

1.1.2 研究的目的

产业技术联盟最早是20世纪60年代在日本出现，随着经济全球化

---

[1] 李青原，刘习顺.会计信息质量与资源配置——来自我国规模以上工业企业的经验证据[J].会计研究，2021（8）：3-21.

[2] 纪慧生，姚树香.制造企业技术创新与商业模式创新协同演化：一个多案例研究[J].科技进步与对策，2019, 36（3）：90-97.

[3] ZHANG H, HU B. The effects of organizational isomorphism on innovation performance through knowledge search in industrial cluster[J]. Chinese Management Studies, 2017, 11（2）: 209-229.

[4] ABDULLAH I, KHATTAK A, SUMBAL S. The residual impactof offshore outsourcing on learning and innovation for emerging-economysuppliers: evidence from the apparel industry of Pakistan[M].Edward Elgar Publishing:Upgrading the Global Garment Industry, 2021.

和竞争国际化的发展，开始在全世界范围内兴起❶。产业技术联盟的构建能够有效整合来自不同类型的组织的优势创新资源，推进产业共性技术创新，推动产业技术标准的制定，降低产业内组织的研发成本和研发风险，提升产业和区域经济发展水平，增强企业的核心竞争力。2007年以来，针对国家创新体系中企业创新主体地位不清晰，各种类型组织的创新资源难以整合，无法形成合力的现实状况，我国政府提出应构建并扶持以企业、市场和利益为主体、导向和纽带的产业技术联盟。自此，各类联盟不断组建。本质上，联盟创新来自跨组织的知识协同创新，它决定了联盟能否最终成功，并推动产业技术创新活动的有效开展。另外，知识协同理论与实践活动较为滞后，无法提供给产业技术联盟活动以有效的指导❷。为此，有必要对产业技术联盟跨组织知识协同活动开展相应的理论与实证研究，以推动产业技术联盟的发展。

　　知识协同经历了近20年的研究，已经形成了一批研究成果和具备了一定的研究基础，但是，相对于知识管理在其他层面的研究，知识协同的研究还处于起步阶段；特别是随着当前技术生命周期的缩短和产业技术联盟这一新型合作创新组织的出现，跨组织的知识协同研究是一个较为新颖和较有价值的研究课题。基于此，本书将通过对产业技术联盟跨组织知识协同驱动要素的分析，识别推动知识协同活动出现的影响因素，并对其中的利益分配、伙伴选择等关键行为进行博弈分析；探讨联盟跨组织知识协同的运作模式，分析运作稳定性对绩效的影响；进而对联盟跨组织知识协同能力三个维度进行分析，判断影响协同目标实现的主观条件，同时，对联盟跨组织知识协同的协调管理进行分析，判断影响协同目标实现的客观条件；在以上分析的基础上，对联盟跨组织知识协同的效率，即对投入与产出进行比较，最终发现影响协同效率的关键要素并提供政策建议❸。本书旨在帮助产业技术联盟明确其知识协同过程中的

---

❶ KIM J, YOON J, LEE, J D. Dominant design and evolution of technological trajectories: The case of tank technology, 1915–1998[J]. Journal of Evolutionary Economics, 2021（31）：661–676.

❷ 孟柳. 中国产业技术范式的演进机制及转化路径研究[J]. 中国电子科学研究院学报, 2020, 15（9）：849–855.

❸ BOGLIACINO F, PIANTA M. The Pavitt Taxonomy, revisited: patterns of innovation in manufacturing and services[J]. Economia Politica, 2016, 33（2）：153–180.

不同影响因素及其作用机制,帮助联盟有针对性地改进知识协同中的薄弱环节和不足之处,提升产业技术联盟跨组织知识协同能力水平,进而提高协同效率,最终提高联盟竞争力。

1.1.3 研究的意义

进入21世纪互联网时代,知识经济的发展模式出现了划时代的变革,无论是物联网、大数据还是工业4.0,知识资源正在逐步取代传统资源成为社会发展和经济发展的关键资源;基于产业技术联盟的知识协同创新已经成为企业、产业、区域和国内外创新关注的热点问题,业界对于这一创新方式的认同度越来越高。在当今时代,创新速度已经成为一种竞争优势的表现,而创新速度与协同能力有根本性关联;在市场中能够百年基业长青的往往是能够有效实现协同创新的企业,其中知识协同是关键性环节。

目前关于产业技术联盟的研究较多,对联盟组织模式、联盟知识合作等方面的研究也较为全面,但是缺乏从知识协同角度开展的产业技术联盟跨组织研究,本书的理论意义在于,丰富了产业创新、联盟创新、协同创新等层面的相关研究,也是一个较为独特的研究视角。

在实践上,本书的成果对提高联盟跨组织知识协同能力,提升协同效率,进而提升参与协同的组织竞争优势具有较高的指导意义。不同类型的组织在今天的残酷竞争环境中,面临着资源配置效率低下、自身能力不足的现实困境,只有通过协同创新才能适应环境的变化,实现组织的可持续发展。而产业技术联盟的发展目标正是为了开展知识创新活动,但是由于知识自身的黏滞性特点,使得知识特别是隐性知识难以获得协同效应,通过流动来增进不同组织的竞争力;为此,如何有效开展知识协同伙伴选择、促进收益合理分配是产业技术联盟构建和发展中必须重点关注的问题。

由于产业技术联盟本身的复杂性,跨组织知识协同活动的多样性,其影响层面是多角度的,为此,本书的结论对于企业识别知识协同效率的关键要素,提高协同能力和效率,提高协同活动的成功率,进而提升联盟竞争力具有较高的实践借鉴意义。同时,本书通过对典型地区的产业技术联盟实证研究,具体分析了不同研究命题的真实性,这能够更有效地帮助联盟中不同类型组织的管理者和政府部门的管理机构理解研究结论并提高研究的可操作性。

1.2 国内外研究现状

如图 1-1 所示，研究和探讨解决产业技术联盟跨组织知识协同的相关问题已经成为学术界和业界的热点问题，随着时间的推移，出现了大量的相关研究成果。对相关研究成果的脉络进行梳理，能够有效提供给本书以理论借鉴和方法基础。

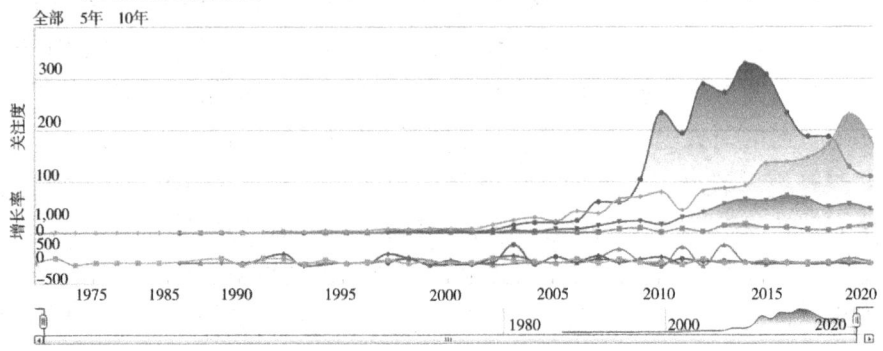

图 1-1 产业技术联盟跨组织知识协同的学术关注度

来源：中国知网。

1.2.1 国外研究现状

（1）关于产业技术联盟的研究

①产业技术联盟的起源

国外对产业技术联盟的研究应追溯到 20 世纪 50 年代，这个时代诞生了硅谷，它应该是产业技术联盟的早期存在形式。许多国外学者对产业技术联盟的界定不尽相同，Etzkowitz[1]认为，产业技术联盟是在企业与

---

[1] LEYDESDORFF L, ETZKOWITZ H, IVANOVA I, et al. The Measurement of Synergy in Innovation Systems: Redundancy Generation in a Triple Helix of University-Industry-Government Relations[Z]. SPRU Working Paper Series, 2017.

第1章 导论

大学之间开展的一种科技研发活动和规划。Dunning[1]则认为，产业技术联盟是大学与产业之间，不同领域的组织之间的相互合作过程，这一合作的目标在于提升各自的潜力。这一过程中能够有效引导人力资源等级、创新能力、经济生产性的提高，这也被认为是应对经济增长停滞的重要措施[2]。到了 20 世纪末，Katz 和 Odover[3] 指出，技术联盟中有明显的 R&D 合作研发行为，这在网络产业中更多。邓宁（Durning）[4]认为，技术联盟可以通过股权共享和非股权的形式来构建，如企业合并、共同销售、合作生产等方式。Harbans L[5] 认为，联盟是一种松散型的关系网络组织，其中的企业之间的合作是基于成本、效率和竞争因素而展开的，这一网络组织的特点是优势互补、风险共担、要素自由流动。联盟是多个类型的组织为实现战略互补而采取的合作行为，这一行为包括排他性协议、技术转让、共同研发和营销等。Peng S Chan 和 Dorothy Heide[6] 根据企业在研发阶段对伙伴的选择将联盟分为 5 个不同类型：与用户的联盟；与供应商的联盟；与对手的联盟；与技术关联企业的联盟；与政府、高校、研究院的联盟等[7]。

---

[1] WANG C H, QUAN X I. The Effect of R&D Alliance Diversity and Network Position on Firm Innovation Performance: Evidence from the Emerging Biotechnology Industry[J]. Science, technology & society, 2017, 22（3）: 407-424.

[2] DYER J, GREGERSEN H, CHRISTENSEN C M. Innovator's DNA, Updated, with a New Preface: Mastering the Five Skills of Disruptive Innovators[M]. Harvard Business Press, 2019.

[3] ISHIKAWA N, SHIBATA T. R&D competition and cooperation with asymmetric spillovers in an oligopoly market[J]. International Review of Economics & Finance, 2020: 72.

[4] ROOT T. Alan Richardson: Reappraising the life and work of a twentieth-century Christian theologian, cleric and educator, 2020.

[5] MARIO, RAPACCINI, et al. Servitization of SMEs through Strategic Alliances: a Case Study[J]. Procedia Cirp, 2019.

[6] KUZNETSOVA M A, DRAHAN K Y. The Use of Strategic Alliances in an Innovative Economy[J]. Business Inform, 2020, 9（512）: 75-80.

[7] CHEN H, MA T. Technology adoption with limited foresight and uncertain technological learning [J]. European Journal of Operational Research, 2014, 239（1）: 266-275.

②产业技术联盟的性质

国外学者还从经济学理论的角度对产业技术联盟的性质进行了分析。交易费用理论学者将产业技术联盟看作介于市场和公司之间的临时性组织形式[1][2]。与此不同的是,Hagedoom[3]将产业技术联盟看作独立的组织形式,既不是市场也不是公司类型,这与交易费用理论的相关研究不同。Ring[4]提出了学习成本的概念,他认为,在合作中可以降低学习成本,合作形式是成本较低的学习方式。而近年来,动态能力流派相关学者 Teece,Pisano 和 Shuen[5]等人则从技术能力的角度来看待产业技术联盟的构建,他们认为产业技术联盟是动态能力的形成过程,虽然这一过程中有路径依赖和能力刚性的存在,但是可以通过联盟的方式来整合能力,促进企业的成长与学习。Gulati singh[6]在探讨网络与联盟发展的过程中,对协同成本进行了分析,他认为联盟构建的关键在于协同成本的变化。Dutta[7]等对不同类别的合作伙伴进行了区分,这些伙伴包括竞争对手、供应企业、客户和高校等研究机构,他们认为不同类型的企业在

---

[1] PING Q I, RU-XIAO L I, Economics S O, et al. Research on the Enterprise Information Resource Sharing Model of Strategic Alliance Based on Contract Theory[J]. Information Science, 2018.

[2] ALBERS S, WOHLGEZOGEN F, Zajac E J. Strategic alliance structures: An organization design perspective[J]. Journal of Management, 2016, 42(3): 582-614.

[3] MARSHALL R S, NGUYEN T V, Bryant S E. A dynamic model of trust development and knowledge sharing in strategic alliances[J]. Journal of General Management, 2017.

[4] CHEN C D, ZHAO Q, WANG J L, et al. Exploring Sharing Economy Success: Resource-Based View and the Role of Resource Complementarity in Business Value Co-Creation, 2017.

[5] ARUN K, OZMUTLU S Y. Narratives of environmental munificence of 3PL firms on the relationship between dynamic capabilities, strategic management and organizational performance[J]. Journal of strategy and management, 2022(15-1).

[6] SCHILKE O, LUMINEAU F. The double-edged effect of contracts on alliance performance[J]. Journal of Management, 2018, 44(7): 2827-2858.

[7] OBUNIKE C F, UDU A A. Technological innovativeness and growth: a study of small scale manufacturing firms in Lagos State[J]. Economics of Development, 2019, 17(4): 39-53.

研发合作中存在明显区别。Andrea[1]在2001—2002年对荷兰社区进行了调研，并采用统计方法进行探讨，发现研发合作的不同类型其决定因素也不同。

③产业技术联盟的运作机制

这一研究领域国外的研究也较为广泛。A. B. Ngowi[2]通过问卷调查对联盟构建以及其运作流程进行了调研，结果表明，联盟成员之间的信任是联盟构建、形成、发展等不同过程中的关键要素。Norman[3]基于其构建的模型和实证研究，通过学习和成本理论的原理分析，对联盟中成员信任关系与效率的影响进行了分析。研究结果表明，信任对成员交流、效率、满意度等均有显著的正向影响。Ybarra[4]同样对联盟成员之间的信任关系进行了分析，他认为，联盟具有不稳定性和依赖性，因此信任水平的高低是联盟成功的关键。Gomes-Cassere B[5]等则将产业技术联盟看作知识共享的平台，通过对专利数据的分析，指出联盟能够促进组织间的知识交流；同时，合作伙伴的差异越小，知识共享越成功。W. B. Lin[6]采用SEM模型，通过问卷调查，分析了联盟的运作机制与技术转移活动之间

---

[1] RUII M M, OBRADOVI V, DOBROTA M. Integrated Concept of Strategic Management as a Tool for Effective Technology Transfer in R&D Organisations[J]. European Project Management Journal, 2019, 9 (2): 74-84.

[2] FERNANDES D A, COSTA A A, LAHDENPERÄ P. Key features of a project alliance and their impact on the success of an apartment renovation: A case study[J]. International journal of construction management, 2018, 18 (6): 482-496.

[3] WAHEED M, AIN N U, KLOBAS J E. Unveiling knowledge quality, researcher satisfaction, learning, and loyalty: A model of academic social media success[J]. Information technology & people, 2021 (34-1).

[4] ALDOWAH H, REHMAN S U, UMAR I. Trust in IoT Systems: A Vision on the Current Issues, Challenges, and Recommended Solutions[C]. Advances on Smart and Soft Computing: Proceedings of ICAC In 2020, 2021: 329-339.

[5] RAVICHANDRAN T, GIURA S I. Knowledge Transfers in Alliances: Exploring the Facilitating Role of Information Technology[J]. Information Systems Research, 2019, 30 (3): 726-744.

[6] AGGARWAL V S, KAPOOR M. Knowledge transfer among international strategic alliance partners and its impact on innovation performance[J]. International Journal of Human Rights and Constitutional Studies, 2019, 6 (4): 203-216.

的互相影响与互相联系。Kim Langfield-Smith[1]对联盟初始阶段的信任关系与风险问题进行了探讨,采用现实存在的案例和理论分析模式,发现了联盟中化解风险的有效方式;他认为治理机制、行为机制、产出机制和社会控制等都能够帮助联盟化解风险、增加信任关系。YukikaAwazu[2]研究了知识管理基础上的产业技术联盟,研究表明,知识资本的效率对联盟效益有明显的正向影响。Chang-su Kim[3]等对产业技术联盟中的专利进行了分析,特别是共有专利。研究以药企为研究对象,实证分析的结果表明,产业技术联盟这一形式是专利出现的积极因素。Bayona[4]分析了产业技术联盟成员在联盟出现前后的价值与稳定性变化,并对成员企业在联盟成立后股价波动进行了探讨。研究结论是,成员企业的股价波动幅度在联盟成立后加大,但是对股价水平的影响不大。

④产业技术联盟的合作机制

Senker[5]提出,之所以出现合作,是由于高校等研究机构需要寻找除政府部门提供的补助之外的资源;市场竞争的剧烈程度加剧导致企业研发周期缩短,为此,企业有动力寻求外部研发资源以提高竞争力;政府部门则可以通过对共性技术的支持,来提高研发成果的外溢收益。Roberto[6]等对欧盟的部分企业开展了调研并借鉴计量经济学的研究方法对

---

[1] SUNAEVA G G, SUNAEVA S G, GOLTSEVA O S, et al. Scientific and Technological Creativity and Entrepreneurship in The Process of Projecting in Collaborative Graduation Qualification Works[C]// SHS Web of Conferences. EDP Sciences, 2020.

[2] VENKITACHALAM K, WILLMOTT H. Strategic knowledge management—Insights and pitfalls[J]. International Journal of Information Management, 2017, 37(4): 313-316.

[3] LIN L H, HO Y L. Ambidextrous governance and alliance performance under dynamic environments: An empirical investigation of Taiwanese technology alliances[J]. Technovation, 2021, 103: 102240.

[4] CHENG T H, HUANG C J, SUNG C H, et al. Vulnerable Company's Triumphs in M&A Negotiation under the Impact of COVID-19 — An Empirical Study of Asian Companies[J]. Review of Pacific Basin Financial Markets and Policies, 2021, 24(2): 2150012.

[5] GALVIN P, BURTON N, SINGH P J, et al. Network rivalry, competition and innovation[J]. Technological Forecasting and Social Change, 2020, 161: 120253.

[6] TSENG F C, HUANG M H, CHEN D Z. Factors of university-industry collaboration affecting university innovation performance[J]. Journal of Technology Transfer, 2018.

产业技术联盟合作的动机以及影响要素进行了探讨，研究表明，合作动机的关键要素在于企业规模与开放程度，具有良好合作意愿的企业往往自身具备较高的积极性、具有对专有知识的保护能力和资源吸收能力[1]。Michael[2]的实证分析结果表明，大型企业的产业技术联盟合作行为与中小企业不同，大型企业集中在非核心技术层面，而中小企业集中在核心技术层面；大型企业往往采用技术转移与经费支持的方式；中小企业则会通过合作研究的方式实现。Scott[3]提出，当前产、学、研的合作开发模式已经较为常见，从正式的合同契约合作到技术转移办公室模式的非正式合作，都已经成为合作模式的普遍选择。由此可以看出，国外对于联盟合作的研究较多，特别是集中在模式类型、模式对比的层面。

（2）关于知识协同的研究

赫胥黎指出，知识的根本目标在于其行为而不是知识本身的特点。知识协同是知识管理理论中的基本概念，也是跨越多学科的理论，知识协同中包括管理学、经济学、行为学、社会学、系统论、博弈论、协同论等前沿思想，是这些学科核心观点的延伸，更是知识管理理论的突破，是协同工程的升华，已经成为知识经济时代组织绩效提升的有力工具[4]。知识协同的国外研究基本集中于知识协同的内涵探索、模型研究、运行机制分析、协同技术与平台、知识协同的应用价值等。

国外对知识管理的理论与实践研究起源于20世纪80年代的国际劳工大会；自知识管理理论出现之后，国际上将2000年确定为知识管理的年份。知识管理，实际上就是以知识为根本内涵的理论，是以组织的根

---

[1] FILIPPI E, PIZZOLITTO C. The past and the future of catalysis and technology in industry: a perspective from Casale SA point of view[J]. Catalysis Today, 2022（387）: 9-11.

[2] SHEN T, ZHU Y. Influencing Factors of Firm's Centrality in Innovation Coordination Network[J]. Technology Economics, 2018.

[3] ZHU G, WEN M, FAN X, et al. A Case Study on the Mechanism of University-Industry Collaboration to Improve Enterprise Technological Capabilities from the Perspective of Capability Structure[J]. Innovation and Development Policy, 2020（2）: 27.

[4] 武华维，王超，许海云，等. 知识耦合视角下区域科学—技术—产业协同创新水平的评价方法研究[J]. 情报理论与实践，2020, 43（5）: 91-98,8.

本目标和管理者的职责为立足点，根据组织知识的有效配置，提高知识创造能力的方式与流程。另外，协同论是德国物理学家哈肯（H.Haken）于1976年创立的系统科学[1]，这一理论原用于研究不同类别系统中不同部分的互相联系，以促进系统实现整体效益最大化的多学科理论。Ansoff在1965年曾经对协同的内涵进行了探索，他认为，"2+2=5"能够最好表现出协同的本质与特点，也就是整体利益大于部分利益之和[2]。Karlenzig[3]最早提出了知识协同的概念，他指出，知识协同是一种策略，能够通过动态构建系统内外过程、技术和信任关系以促进绩效。同时，知识协同也是组织工具，通过协同共赢，知识协同能够跨越各种边界促进不同组织职能的有效开展。Gloge，Howell和Hugh[4]等人认为知识协同是一种能力，能够在正确的时间传递合适的信息给合适的对象的能力；特点表现为提高协同效率、关注顾客感知、增进知识转移等。在协同软件飞速发展的今天，这一概念界定很好地表达了知识协同的目标，特别是协同商务的目的；但是这一内涵缺乏对协同的理解，仅仅将知识协同作为网络化的知识拓展。Mckelvey和Almb[5]研究表明，知识协同是跨组织的行为，至少需要两个或两个以上的组织参加，开展研发、著作和探索，参与各方应积极投入资源，知识协同应签订协议并保证资源的投入和目标的实现，如专利数量等。

21世纪是知识经济的时代，知识已经成为企业核心能力的关键要素。知识管理也已经被人们认为是21世纪最重要的经济管理工具。对知识管理的深入研究使得知识协同的重要性也得到了广泛的认可。2002年11月，卡尔通过对全球超过1万人的调研后指出，人的年龄、地位、受教育程度等越高，其对知识协同的认可程度就越高。Sung-Kwan等指出，知识

---

[1] 苗东升. 系统科学精要[M]. 3版. 北京：中国人民大学出版社，2010.

[2] 郭治安，沈小峰. 协同论[M]. 太原：山西经济出版社，1991.

[3] JOACHIMSTHALER E. The Interaction Field: The Revolutionary New Way to Create Shared Value for Businesses, Customers, and Society[M]. Hachette UK, 2020.

[4] NORTH K, MAIER R, HAAS O. [Progress in IS] Knowledge Management in Digital Change ‖ IT Support for Knowledge Processes in Digital Social Collaboration[J]. 2018.

[5] BENNATO A R, MAGAZZINI L. Does regulation drive international research cooperation? Evidence from the pharmaceutical sector[J]. The World Economy, 2019, 42（4）：1200-1223.

协同是有效联系组织内部的工具，通过对组织资源与系统的整合，促进组织合作的长期特性，保证知识管理目标的完成，从而促进其中各个环节的价值最大化，包括目标、技术和资源的有效协调；知识协同既是企业协调的最高层次，也是组织的最高战力，能够有效保证知识的传递和信息的贡献，最终提高组织效率。

除对知识协同的内涵分析之外，学者们还探讨了知识协同平台与关键技术。Anklam[1]指出，知识协同的关键工具是知识库技术、知识门户网站、web会议软件、项目协同环境、知识交流工具、知识指引工具等。Nummela和Saarenketo[2]则构建了一种知识环境模式，可以用于虚拟的协同工作的环境系统。NRC-IIT则在2001年开展了所谓"以人为本的技术"项目，项目根据知识协同理论设计了知识入口模型，如图1-2所示，研究认为，知识入口是链接内部网络与外部网络的平台，这其中包括讨论区、虚拟实验室等[3]。Cummings J.认为，知识协同的平台是一种信息系统，这一系统能够将数据集成于管理平台上并提供一致性的操作界面，从而帮助企业构建内外信息平台。知识协同的完成不仅需要技术支撑，还需要制度来提供实现路径。知识协同需要的制度主要包括：文化、学习、信任等；当然还需要协同氛围的支持以及参与协同的员工的能力提高，而信息技术则是其技术基础，包括知识协同的体系结构技术、工作流、知识图谱。基于此，Yesilbas和Lombard[4]探索了知识协同

---

[1] KRUESI L, BURSTEIN F, TANNER K. A knowledge management system framework for an open biomedical repository: communities, collaboration and corroboration[J]. Journal of Knowledge Management, 2020, 24 (10): 2553-2572.

[2] AHMAD Z, LIU C, WANG C, et al. How collaboration impacts in the market orientation-performance relationship of SMEs? A perspective from belt and road initiative[J]. Journal of Business & Industrial Marketing, 2021, 36 (5): 796-806.

[3] TRAKUNSARANAKOM C. Proposals for tangible, intuitive and collaborative design of manufactured products through virtual and augmented reality environments[D]. Université Grenoble Alpes, 2017.

[4] FATFOUTA N, STAL-LE CARDINAL J. TOWARDS A FRAMEWORK FOR INTEGRATED AND COLLABORATIVE KNOWLEDGE MANAGEMENT FOR ENGINEERING DESIGN-A CASE STUDY[C]//Proceedings of the Design Society: DESIGN Conference. Cambridge University Press, 2020: 559-568.

过程中的文化融合与文化冲突，并构建了来自领域、产品和协同的知识系统。

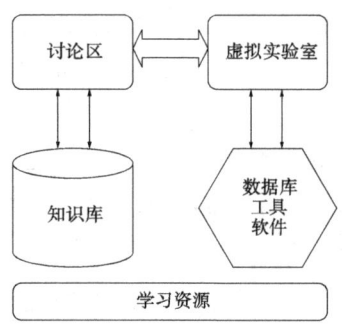

图 1-2　知识入口模型

1.2.2　国内研究现状

（1）关于产业技术联盟的研究

①产业技术联盟构建的研究

产业技术联盟的国内研究始于 1995 年，中国人民大学蔡兵[1]最早对技术联盟的产生根源进行了探讨，他指出，技术联盟的成因在于单个企业资源有限且研发活动的风险性较高，联盟的成立在于对外部资源的利用和风险的转移。陈菲琼、范良聪[2]认为产业技术联盟的构建目标在于建立合作通道，以强化高校与各类产业的联系，促进双方的合作交流，一方面通过高校引导产业理念变革，促进产业转型升级，另一方面来自产业领域的实践能够提高高校研发能力，最终实现区域资源的有效利用。赵志泉[3]对产业技术联盟中的合作活动进行了分析，认为联盟合作就是高校与企业进行的合作活动，包括个案分析、新产品研发、工艺

---

[1] 戴胜利，李迎春，张伟. 技术创新联盟影响因素与路径框架——基于扎根理论的探索性研究 [J]. 科技进步与对策，2019，36（19）：17-25.

[2] 张钰，刘益，王亚娟. 渠道竞合对制造商企业绩效的影响——基于悖论视角的研究 [J]. 管理评论，2017，29（7）：213-224.

[3] 赵健宇，王铁男. 战略联盟协同演化机理与效应——基于生物进化隐喻的多理论诠释 [J]. 管理评论，2018，30（8）：194-208.

流程改善、技术提高、教育培训等。丁晶晶[1]则认为产业技术联盟是企业、高校和科研机构在全社会领域内，按照风险共同承担、利益共同分配的原则，以契约为基础，实现优势资源互相补充的技术创新活动；其中包括五个要素：成果转化、资本运作、利益分配、效益评价、商业规则。原长弘等[2]指出，产业技术联盟是两个或两个以上的独立法人合作，共同对某种技术和产品进行开发的合作活动；联盟的出现是为了应对技术周期的缩短、竞争的加剧而开展的资源互补和强强联合的行为。陈宝明[3]认为，产业技术联盟是以企业为主体组成的，开展技术研发、拉动产业发展、促进技术提升、增加产业竞争力的创新组织形式。钟书华[4]总结了产业技术联盟的不同类别，包括前向类型、后向类型、横向类型、企业与科研机构合作类型、企业与高校合作类型、企业与政府合作类型的六大联盟形式。另外，钟书华[5]通过调研等实证方式获得了相关数据并进行了针对性的研究，涉及产业技术联盟发展历史、联盟规模、成员企业以及研发投入、效益等方面，并对产业技术联盟的现实情况进行了合理评价。薛澜、沈群红[6]则分析了国外的产业技术联盟发展现状，结论是国外产业技术联盟的本质已经有所变化。郭丽斌[7]则研究了产业技术联盟的特征，包括产业技术联盟的外部性、产业技术联盟的技术性、产业技术联盟的松散性。他认为，产业技术联盟的相关成员是以价值链为合作基础，企业是联盟的主体，并开展了专业化的分工合作；以协同效益为基础，产业联盟具备了技术层面的整体竞争力；产业联盟内

---

[1] 乔玉婷，黄朝峰，鲍庆龙．产业技术联盟的运行机制和作用机理研究 [J]．科学管理研究，2019, 37（1）：63-67．

[2] 周青，王东鹏，孙耀吾，等．面向"一带一路"企业技术标准联盟的理论溯源与研究趋势 [J]．信息与管理研究，2019（1）：51-66．

[3] 马家鑫．产品品牌产业：国内综合格斗类赛事发展路径 [C]// 中国体育科学学会．第十一届全国体育科学大会论文摘要汇编．北京：[出版者不详]，2019：7179-7180．

[4] 胡林荣，刘冰峰．景德镇陶瓷文化产业技术联盟知识协同的集聚效应研究 [J]．商业经济，2019（6）：47-48，189．

[5] 黎越亚，钟书华．区域智慧专业化"成长云"的形成——区域创新发展的起点 [J]．自然辩证法通讯，2022, 44（4）：90-101．

[6] 唐新华．西方技术联盟冲击 [J]．瞭望，2022（22）：48-50．

[7] 杨一图，梅萌，杜宏群．产业技术联盟创新工作与诚信体系建设刍议 [J]．科技视界，2021（12）：184-186．

部不仅有合作还有非合作的关系，内部的联系较为松散，但是都以技术创新为根本目标。

②在产业技术联盟评价的研究方面

如表1-1所示，对于非财务指标的相关研究而言，均涉及满意程度、目标达成情况、联盟稳定性、学习状况等指标；由于这些非财务指标无法评价实际上产生的利润，因此适用性较小，仅仅用于研发中心、实验机构、高校、研究机构等主体的某个层面评价，不适用于整体评价。而涉及财务指标的评价成果，则主要采用了股价水平、收益率、销售额、投入产出比等方式对联盟运作进行评价；这类方法能够从数量上直接体现联盟运行情况，但是指标设定过于单一，无法反映出联盟运作深层次的行为特点。

③产业技术联盟保障条件的研究

随着国内产业技术联盟的发展，学者们开始认同联盟已经成为企业研发的平台，并对联盟研究开始不断深入。特别是为了保证联盟合作的成功，关于收益分配、伙伴选择和风险管理等方面已经成为当前研究的热点问题。在前期研究的基础上，华中科技大学的李红玲和钟书华[1][2][3]分别发表了三篇文章针对技术联盟的收益分配与风险管理问题进行了探讨。他们研究了技术联盟风险管理的内涵，对风险管理机制和责任认定进行了分析，也探讨了联盟成本内涵及其分配方式，提出了效益博弈的方式，并对现实联盟中效益多样性导致的分配模式多样性进行了研究。郭军灵[4]列出了产业技术联盟伙伴选择的根本标准，研究表明，为了减少伙伴之间的冲突，应对评估体系进行改革，建立战略、文化和组织协同的管理

---

[1] 唐新华."芯片四方联盟"加速西方"技术联盟"构建[J].科技中国，2022（5）：95-98.

[2] 丁远一.产业技术创新联盟创新合作演化博弈分析——基于大数据辅助监管视角[J].工业技术经济，2022，41（7）：35-41.

[3] 李海燕，吕焕方，曹蓓.产业技术创新联盟绩效评价指标体系的构建[J].2022（22）：56-58，67.

[4] 樊嫣然.日本产业技术创新战略联盟的运行及其借鉴[J].科技创新与生产力，2022（2）：31-35.

体系。吴勤堂[❶]指出，为了防范联盟风险，应对决策风险、组织差异分析、实施过程风险、信息不对称风险进行针对性控制。

表1-1　常用的技术联盟绩效综合评价指标

一级指标	二级指标	三级指标
财务指标	盈利指标	净利润；销售比；投资回报率；投资回收期；投入产出比等
	成本指标	成本增减比；研发成本变化；营销成本；财务成本；管理成本等
非财务指标	资源投入	人力资源投入；研发人员的构成；技术投入及其构成等
	竞争能力	学习能力；研究能力；产品成功率；成果转化率；市场占有率；品牌竞争力；研发时间；研发经费占销售费用比例；创新能力；管理能力等
	风险管理	风险规避能力；风险承受能力；创新失败处理机制等
	社会效益	社会口碑；合作平台与战略构建；环境影响；资源利用率等

资料来源：作者自己整理。

④产业技术联盟运行中存在的相关问题研究

学者们对产业技术联盟运行过程中存在的问题进行了深入研究，如何合理解决问题以及保障联盟稳定运作成为业内关心的核心问题。刘云[❷]创建了评价模型，从外生与内生两个层面用于对技术联盟稳定性进行评估，并对联盟不稳定的影响要素进行了探讨，提出了合理的实现途径。蒋樟生[❸]对产业技术联盟的稳定性分析则是从价值转移的角度展开的，他的研究对价值进行了分类，在此基础上构建了系统方程。陈华等[❹]提出了

---

❶ 桂萍，梅艳兰，胡庆为. 技术联盟资源集成对创新能力影响的实证研究[J]. 开发研究，2013（6）：142-145.

❷ 唐雅露，陈一鸣. 基于系统动力学的虚拟产业集群中技术联盟稳定性建模与仿真[J]. 现代商贸工业，2021，42（29）：3-4.

❸ 陈国鹰，孙进书，张爱国，等. 技术联盟企业间联合行动对企业创新绩效的影响[J]. 科技进步与对策，2021，38（22）：83-90.

❹ 吴松强，黄盼盼，曹新雨. 企业关系资本、知识共享与企业创新能力——基于先进制造业产业技术联盟的实证研究[J]. 科学管理研究，2021，39（1）：123-131.

产业技术联盟中高新技术联盟的内涵，分析了高新技术企业构建联盟的驱动力，同时对联盟合作失败比例较高的原因进行了分析并提出了相应的对策。李瑞琴[1]通过博弈论的基本原理分析了联盟稳定性的影响要素，并对跨国企业构建产业技术联盟提出了相应的合理化策略。张延锋[2]的问卷研究对联盟中信任、控制、风险类型三者进行了实证，并得出了有针对性的结论。孟华兴、王春和、张伟东[3]讨论了如何在联盟中快速建立彼此合作信任的问题，有效提高了联盟的稳定性。陈培樗和屠梅曾[4]的研究则以第三代通信技术联盟为实例，分析了技术联盟合作体系的构建与合作成功的关键要素。武丹和郁义鸿[5]以 RJV 和 CLA 为例，说明了如何选择研发模式以促进合作，同时在 RJV 模式下对收益分配系数进行了计算，对均衡的结果进行了探讨。张坚[6]用两篇文章从自组织理论和激励理论分析了技术联盟的绩效，界定了绩效的内涵，在初始条件、进展、效益的基础上构建了绩效评价体系；另外，还分析了技术联盟的激励机制。他认为，竞争和协同机制、熵流控制机制共同作用于技术联盟，有效促进了联盟绩效，并形成了良性互动的网络。

⑤产业技术联盟的发展研究

国内产业技术联盟形式的多样化使得产业技术联盟的发展也逐渐成为当前国内学界研究的关键问题。陈迅、杨守鸿、赵三英[7]认为，产业集群所具有的聚集效应促进了产业竞争力的提高，但是这种效应还是创新的最初层面。只有在集群内构建技术联盟，对核心技术进行合作研发，对集群资源进行优化配置，才能在更高的层面上促进集群竞争力的提升

---

[1] 周青，吴童祯，刘瑶. 面向"一带一路"企业技术标准联盟模式与驱动因素的动态关联[J]. 信息与管理研究，2021，6（2）：1-13.

[2] 姜滨滨，卢尚辰. 战略联盟推进后发企业技术追赶的实现机制研究[J]. 中国市场，2021（5）：79-81, 87.

[3] 卫红霞. 成立创新联盟实现优势互补[J]. 班组天地，2022（5）：63.

[4] 王小杨，张雷，杜晓荣. 基于产业技术创新联盟的产学研合作演化博弈分析[J]. 经济研究导刊，2018（1）：28-32, 38.

[5] 冯潇，孟卫东，黄波，等. 企业与政府间的创新信号传递与反馈研究[J]. 科学学与科学技术管理，2020，41（8）：63-79.

[6] 张京云，秦悦. 基于平衡计分卡的科技型中小企业各生命周期绩效评价[J]. 商情，2019（43）：22-23.

[7] 冯逸凡. 企业集群背景下XR电动车公司发展战略研究[D]. 南京：东南大学，2019.

第1章 导论

并使得集群生命周期得以不断延续。李万斌[1]探索了产业技术联盟的形成过程，以及联盟与创新的互动联系。他的研究表明，企业持续发展的基础来自技术创新，而创新能力与技术联盟是相互包含的关系，这二者的互动促进了企业的自主创新活动。张睿[2]认为，如图1-3所示，产业技术联盟成员间存在的知识差距是成员企业合作的知识动力所在，由于知识差距的作用，使联盟中不同组织开展知识转移活动，产学研合作是其中的典型形式；同时，知识差距随着联盟知识合作活动的开展不断演化，原有知识差距消失之后，联盟合作将得以成功完成；但是随着自主创新的进行，新的知识差距又将不断产生，这就是联盟中知识流动不断形成、发生、演化的基础。

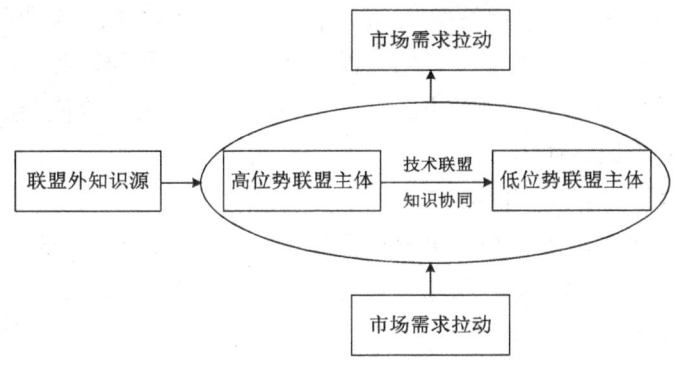

图1-3 知识势差对技术联盟发展的影响

陈宝明[3]分析了产业技术联盟的特点、功能以及政策制度，研究表明，国内产业技术联盟应积极发展共性技术、制定长期战略、提高全球化竞争能力、开展产学研合作的体系构建以及承担政府机构的项目；只有如此，才能为联盟发展提供良好的外部环境，提供制度协调并不断动态调整战略引导产业技术联盟的进步。冯海红、王胜光[4]从公共政策的视

---

[1] 朱清. 产学研知识创新联盟运行风险控制研究 [D]. 哈尔滨：哈尔滨工业大学，2017.
[2] 骆付婷. 基于知识转移的军民融合技术协同创新模式与评价研究 [D]. 绵阳：西南科技大学，2017.
[3] 周超. 创新驱动发展战略下产业技术创新联盟模式探析——以佛山市为例 [J]. 岭南学刊，2019（5）：41-48.
[4] 徐海峰. 澳大利亚产业技术创新联盟税收优惠政策的经验与启示 [J]. 科学管理研究，2018，36（4）：105-108.

角探索了产业技术联盟获得政策保障的重要意义,他们的案例研究表明,发达国家的产业技术联盟均能获得政府立法支持、机制扶持、组织结构保障、行政保障、财政保障、政府专项项目保障六个层面,这对我国产业技术联盟发展的政策支持提供了良好启示。张璇[1]探讨了太原市产业技术联盟的发展现状,对太原市试点中的产业技术联盟存在的问题给出了相应的对策。冯海红、王胜光[2]分析了中关村产业技术联盟的发展情况,界定了产业技术联盟的内涵与特征,并从三个不同角度:经济形态、企业行为与组织结构演化、政府职能转变探索了产业技术联盟形成与发展的时代背景。王纬、梁嘉骅[3]的研究表明,产业技术联盟存在稳定性和创新性效应,这是我国产业组织形态的重要补充,也是其他产业组织形态的有力支撑。李大平、曾德明[4]认为,产业技术联盟中的标准化联盟是一种契约形式的联盟,是企业不断协同合作,通过谈判约定各方利益并进行组织租金配置的有效创新方式,对于降低成本、租金价值创造和柔性组织创新具有明显作用。

(2)关于知识协同的研究

陈昆玉等[5]指出,知识协同是实现"1+1>2"效应的重要战略工具,也是企业实现战略目标的根本手段之一。张中会[6]等指出,知识协同能够通过对组织内外资源的有效配置,实现整体大于部分之和的效果,提高组织对知识活动的利用效率。也就是通过获取知识之间的联系,对知识资源进行有目的的获取、学习和应用,从而创造出新的效益。倪颖杰[7]等认为,知识系统是企业或者跨企业的合作团队对工艺技术的协同

---

[1] 邵伟. 产业技术创新战略联盟运行绩效评价研究[D]. 南昌:江西师范大学,2017.

[2] 李亚健. 中关村示范区企业及产业联盟标准化工作模式研究[J]. 科学与财富,2020(12):138-139.

[3] 钱航. 产业联盟治理对技术创新能力的影响机制研究[D]. 成都:电子科技大学,2017.

[4] 张定, 崔承杰, 王珍. 基于治理机制调节效应的技术创新与企业绩效关系研究——来自上市高新技术企业的经验数据[J]. 统计与信息论坛,2021,36(3):107-118.

[5] 周守亮, 魏春华. 企业组织知识协同的内涵与机理研究[J]. 企业科技与发展,2021,(2):20-24.

[6] 薛海燕. 论高校图书馆阅读推广的工作机制和现代营销[J]. 武夷学院学报,2021,40(11):103-109.

[7] 宋姗姗, 季婉婧, 王金平. 智库知识协同体系构建研究[J]. 数字图书馆论坛,2022(4):67-72.

创新，这其中知识和协同最为重要。知识是创新环境的关注点，而协同则是系统的工作方式。知识协同就是通过对知识资源的有效利用，促进企业之间或者企业部门开展协同工作，提升企业及其合作伙伴的竞争优势；知识协同的重点在于合作各方协作性的知识流动活动。刘怡君和唐锡晋[1]指出，知识经济时代下企业成长的驱动力来自知识创新，协同技术是知识创新的基础。他们的研究还开发了一个类似于"Ba"的"场"，即保障知识创新的环境，他们认为在"场"中可以开拓创造性思维，通过大胆假设、小心求证推动知识共享与创造。这种"场"在现实中表现为研讨厅、网络讨论群组，也可以是某种氛围。"场"中的知识流动是动态的，是基于主体开放性思维的，是知识协同、知识流动的有效创所。

现有研究中，有些文献将协同等同于合作；这对于知识协同的界定过于狭隘，知识合作仅仅是知识协同的一个过程，实际上，知识不是虚无的，而是以某种形式存在于各种载体中的。尤其是以人为载体存在的隐性知识，由于其隐含性的特点，导致隐性知识难以转移；而知识协同将知识主体与知识流动结合起来，通过目标、结构、过程、平台不同体型构建，从组织文化、组织结构、组织人力资源、协同技术、知识网络等多个方面为企业提供了先进的理念、服务与管理机制。

在对知识协同内涵界定的基础上，部分学者开展了知识协同技术、模型的定性与定量研究。田锋和李人厚[2]提出，可以采用能扩张和定制的知识模式来多协同流程进行解释，这就是基于知识的工作流方法；这一方法可以用于协同设计工作中。唐文献等[3]从产品生命周期的角度探索了产品协同设计系统的整体架构，这一架构体系以基于分布式广义知识库系统作为其支撑，通过基础层、应用层和决策层三个层面来开展设计数据运作和数据交换，研究了在 CAD 协同、产品信息建模和仿真模

---

[1] 蒲志强，易建强，刘振，等. 知识和数据协同驱动的群体智能决策方法研究综述 [J]. 自动化学报，2022, 48（3）: 627-643.

[2] 张伟民. 基于概念格的数字图书馆协同知识构建研究 [J]. 办公室业务，2022（6）: 175-177.

[3] 李朝明，杜宝苍，林惠娟. 基于动态能力的企业协同知识创新问题研究 [J]. 武汉理工大学学报（信息与管理工程版），2013（1）: 136-140.

拟可视化基础上的知识工程环境。李兵等[1]分析了软件视角下的协同知识创新理念，通过引导知识型员工的积极性和创新性，促进企业员工的主动性，将组织战略转化为员工战略，从而拓展了人力资源的潜力，实现了资源优化配置。吴鹏等[2]人的研究表明，可以构建基于知识管理的智力协同体系，在此体系下可以通过平台和门户的统一来构建组织环境，以提供互相支持的集成系统，但是研究没有分析其实现技术，缺少可操作性。仇元福[3]等指出，知识管理模型构建的根本目标在于通过对知识图谱（包括利用、结构、分布、传递等）的模型构建，提高企业知识资源的投入产出效率，不断推动企业知识资本的有效性，促进知识共享的开展。他们的研究还指出，应通过对网络技术的应用，特别是对协同工程的原理进行挖掘和开发，构建基于B/S模式下的协同模型。陈久强[4]则探讨了面向对象的知识表达模型，提出了并行设计系统中多个不同知识来源的互动以协同解决的路径和机制。潘燕军等[5]认为应在知识协同平台中构建一个适合信息获取、分享、应用的环境，通过立体化的网络联系管道，对不同来源的信息进行有效管理，促进不同节点的互联，完善企业信息化建设。胡昌平和晏浩[6]认为，从知识协同的根本出发点来看，按照企业知识合作活动的特征，可以构造出知识协同模型，包括环境协同、技术与资本协同、人力协同与文化协同三个基本组成部分。

在保障机制的相关研究方面，王玉[7]认为知识协同的实现不是单一的项目，而是与其他因素相关，这需要我们对知识协同的本质有深刻的理

---

[1] 左玮. 共享经济下服务型企业知识协同创新网络模型构建 [J]. 应用数学进展, 2022, 11（3）: 962-972.

[2] 宋艳梅, 唐基元, 王利军. 关联规则在学生就业管理系统中的应用 [J]. 电脑知识与技术, 2017, 13（12）: 205-206.

[3] 周洋, 何丽丽. 基于B/S模式的高校社团管理系统的研究与设计 [J]. 电脑知识与技术, 2018, 14（33）: 84-85, 96.

[4] 汪星刚. 大数据环境下机械产品配置设计关键技术研究 [D]. 武汉: 武汉理工大学, 2017.

[5] JIAN LIU. OKMS 汇智——面向科研项目及工作团队的全过程知识管理和协同平台, 2021.

[6] 田智杰, 邱志军. 基于知识管理的企业协同创新研究 [J]. 企业改革与管理, 2018（23）: 5-7.

[7] 钟永恒. 基于知识管理的图书馆学科化服务研究 [D]. 武汉: 武汉大学, 2018.

解，对知识协同的理念有所认同，她认为，领导者的态度是保证协同效率的重要因素。沈丽宁[1]认为，人力、技术、资源和流程四个层面的要素是知识共享与流动的根本保障，通过这四个维度的要素推动，围绕企业战略目标的实现能够推动企业知识管理工作的有效开展。

1.2.3　国内外研究简要述评

一方面，国外早已开展了关于产业技术联盟的相关研究，理论与实践研究均较为全面。国外的早期研究集中在产业技术联盟内涵与特征等方面，随着西方市场经济的发展，特别是实践中产业技术联盟的运行发生了明显变化，国外学者开始对联盟运行机制重点关注，这方面的研究成果较多。而自1995年开始的国内相关研究，历经20年的探索对产业技术联盟的理论与实践也较为完备并不断完善，特别是近年来，对于产业技术联盟的研究已不仅仅限于内涵和成因研究，更多从联盟稳定性、联盟治理机制、联盟合作案例开展深入研究。当然，由于我国产业技术联盟的理论与实践研究还处于初级阶段，对产业技术联盟的本质认识还不足，因此对于产业技术联盟的跨组织合作创新研究较少，尤其是系统性的研究还较为缺乏。另一方面，知识协同的相关研究国内外主要集中在对其内涵界定、知识协同技术与平台研究，特别是国内的相关研究更为匮乏，许多研究还停留在知识管理层面，对知识协同的过程、主体、机制、评价、运作模式等研究较为少见，在产业发展中的应用则更不多见。

相关文献对产业技术联盟及知识协同的运作过程均有涉及，不仅有定性研究，还有定量与实证研究，但是没有关于联盟中组织之间知识活动特别是协同活动的专门研究。由于联盟中知识流动难以有效测定，导致当前对产业技术联盟跨组织知识活动缺乏统一的运行标准；不同研究者分别从不同角度展开的研究局限性较为明显。本书针对当前产业技术联盟的发展趋势，对其中的跨组织知识协同活动，从驱动力、行为模式、运作模式、能力结构、效率评价以及管理机制等方面做了较为深入的分析，构建了基于知识协同的联盟稳定性测定模型，给出了联盟跨组织知

---

[1] 崔桂敏，班婕. 知识管理与大数据下企业技术创新协同关系研究[J]. 品牌研究，2020（32）：137-139.

识协同效率评价的影响因素及其评价方式，并提出了相应政策建议，具有较高的理论指导和实践应用价值。

1.3 研究的内容与方法

1.3.1 研究的内容

如图 1-4 所示，本书的主要内容包括：

第一，在对国内外相关文献研究的基础上，对产业技术联盟、知识协同的相关概念进行了界定，分析了产业技术联盟跨组织知识协同动力，包括产业技术联盟跨组织知识协同动力来源、动力机制和驱动力 SD 模型分析。

第二，本书探索了产业技术联盟跨组织知识协同行为博弈，提出了产业技术联盟跨组织知识协同行为博弈框架，分析了产业技术联盟跨组织知识协同伙伴选择博弈、形成博弈和合作行为博弈。

第三，本书探讨了产业技术联盟跨组织知识协同的运作模式，包括技术共同体运作模式、基于研发项目的跨团队运作模式、基于信息网络的虚拟组织运作模式和核心企业盟主领袖式运作模式，并开展了产业技术联盟运作稳定性的实证分析。

第四，本书分析了产业技术联盟跨组织知识协同能力维度结构，包括知识协同网络节点维度、知识协同关系和认知维度、知识协同网络结构维度，并进行了产业技术联盟跨组织知识协同能力模型实证分析。

第五，本书分析了产业技术联盟跨组织知识协同效率的影响要素，提出了产业技术联盟跨组织知识协同效率的指标体系，并基于 BP 神经网络开展了评价研究，给出了政策建议。

第六，本书分析了产业技术联盟跨组织知识协同的支撑条件，包括保障机制、网络支撑平台和文化建设。

第1章 导论

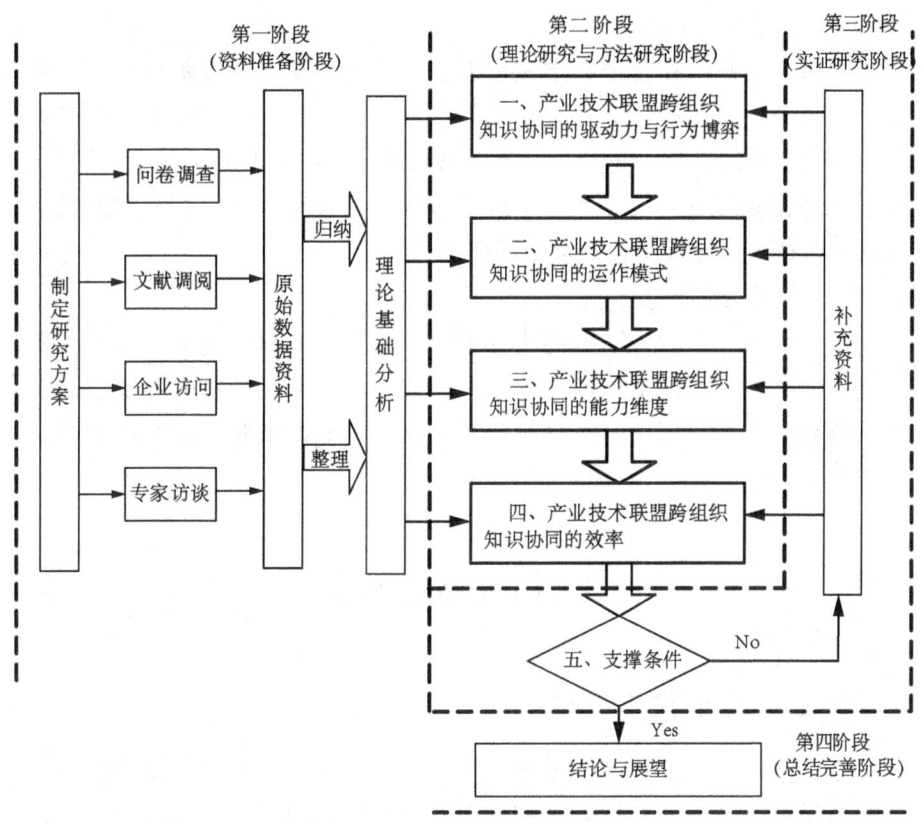

图 1-4 技术路线

1.3.2 研究的方法

（1）文献研究法

通过对国内外相关文献的整理、归纳与分析，探索国内外最新的理论与实践研究成果，借鉴不同学者的观点并结合我国产业技术联盟的实际情况，在系统性、科学性的基础上，分析本书的立足点和出发点；通过逻辑推理，构建理论研究体系，提出相应假设并进行验证。

（2）典型案例访谈

选择具有代表性的产业技术联盟，通过访谈、考察、资料搜集等方式分析联盟中的知识协同活动特点，并对知识协同的过程及开展后产生的效益进行探索，构建相应理论模型，对研究变量进行选择，最终确定变量的测量题项。

（3）问卷调查法

采用社会科学和管理科学常用的调查研究方法，通过统计分析，根据研究对象设定相关假设，采用问卷形式展开调查，并对调查结果进行效度和信度检验，对变量拟合结果进行分析，最终得出相关结论。同时，为了避免无效问卷和问卷回收率过低带来的调查可靠性问题，本书采取了随机调查与针对性调查两种不同形式。

（4）结构方程建模

由于本书中对能力结构的研究涉及了多个不同研究对象，这些对象对能力结构均有不同层次的影响力，因此，本书采用结构方程模型来对相关研究假设进行验证，以探讨不同要素与产业技术联盟跨组织知识协同能力结构的联系。

1.4 相关概念界定

1.4.1 产业技术联盟

产业技术联盟是由不同主体构成的，包括企业、高校、研究机构以及其他组织，以产业共性需求和产业根本利益为出发点，以提升产业创新能力为核心目标，以主体之间的法律契约为保证，通过共同研发、资源互补、效益共享、风险分担、合作创新等方式而形成的跨组织合作模式。产业技术联盟是国家创新、区域创新体系的关键性载体，也是推动技术创新的有力平台。产业技术联盟的形成、成长与发展，是提高创新活力、整合创新资源、引导创新要素、提高创新效率、促进集成创新、增进创新能力，并最终提高产业竞争优势的重要方式❶。

产业技术联盟的作用是通过企业、高校、研究机构以及其他组织，对产业技术发展面临的核心问题，合作开发、共同研究，以求突破瓶颈限制，形成产业有效标准；通过建立共性技术组织，实现资源的合理分配，提高产权共享效率；通过技术转移与转化，加快成果商业化运作过程，推动效益最大化的实现，并提升产业优势；通过不同类型主体的人

---

❶ DING Z, JIANG S, WU J. Research on construction technology innovation platform based on TRIZ [J]. Knowledge Engineering and Management, 2014: 278, 211-223.

才共同培育，加强人力资源的合理流动，形成对区域乃至国家竞争力的支撑❶❷。

产业技术联盟的形成不是随意的，而应符合国家和区域产业发展需要，符合产业规划需要，以技术创新为目标，以核心竞争力的提高为动力，以企业为主体，围绕产业生态链，通过市场资源的有效配置，实现不同主体的战略联合，共同破解产业发展的短板与瓶颈❸，其基本构成原则包括如下四方面：

（1）尊重市场

产业技术联盟的形成应从市场需求出发，符合创新的内在要求和利益诉求，在平等协商的基础上，基于市场化原则形成有关契约，保护合理需求，规范成员行为，形成有效的行为约束和利益保护。

（2）符合区域乃至国家战略规划

产业技术联盟的构建应突出区域经济和国家经济发展方向，符合政策规定，特别是要重点扶持创新能力突出、核心竞争优势凸显的产业技术联盟，实现经济效益和社会效益共同发展。

（3）有利于产业技术进步

要通过产业创新要素的集聚效应，在产业技术联盟中形成创新生态链，对核心技术和自主创新能力提升进行引导，推动产业发展。

（4）政府应在联盟中发挥导向性功能

产业技术联盟不是孤立的组织形式，应通过政府导向性管理模式，引导产业技术联盟的有效构建，为其创设相应的政策与制度环境。

另外，产业技术联盟的成立还应具备如下条件：

第一，组织中应包含多个不同主体，企业在其中发挥主干作用，联盟中高校、研究机构、中介组织等其他机构也应承担相应职能，合作各方应具备自身的独特竞争优势和创新能力。

---

❶ HUNGA S C, TUB M F. Is small actually big? The chaos of technological change [J]. Research Policy, 2014, 43 (7): 1227-1238.

❷ TORRE C, MARRA F. Business Dynamics in Times of Covid-19: The Link Between Organizations' Performance and Uncertainty of Corporate Information[C]// The International Research & Innovation Forum. Springer, Cham, 2021.

❸ BARRY J J. Information communication technology and poverty alleviation: promoting good governance in the developing world[M]. Routledge, 2018.

第二，联盟成立应签订相应的法律协议，对相关技术目标、利益分配、风险程度、组织分工、合作方式、具体任务等都应明确，协议必须经各方代表同意并签署后生效。

第三，联盟成立应构建相应组织机构，对联盟的决策、联盟日常运作进行管理，通过有效的运作机制规范联盟的行为，组织机构还应明确责任主体，配备专门人员开展相应事务。

第四，联盟应建立经费管理制度、利益保障机制和开放式管理机制。通过对联盟的经费进行有效管理和监督，提高经费使用效率；通过联盟利益分配的相关规定，对项目成果、知识产权及其产生的效益应明确归属，保护成员的合理诉求；通过构建成员管理机制，适时吸收新成员，淘汰不适应联盟发展的成员，并通过成果扩散和跨组织合作，提高成果的社会效益。

1.4.2 知识协同

知识协同是基于知识管理基础上，主体、客体、载体以及环境等要素在时空协同中的状况表征，协同主体通过并联或串联的方式协同在一起共同完成目标；在合适的时间和地点，通过相应的信息技术和平台，将知识传递给合适的对象并从对象中获得相应知识，以实现知识创新和知识流动的双向过程。知识协同是知识管理的高级阶段，具有时空性、确定性、多向性和共赢性等特点。

知识协同既是知识管理的较高层次的发展阶段，也是以协同为特征的知识管理过程。在知识协同阶段，企业通过协同、协作、合作、共享等主题，通过各种社区如实践性、学习性的社区来推动主体知识互动，其中包括多个知识资源与多个知识主体协同参与。也可以说，知识协同通过确立知识创新的任务，以优化、整合、获取、应用分散的知识资源和提高知识创新能力为主要途径，通过组织、团队、人员及其相互联系所构成的知识网络，实现整体最优的协同效应。知识协同还是一种能力，这种能力保证了知识主体能够在恰当的时间和地点将知识传递给合适的对象，在这一活动中会形成不同类型的知识产权和知识创造成果。

知识协同涉及多个层面：

第一，协同要素包括知识主体（也就是参与协同的各类成员）、知识客体（包括隐性知识和显性知识）、协同环境（包括宏观、中观与微观环境）、知识载体（包括网络平台、传递平台、协同技术平台等）。

第二，知识协同的准确性、动态性和互动性，即知识协同的时空、对象和流动的准确性、动态性以及互动性。在不同的时间和空间下，知识主体和客体的表现形态不同，其知识流动的形式也不同。当然，参与的主体越多，能力越强，知识客体就越丰富，协同效应也越明显。

知识协同具有三个不同维度，即知识维度、时间维度和空间维度，其中知识维度主要是指不同类型的知识，这些知识属于不同的知识主体，在不同的协同项目参与创新活动；时间维度表示知识协同活动的时间特点，这表明活动中如果无法在合适的时间进行知识互动，可能导致协同失败，这个时间单位可能是年、月、日或者更小；空间维度则表示协同活动所处的场所，这些场所是由物理位置形成的不同运作地点，也可能是基于互联网的虚拟社区。

1.4.3 产业技术联盟跨组织知识协同

目前来看，产业技术联盟跨组织知识协同的影响要素较为复杂，相关研究成果也较为少见。产业技术联盟及知识管理领域内的专家对此关键问题的突破尚显不足。产业技术联盟跨组织知识协同的影响要素是分析这一活动的关键环节，只有对要素的组成、影响机制、作用机制进行有效探索，才能最终确定产业技术联盟跨组织知识协同的本质；这是因为在以企业为主体形态的联盟中，利益才是联盟跨组织知识协同的根本目的，只有确定利益来源渠道、规模大小、分配方式，才能推动经济租金的获得从而推动企业参与知识协同，最终提高产业技术联盟的活力与竞争力。只有对产业技术联盟跨组织知识协同的驱动力、运作模式、行为机制乃至协同能力等进行深入分析，才会对联盟跨组织知识协同活动的机制得出规律性的认识。

文献研究表明，相关成果均大多从静态分析出发，探讨产业技术联盟中的知识活动，而跨组织知识协同是动态的，是知识主体、知识客体、知识载体和环境的不断博弈行为。因此，必须采用发展的视角来探讨其知识活动。国内外文献关于知识协同的研究多集中于知识溢出、知识共享和知识扩散的相关分析。

实际上，知识协同不能等同于以上概念。联盟跨组织知识协同与知识溢出活动有相似性，都是知识接受方被动接受知识但是可能并不付出相应代价，这就是外部性效应的存在。无论是自发性还是交易性的知识溢出，其行为特点更侧重于从外部性角度来研究知识互动双方的流动和利益关系。

知识协同与知识共享也较为相近，都表达出主体的双向性特征。然而，知识共享更侧重表达知识的转移，这一转移既能够发生在跨组织之间，也能够发生在组织内部、个人之间以及团队当中。无论是知识协同还是知识共享，都促进了知识双向流动，帮助知识的转化，实现资源的优化配置。而知识协同更强调其中的知识网络活动，当然协同还包括单向的配合行为。因此，联盟跨组织知识协同活动的复杂性远远超过了知识共享，可以说，知识共享仅仅是知识协同的一部分。知识扩散的概念则更小，强调知识的传播与发散性作用，表达出知识流动的一种状况。知识扩散更多表达的是由于知识差距的存在而导致的知识的传导行为，实际上就是知识协同活动中的一部分。知识扩散最终会演化为技术扩散，推动技术创新和技术成果的商业化，直到生命周期完成；其中包含了企业的学习、吸收和应用过程。

本章小结

本书所界定的产业技术联盟主要是指产学研联盟，其中的跨组织知识协同，不是组织内部、团队、个人之间的知识活动，而是在联盟中产生的协同创新行为，是不同类型知识的多维传导和互动过程。在产学研联盟中，高校作为"知识来源"，其科研成果经过产业化发展可以创造新知识，实现知识价值增值与扩张，为企业竞争服务；高校还可以为企业输送专门人才、提供教育培训，实现知识转移。产业技术联盟也不是传统意义上的战略联盟，而是以互补、协同、共享、创新为目标的，通过对企业、高校、研究机构、政府部门以及其他组织的知识资源优化，在联盟中不断实现对知识的获取、吸收、消化和应用，促进知识创新和技术创新，推动产业技术联盟的发展与成长。产业技术联盟的核心就是知识协同的主体（包括各种类型的企业、高校、科研机构等），也是知创新和技术创新的主体;在这些主体的作用下,知识客体不断流动,创新环境不断改善,最终提高联盟及企业的核心竞争力。由此,产业技术联盟跨组织知识协同是推动创新与发展的知识在联盟中的多向运动过程,也是知识网络的形成、演变和转化过程;在这一过程中,不同主体不断获取知识资源,降低市场交易成本和风险,通过自主创新,提升产业技术联盟的创新能力。

第 2 章 产业技术联盟跨组织知识协同动力

作为一项基本的生产要素,知识资源在产业技术联盟管理中的作用日益突出。为了赢得联盟的竞争优势,实现联盟的可持续发展,知识协同逐渐成为联盟的重要战略,产业技术联盟期望通过知识协同实现具有倍增价值和效应的知识活动。但是,产业技术联盟跨组织知识协同的成功率并不高,协同活动难以有效形成,其动力来源日益受到关注。如何有效驱动产业技术联盟跨组织知识协同,分析其驱动机制及影响因素成为人们关心的重要问题。

2.1 动力来源

2.1.1 外部动力

在全球化的今天,知识协同与知识合作的次数越来越频繁,与自然界的许多情况一样,组织的生态环境也有诸多客观存在却难以表述出来的相关环节。在此情况下,为了保证组织生存、发展的客观要求,组织应强化彼此之间的合作以提高彼此的竞争优势。如图 2-1 所示,产业技术联盟跨组织知识协同是一种新型的知识合作方式,其出现的背景是当前知识经济的不断发展与竞争的越加激烈、知识专业化与知识势差的不断发展、环境也越来越复杂，这些要素都已经成为产业技术联盟跨组织知识协同产生的外部动因。

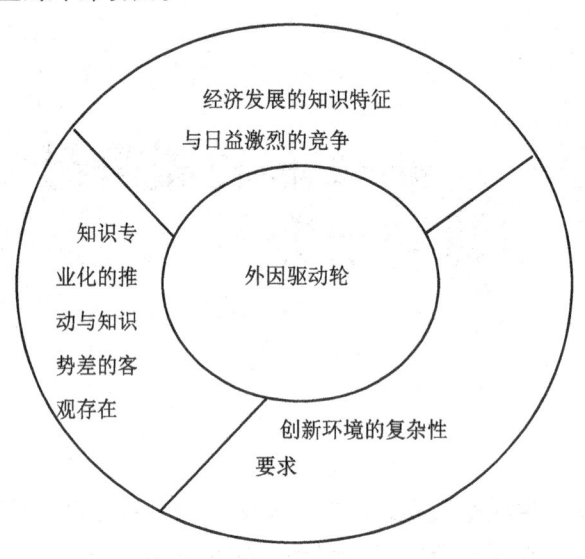

图 2-1　产业技术联盟跨组织知识协同的外因驱动轮

（外因驱动轮包含：经济发展的知识特征与日益激烈的竞争；知识专业化的推动与知识势差的客观存在；创新环境的复杂性要求）

（1）经济发展的知识特征与日益激烈的竞争

进入 21 世纪以来，知识成为这个社会最重要的战略资源，知识的存量迅速增加，使得知识分工开始变得更为深化。基于此，产业技术联盟跨组织知识协同正是顺应了知识经济时代的趋势。同时，随着各类组织对优质资源的反复争夺，组织之间的竞争变得愈加激烈，组织为了获得竞争优势就必须加强外部合作。

（2）知识专业化的推动与知识势差的客观存在

由于社会分工的逐步细化，不同组织之间越来越意识到知识经济必须采取合作的方式才能使自己的企业立于不败之地，以往对核心经济竞争力的看法在今天讲究合作的模式下显得愈加苍白无力。知识经济时代的到来要求越来越多的企业参与到合作的模式中来，共同分享各自的知识与经验，同时为企业的发展创造更多的价值。而很多企业所创造的知识与其他企业存在较大的差异，这就必然带来知识势差。这种势差是产业技术联盟跨组织知识协同的原动力。当然，存在这种差异肯定会造成不同知识的顺向或者逆向之间的流动，它们之间的流动是无章可循的。所以，企业若是想在社会高度发展的今天立于不败之地，必须学会协同

第 2 章　产业技术联盟跨组织知识协同动力

合作，同时我们还需要建立知识专利的保障机制，为企业的发展增加保障，从而帮助不同组织的知识合作在难以预测的社会知识经济时代中良好地发展。

（3）创新环境的复杂性要求

经济时代的社会，只有获取更多的知识才能得到更大的发展。由于现在社会中各种组织之间的竞争越来越激烈，众多企业之间的竞争让社会变得更加错综复杂，较多的企业将知识作为自己成功与否的重要标准。现在企业只要获取知识，就等于获取了较高的企业工作效率，因此，很多企业也把工作效率的高低作为在知识经济时代取胜的关键。

产业技术联盟跨组织知识协同也正是因此而产生，这种协同形式可以帮助企业在竞争日益激烈的今天获取更多的社会知识资源，同时将这些新的知识发展为企业工作效率的动力因素。企业获取的知识可能是其他组织的创新成果，产业技术联盟跨组织知识协同可以将不同组织的特色综合利用起来，从而为企业建立起一道天然的屏障。这道屏障可以帮助企业在最短的时间内获取到更多的资源，缩短工作时间，增加工作效率，同时将企业的风险降至最低。该组织在帮助企业获取更多知识的同时，还帮助企业通过知识转化为更多的利润，为企业进行更深入的研究获取更多的有用信息。

2.1.2　内部动力

如图 2-2 所示，产业技术联盟跨组织知识协同是企业发展的主要内因，许多企业可以通过知识为企业带来较高的利润，同时这些收益也不仅仅局限于利润上的收益，还包括企业的隐形收益，如可以帮助企业提高企业文化水平，提高企业的核心竞争力水平。其对企业最为重要的内在动力可以用以下几点重点概括：帮助企业进行人事改革及帮助企业进行成本预算，从而节约企业生产成本，帮助企业提升创新能力从而更好地将知识转化为企业发展的动力。

企业在产业技术联盟跨组织知识协同的指导下，最终提升自己在知识经济时代的整体竞争能力，获取较高的市场地位。

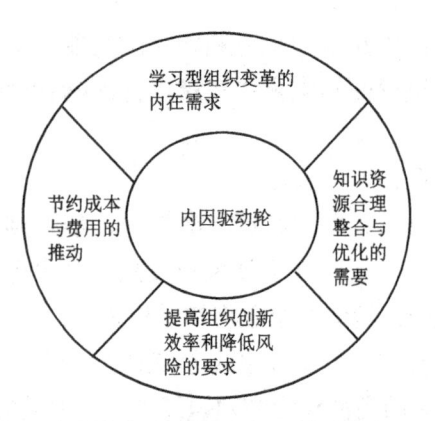

图 2-2 产业技术联盟跨组织知识协同的内因驱动轮

（1）学习型组织变革的内在需求

由于知识分工和知识势差的客观存在，获得组织存在的互补知识和技术性知识最为重要。现在企业要想在市场经济中获得一席之地，则需要构建新的知识框架，学习新的知识能力。对于企业来说，最为重要的就是通过产业技术联盟跨组织知识协同学习到新的产业知识和产业技能。企业在产业技术联盟跨组织知识协同中不仅可以获得合作伙伴，还可以通过这个组织吸收新的知识，建立自己企业新的知识体系，企业员工通过学习新的知识提高自己的能力。在这里需要强调以下几点：其一，一个企业通过某个组织获取新的知识，学习到的知识常常为隐性知识，这些知识在开始的时候可能无法帮助企业获取较高的经济效益，但是随着时间的推移，其获取的经济效益是无穷的。其二，企业通过这个组织可以获取更多的应用型知识。在企业发展的初期，常常将企业的基础知识作为企业发展的重要一环，但是随着企业的发展壮大，企业会逐渐感觉到自己的基础知识难以满足社会的发展要求，此时企业则可以通过该组织获取更多的专业知识，同时通过这些具有实际应用价值的知识与基础知识相互配合，从而获取更多的企业利润。

（2）节约成本与费用的推动

企业若是想获取最新的知识资源，则需要较多的经济付出。这些付出的费用往往较高，很多企业常常感觉获取新知识所带来的经济压力十分沉重。但是随着产业技术联盟跨组织知识协同的出现，企业获取知识简单方便，极大地减轻了经济上所带来的压力。

第 2 章 产业技术联盟跨组织知识协同动力

（3）提高组织创新效率和降低风险的要求

知识租是运用稀缺资源如知识产权、专利等所产生的价值。在科学技术领域，一般需要投入大量的资金作为科学研究的经费，但是随着产业技术联盟跨组织知识协同的出现，较多的科学知识在此平台上得以相互享用，从而降低了因为获取知识而付出较多经费的困扰。产业技术联盟跨组织知识协同可以将知识研发时间大大缩短，从而快速地扩大企业的经济创新规模。同时，产业技术联盟跨组织知识协同能够帮助组织在进行科学技术开发时，以市场需求为导向，从而为企业发展提供一道坚实的保障，增加企业发展壮大的力量。

（4）知识资源合理整合与优化的需要

在知识经济时代，市场多变，知识极易贬损，在此情况下，组织往往出现知识能力过剩、研发脱离市场需求和研发资金不足，研发时间过长，风险较大，研发人员不足等情况。所以，造成了知识的极度浪费。如果可以实现各个企业之间的相互协同合作，则可以帮助企业实现知识之间的优化配置，帮助企业之间树立真正适用于本企业的知识结构框架。

综上所述，产业技术联盟跨组织知识协同是由不同类型组织推动的一种合作创新行为。产业技术联盟跨组织知识协同是由外因驱动轮和内因驱动轮共同驱动的。基于优势匹配是产业技术联盟跨组织知识协同发展的基础力量，同时产业技术联盟跨组织知识协同可以实现企业之间的优势互补，获取双赢。

2.2 动力机制

2.2.1 集成驱动系统

产业技术联盟跨组织知识协同的发展非常迅速，为此，本文通过分析大量资料找到了其发展迅速的原因。我们可以从内部和外部两个方面来分析其发展迅速的原因。显然，从产业技术联盟跨组织知识协同性质上看，它是一个多重动力系统共同驱动的结果。但是若从其产生的基础上看，它的发展主要是两个因素共同发展的结果。因此，本文认为产业技术联盟跨组织知识协同是由外因驱动轮和内因驱动轮共同驱动的（图2-3）：正是这两种动力的相互合作，才提高了企业发展的力量，解决了能力和效益共同发展的问题。

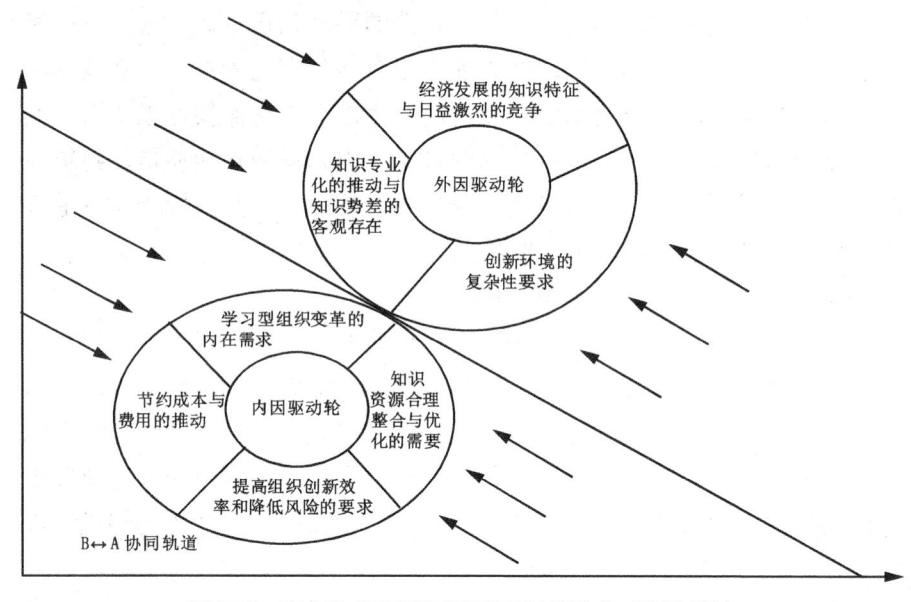

图2-3 产业技术联盟跨组织知识协同的集成驱动系统

从图2-3中我们可以看到：横坐标和纵坐标之间存在着怎样的协同关系。在B↔A中我们可以看到组织发展的轨道。上文中所指的组织主要指轨道中两种双向协调组织，促进不同组织的知识向另一组织所提示的知识方向转移。图2-3中的动力模式可以很好地展现出企业在双向动力的推动下获得的良性发展。

（1）产业技术联盟跨组织知识协同两轮共同的驱动基础——基于优势匹配的知识战略驱动

产业技术联盟跨组织知识协同根据企业的发展计划进行知识结构调整，这种知识结构调整的根本目的在于为企业提供足够的动力，为企业的发展制定长久的发展路线，帮助企业适应现在瞬息万变的经济市场的发展模式，从而保证该企业在高速发展的市场中获得较高的市场份额，获得足够的企业利润。尽管有些时候企业的发展由于受此组织的负面影响会产生不小的经济损失，但是从长远的角度上观察，这种损失在后期却可以帮助企业获得足够的价值；这种后期的价值足以弥补企业因此组

第2章 产业技术联盟跨组织知识协同动力

织带来的损失。企业若想得到长远的发展,则需要建立企业发展的技术优势。企业在多变的市场中要想得到长足的发展,则需要根据自己企业的发展要求建立起属于自己的技术部门,同时使自己的企业处于同行中的优势地位。产业技术联盟跨组织知识协同也可以说是一个与其他企业共同协作到一定程度的产物,需要多个企业共同协助才能产生较高的经济效益。

(2)产业技术联盟跨组织知识协同的驱动机制——基于知识价值链的增强、互补或重构

尽管产业技术联盟跨组织知识协同需要多个企业共同协调,但是由于其一出现将会为企业的发展提供更多的利润,因此受到了众多企业的追捧。所以,在很多企业的发展规划中都强调合作的重要性。对于多数企业来说,将企业知识与其他企业进行共享是为了获取更大的盈利。我们可以从知识的价值观角度对此现象进行深入的探讨:正是这种知识价值产生出如此大的利润,才使得各个企业愿意知识共享。

①知识价值链

著名的经济学家迈克尔·波特通过多年的研究得出了此概念。在他的研究中提出了这样的构想:一个企业之所以需要经营,是因为需要为社会和自己产生价值,这种产生价值的过程则是价值链。一个企业若是想获得较大的发展,需要通过知识创造和知识活动等方面获得对知识价值链更加深入的了解(图2-4)。知识发展到最后,总会为企业的发展产生较高的利润价值。从知识内容到知识结构的发展过程中,知识价值链形成了一种基本的结构形式。

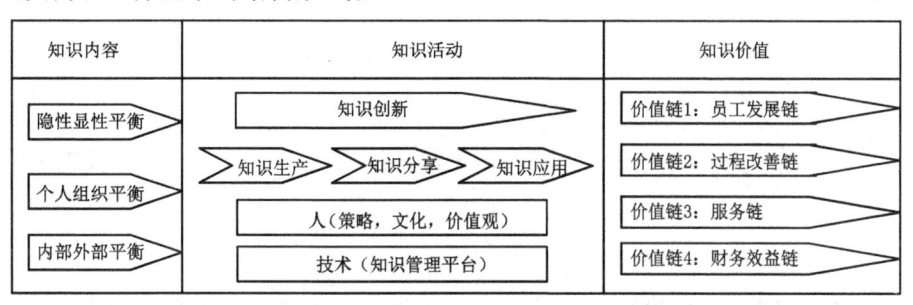

知识内容	知识活动	知识价值
隐性显性平衡	知识创新	价值链1:员工发展链
个人组织平衡	知识生产→知识分享→知识应用	价值链2:过程改善链
内部外部平衡	人(策略,文化,价值观)	价值链3:服务链
	技术(知识管理平台)	价值链4:财务效益链

图2-4 知识价值链的基本形式

②知识价值链的交互作用

产业技术联盟跨组织知识协同使组织之间形成了较为紧密的合作关系（图 2-5），正是这种紧密的关系，将知识结构进行了不同种类的重组和改造，从而保证知识价值链的良好发展。企业也可以对自身的知识价值链进行相关的改进，从而保证自身具有足够强大的竞争力。

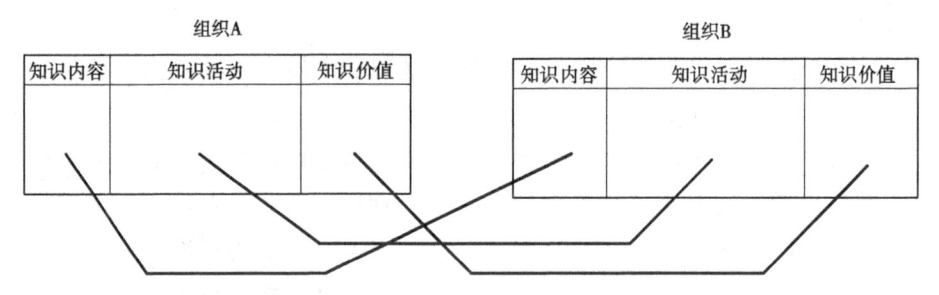

组织A				组织B		
知识内容	知识活动	知识价值		知识内容	知识活动	知识价值

图 2-5　产业技术联盟跨组织知识协同的知识价值链交互作用

2.2.2　驱动机制

产业技术联盟跨组织知识协同之所以得以驱动，原因在于可以使企业的发展效率获得提高。笔者通过检索大量的论文和实际研究，得出了在产业技术联盟跨组织知识协同的前提下，通过对比获得了关于它的最终模型。这种模型是指在各种环境的影响下，通过企业之间的通力合作，为企业的发展提供更好的知识结构模型，同时根据企业的发展形势，提供企业发展最终内驱力。关于产业技术联盟跨组织知识协同的模型如公式（2-1）所示：

$$\max M(x_1, x_2, \cdots, x_n) = \left[\sum_{i=1}^{n} R(x_i) - \sum_{i=1}^{n} C(x_i)\right](1-\lambda) + \mu$$
$$R(x_i) - C(x_i) > 0$$
$$1 < i \leqslant n \quad (2-1)$$
$$n \geqslant 2$$
$$0 < \lambda < 1$$

在式（2-1）中我们可以看到，企业是从利润和成本这两个要素解释产业技术联盟跨组织知识协同的驱动力。当然，这里的利润与成本不仅仅是指近期的利润与成本关系，还应包含对未来成本上升和预期利润的关注。

式中，$M(x_1, x_2, \cdots, x_n)$ 表示产业技术联盟跨组织知识协同所产生的最终动力。在这个关系式中，只有当 M 的值大于零时，企业才会产生此内驱力。M 的值越大，证明企业可以产生关于此组织的内驱力越强。同时，我们也可以观察到，如果 M 的值没有达到零以上，则说明企业的内驱力是不存在的，同时也代表着此组织难以为企业的发展带来很大的利润收益；$R(x_i)$ 代表企业将会在 x_i 处经过自身的努力获得应有的企业收益。$C(x_i)$ 表示当企业获得收益后，需要支出相应的成本，即企业在 x_i 处需要付出多少的企业成本；λ 是企业在高速发展中会面临多少企业风险；μ 是企业通过知识共享之后将会获得的最大收益处的系数。同时此处也可以表达企业在发展中遇到自然中不可抗拒的因素是哪些。

由于 $0 < \lambda < 1$，所以

$$\frac{\partial R(x_1)}{\partial x_1} E(x_1) - \frac{\partial C(x_1)}{\partial x_1} = 0$$

$$\frac{\partial R(x_2)}{\partial x_2} E(x_2) - \frac{\partial C(x_2)}{\partial x_2} = 0$$

$$\vdots$$

$$\frac{\partial R(x_n)}{\partial x_n} E(x_n) - \frac{\partial C(x_n)}{\partial x_n} = 0$$

只有当成员期望符合如下要求，组织才会产生动力参与协同：

$$E(x_1) = \frac{\partial C(x_1)}{\partial x_1} / \frac{\partial R(x_1)}{\partial x_1} > 1$$

$$E(x_2) = \frac{\partial C(x_2)}{\partial x_2} / \frac{\partial R(x_2)}{\partial x_2} > 1$$

$$\vdots$$

$$E(x_n) = \frac{\partial C(x_n)}{\partial x_n} / \frac{\partial R(x_n)}{\partial x_n} > 1$$

上式中，其一阶偏导为企业刚进入时的临界值。不同组织只有大于或等于这一数值，才能产生动力。

产业技术联盟跨组织知识协同可以很好地展示企业之间合作的重要性，同时通过它可以向各个企业说明，在企业发展中，知识是一个

十分重要的发展因素。正是企业之间通过知识的共享而产生了较大的利润，也正是知识的获得而产生了较多的企业发展动力。从这里我们可以感受到产业技术联盟跨组织知识协同对企业发展产生了怎样的重要性。

另外，产业技术联盟的成功率仅有40%~50%，知识协同合作伙伴的出现则极大地推动了产业技术联盟的形成和发展[1]。从知识管理的发展角度上进行探讨，我们可以发现产业技术联盟的出现是知识产业发展到一定程度的结果。正是产业技术联盟的出现，才形成了知识创新的过程，同时知识获得和应用也是企业发展达一定程度的产物。在企业的发展历程中，知识的获取是企业发展中最为重要的一个环节，知识获取的环节也是知识流动的一个历程，产业技术联盟跨组织知识协同将成为企业发展中最值得研究的一个重要问题。

企业通过和其他合作商的合作，将会推动企业知识结构的更新和产业结构的升级。在合作的过程中，也会推动企业技术由不成熟走向最终的成熟。产业技术联盟跨组织知识协同将会对企业的技术持续不断地产生助推力，并帮助企业选择正确的合伙人进行合作，提升联盟的技术创新能力，同时保证动力的持续更新。

企业发展得好与坏通常需要观察与其共同发展的合作伙伴[2]。在一般情况下，合作伙伴的知识创新能力可以给企业的发展和技术的创新带来源源不断的动力。同时企业根据合作伙伴所分享的知识，进行进一步的知识创新，这些知识创新有效地保证了企业在发展过程中获取到对企业有利的最佳知识动力。合作伙伴创新能力的高低直接决定着企业是否可以形成新的知识创新点，因此一旦与合作伙伴形成了合作关系，则需要快速地将企业中与合作伙伴的各种资源进行整合，从而保证企业提升自身的创新能力。

对于产业技术联盟来说，联盟中的各个成员也有着较高的规定。一般来说，产业技术联盟中的成员都是市场中各个企业的佼佼者，这些企

---

[1] 周国华，谭晶菁．复杂产品装备关键共性技术合作研发模式研究[J]．科技管理研究，2018，38（6）：99-105.

[2] 马万钟，朱小杰，谢秋琪．产业联盟标准化发展策略研究：以武汉东湖高新技术产业为例[J]．中国标准化，2016（4）：99-105.

第2章 产业技术联盟跨组织知识协同动力

业在技术和知识结构上都要比其他企业相对优秀,通过这些优质企业的推动,新的自主知识产权在不断出现。同时,为了对这些企业进行良好的管理,国家政府也会通过产业技术联盟推动重要技术的发展。政府的推动将会使新的创新知识产生的周期更短[1]。

产业技术联盟会随着时间的推移由不成熟走向成熟时期,而在此时产业技术联盟各个成员之间所能产生的创新性知识产能将呈现出下降的趋势。对于联盟各个成员来说,创新知识产能的降低将会引发企业隐形资产的流失,同时会给企业带来不必要的经济损失,因此企业的选择十分重要,好的选择将会为企业更好地规避风险[2]。我们提出三点建议:第一,企业的合作伙伴尽量选取大型企业,因为大型企业的发展势头良好,将会创造出更多的创新性知识。同时,根据自身企业与该企业之间的差距,将会产生向上的动力,努力使自身企业变得更好更强大[3]。第二,争取与联盟中标志性合作伙伴进行合作。

众多的企业会形成良好的竞争体制,而标志性的合作伙伴有着其他企业没有的优势。当企业看到其身上的优势后将会追赶,这种合理的竞争将会帮助更多的企业向前发展[4]。第三,当产业技术联盟发展到后期,自身的创新性知识的产出能力将会大打折扣,正是由于这个原因,将会导致众多的企业受到不小的损失。为了避免这种现象的出现,产业技术联盟需要根据自身发展的需要,合理地进行改迁和改革,通过优化自身结构,改迁自身位置,创造一个有利于成员企业更好发展的平台[5]。

---

[1] 熊素兰,徐欣,成曦. 基于优势主体的产学研结合技术转移模式与机制探究 [J]. 江苏科技信息,2019,36(20):4-6,18.
[2] 华东,史安娜. 中药产业协同创新组织合作伙伴选择的演化博弈分析 [J]. 科技和产业,2021,21(10):229-233.
[3] 李力,王宏起,武建龙. 基于产业联盟的产业自主创新能力提升机理研究 [J]. 工业技术经济,2014(5):24-30.
[4] 段云龙,张新启,刘永松,等. 基于管理协同的产业技术创新战略联盟稳定性研究 [J]. 科技进步与对策,2019,36(5):64-72.
[5] 高长元,张晓星,张树臣. 多维邻近性对跨界联盟协同创新的影响研究——基于人工智能合作专利的数据分析 [J]. 科学学与科学技术管理,2021,42(5):100-117.

2.3 驱动力 SD 模型

2.3.1 驱动系统的复杂性

产业技术联盟跨组织知识协同不但包括了不同组织等实体成员及其相互关系以及它们同外界环境的关系,还包括了各类组织等多种业务活动以及知识、资源等的流动。各级子系统、外部环境及其交互关系决定了产业技术联盟跨组织知识协同管理的复杂性。根据钱学森的开放复杂巨系统概念,可知产业技术联盟跨组织知识协同在本质上是一个开放的复杂巨系统。

(1) 实体的复杂性

由于企业与企业之间存在较大的区别,因此产业技术联盟跨组织知识协同中存在实体的复杂性。这些复杂性对应的产业技术联盟关系主要表现为以下两点:

①分散关系

企业与企业之间虽然形成了联盟关系,但是并没有真正融合,同时因为企业在地理位置上存在较大的差异,因此可以说联盟成员之间存在着分散关系。

②差异性

不同类型产业技术联盟中的企业存在着实际上的差异。同时,这些企业知识存量、知识创新能力、知识结构均存在差异性。实体的复杂性程度与产业技术联盟中企业的分散关系和差异性是高度相关的,不仅表现在技术创新上,也表现在规模上。

(2) 结构复杂性

产业技术联盟跨组织知识协同拥有着较高的协同性,但是在结构上却存在着较高的复杂性:

第一,这种组织本身就具有十分高的复杂性,其由多个部门相互合作,同时各个部门之间存在较高的联系,但是又相互区别。

第二,这个组织在知识结构上存在较多的组织框架,因此具有较高的复杂性。

同时,产业技术联盟跨组织知识协同也有两种不同的组织形式。第

第 2 章 产业技术联盟跨组织知识协同动力

一种是各个企业之间形成较为紧密的联盟体，通过各个部门之间的紧密协作，从而达到真正的发展。第二种则是各个企业以不定期的形式进行联盟，这种联盟的优点在于不受其他成员企业的牵连，随时可以进入和退出，同时与别的成员之间没有较为紧密的联系，产业系统组织较小。各个企业根据自身的需要进行相应的结盟，当不需要时则退出结盟，通过企业之间的知识共享，达到产业利润的最大化。所以说，这种组织可以为企业的发展带来较多的利润点，有利于促进企业的改革，同时联盟之间可以共同解决因企业发展而带来的问题，但是由于产业技术联盟跨组织知识协同内部结构众多，结构复杂性的问题也较为突出。

（3）开放性

产业技术联盟跨组织知识协同一般都是企业与子系统共同发展的结果，两者之间会随着市场发展的改变而改变，同时作为产业技术联盟跨组织知识协同的各方会受其知识战略影响，协同组织也时刻与其他组织发生交互作用，此外，正是产业技术联盟跨组织知识协同的出现，才更好地推动了市场经济的向前发展，推动了企业的向前发展。由此可见，产业技术联盟跨组织知识协同是一个高度开放的系统。

（4）突现性

系统的突现性是指系统的整体性特点，是系统最为重要的特点。产业技术联盟跨组织知识协同这一创新形式也是企业为了应对竞争环境而产生的，是企业协同发展、共同应对市场变化而突现的，体现了协同效应。

（5）动态性

知识经济时代，企业外部环境激烈变化，产业技术联盟跨组织知识协同的重要特征之一就是协同过程不断重构的动态性，当某个知识活动结束，相应的产业技术联盟跨组织知识协同体系就解散了，同时新的需求又会产生新的协同。另外，在协同过程中，由于知识差距的存在，网络节点会发生变化，某些企业会变强，某些企业会变弱，有些企业被淘汰，有些企业新加入，这些都是动态性的体现。

（6）环节之间交互作用的复杂性

产业技术联盟跨组织知识协同是复杂系统，其中的环节存在多元化、多回路、多流向的特征，知识资源的不断互动产生的竞合关系引导着产业技术联盟跨组织知识协同的利益实现。在系统及其子系统的内部需要通过相应的机制和制度来进行控制,以提高资源利用效率,满足环境变化需求与组织价值实现。

2.3.2 驱动力因果回路图

(1) 概念框架

系统动力学是以因果关系和流量图来分析变量关系的系统理论,可以用仿真的方式来描述系统的变动。系统动力学模型的构建元素能够与产业技术联盟跨组织知识协同的指标体系形成很好的对应关系,能够很好地反映一个复杂产业技术联盟跨组织知识协同系统之间的相关性。

(2) 因果回路图

知识协同活动是具有反馈的多向知识流动行为,是在多变环境中的知识传播、传递与交流。产业技术联盟跨组织知识协同是多类型的知识在联盟中的跨组织分享与交流,这一活动同样遵循知识管理的基本原理;协同活动也具有相应边界,组织之间行为反馈与互动较为明显,知识总量不断提升;因此,这一活动符合系统动力学的基本特点,变量的因果关系符合建模要求,由此构建的因果回路图能够较好地体现出产业技术联盟跨组织知识协同活动的驱动要素及其相互关系。在分析内外动因的基础上,可以用软件形成产业技术联盟中跨组织知识协同的理论模型,如图2-6所示。

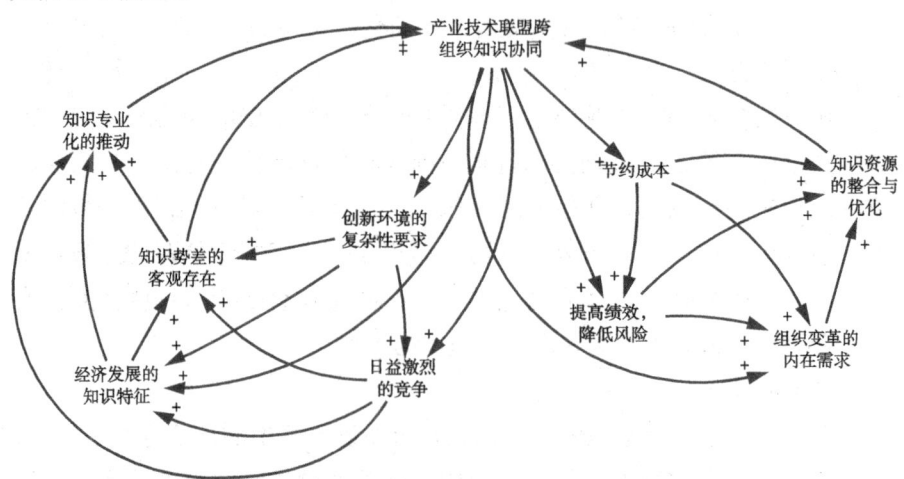

图2-6 产业技术联盟跨组织知识协同驱动力因果回路

第 2 章　产业技术联盟跨组织知识协同动力

（3）主要回路分析

模型的基本假设：将产业技术联盟跨组织知识协同的驱动过程抽象为内因与外因的互动过程，该驱动过程的内因与外因来自前文的驱动力要素分析，这一驱动过程也是组织间双向的知识扩散过程。其中包括如下 21 条回路：

①外因驱动回路（14 条）

产业技术联盟跨组织知识协同↑→创新环境的复杂性要求↑→知识势差的客观存在↑→产业技术联盟跨组织知识协同

产业技术联盟跨组织知识协同↑→创新环境的复杂性要求↑→知识势差的客观存在↑→经济发展的知识特征

产业技术联盟跨组织知识协同↑→创新环境的复杂性要求↑→知识势差的客观存在↑→知识专业化的推动↑→产业技术联盟跨组织知识协同

产业技术联盟跨组织知识协同↑→创新环境的复杂性要求↑→经济发展的知识特征↑→知识势差的客观存在↑→产业技术联盟跨组织知识协同

产业技术联盟跨组织知识协同↑→创新环境的复杂性要求↑→经济发展的知识特征↑→知识势差的客观存在↑→知识专业化的推动↑→产业技术联盟跨组织知识协同

产业技术联盟跨组织知识协同↑→创新环境的复杂性要求↑→日益激烈的竞争↑→知识势差的客观存在↑→产业技术联盟跨组织知识协同

产业技术联盟跨组织知识协同↑→创新环境的复杂性要求↑→日益激烈的竞争↑→知识势差的客观存在↑→知识专业化的推动↑→产业技术联盟跨组织知识协同

产业技术联盟跨组织知识协同↑→创新环境的复杂性要求↑→日益激烈的竞争↑→经济发展的知识特征↑→知识势差的客观存在↑→产业技术联盟跨组织知识协同

产业技术联盟跨组织知识协同↑→创新环境的复杂性要求↑→日益激烈的竞争↑→经济发展的知识特征↑→知识势差的客观存在↑→知识专业化的推动↑→产业技术联盟跨组织知识协同

产业技术联盟跨组织知识协同↑→日益激烈的竞争↑→知识专业化

的推动↑→产业技术联盟跨组织知识协同

产业技术联盟跨组织知识协同↑→日益激烈的竞争↑→知识势差的客观存在↑→知识专业化的推动↑→产业技术联盟跨组织知识协同

产业技术联盟跨组织知识协同↑→日益激烈的竞争↑→经济发展的知识特征↑→知识专业化的推动↑→产业技术联盟跨组织知识协同

产业技术联盟跨组织知识协同↑→经济发展的知识特征↑→知识专业化的推动↑→产业技术联盟跨组织知识协同

产业技术联盟跨组织知识协同↑→经济发展的知识特征↑→知识势差的客观存在↑→产业技术联盟跨组织知识协同

②内因驱动回路（7条）

产业技术联盟跨组织知识协同↑→组织变革的内在需求↑→知识资源的整合与优化↑→产业技术联盟跨组织知识协同

产业技术联盟跨组织知识协同↑→提高绩效，降低风险↑→组织变革的内在需求↑→知识资源的整合与优化↑→产业技术联盟跨组织知识协同

产业技术联盟跨组织知识协同↑→提高绩效，降低风险↑→知识资源的整合与优化↑→产业技术联盟跨组织知识协同

产业技术联盟跨组织知识协同↑→节约成本↑→知识资源的整合与优化↑→产业技术联盟跨组织知识协同

产业技术联盟跨组织知识协同↑→节约成本↑→提高绩效，降低风险↑→知识资源的整合与优化↑→产业技术联盟跨组织知识协同

产业技术联盟跨组织知识协同↑→节约成本↑→组织变革的内在需求↑→知识资源的整合与优化↑→产业技术联盟跨组织知识协同

产业技术联盟跨组织知识协同↑→节约成本↑→提高绩效，降低风险↑→组织变革的内在需求↑→知识资源的整合与优化↑→产业技术联盟跨组织知识协同

本书采用系统动力学观点解释说明产业技术联盟跨组织知识协同的驱动力。产业技术联盟跨组织知识协同一旦得以驱动，其带来的成本降低和收益提高的效应会极大地提升组织竞争优势。产业技术联盟跨组织知识协同驱动的条件受外因和内因的影响，外因包括经济发展的知识特征与竞争的日益激烈、知识专业化加速与势差的存在、环境的复杂；内

因包括变革需求、成本与费用的降低、提高创新效率与降低风险、知识资源的整合与优化等。由于研究的是驱动要素，因此在系统动力学模型的回路中，反馈回路反映的均表示为正反馈回路。也就是说，产业技术联盟跨组织知识协同会受到这些驱动要素的共同作用而不断形成、发展、演化。

从实际知识协同的过程可知，由于知识专业化和知识势差的存在，产业技术联盟跨组织知识协同还存在着一个阈值，这个阈值说明在知识协同中组织对其所拥有的核心知识都会加以保护，并采取相应制度来防止核心知识泄露导致组织风险。因此，当协同中所涉及的知识与组织的核心知识较为接近时，组织的保护意识就会阻碍协同的进行。由此可见，知识势差越大，协同的意愿就会越强，越能够保证双方收到相应的协同知识。只有当达到协同阈值时，双方的协同行为才会开始减少，直至协同活动结束，组织开始对吸收来的知识进行消化、应用。

2.3.3 驱动力仿真模拟

产业技术联盟跨组织知识协同的驱动过程涉及联盟网络、联盟各种组织的行为，这些高度不确定性的领域，导致对联盟跨组织知识协同的过程分析、绩效评价等都伴随着较大的复杂性，从主体及其所处的环境以及协同过程而言，均充满了由高度不确定性引致的复杂性，因此，对联盟跨组织知识协同驱动力的分析有必要进行仿真演进。在以上驱动要素及其因果回路分析的基础上，本部分将基于知识协同驱动模型，对组织间在知识协同的驱动过程中，通过选取仿真模型中相关驱动要素，采用 netlogo5.2 仿真平台对知识主体的协同行为进行计算机仿真研究，探讨组织间知识协同驱动要素对知识主体行为策略的影响。本文采用 netlogo 软件进行系统仿真分析，对产业技术联盟跨组织知识协同的驱动力进行分析，研究模型中给出了五个变量：协同阈值、知识差距、组织动机、组织能力与产业技术联盟的规模。由于 netlogo 仿真软件中自有一套模型，是基于病毒网络的仿真分析。本书认为，该模型的基本原理与产业技术联盟跨组织知识协同的驱动机制较为类似，都是在某个时空中进行的传播、扩散活动。由于该模型较为成熟，理论体系较为完善，本书借鉴该模型的原理，并结合产业技术联盟跨组织知识协同复杂系统的特点和系统动力学方法，编写了知识协同模型，主要研究产业技术联盟跨组织知识协同这一复杂系统的动力学建模问题，有效反映协同的驱动过程与驱动结果，分析其中的跨组织协同的表现方式。

在 netlogo 软件的运行中，setup 按钮表示对程序进行初始化，go 按钮表示开始运行，ticks 按钮表示时间；软件运行后，结点会不断变化，从而仿真出产业技术联盟跨组织知识协同的驱动过程。

图 2-7、图 2-8 分别是仿真时钟在 108、678、2031 和 4887 时的知识协同情况，随着时间的变化，由于地理位置的接近，协同行为开始出现，同时发现，表现为获取知识的组织数量增加较快，这也说明临近组织的协同行为较为容易。最后随着协同活动的结束，结点类型不再变化，处于相对稳定状态；这也与之前的分析较为一致，即产业技术联盟跨组织知识协同活动也存在边界。

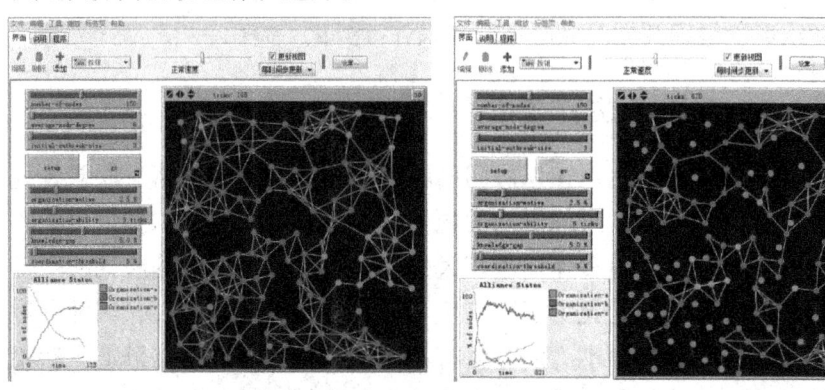

图 2-7　ticks=108、678 时仿真模拟图

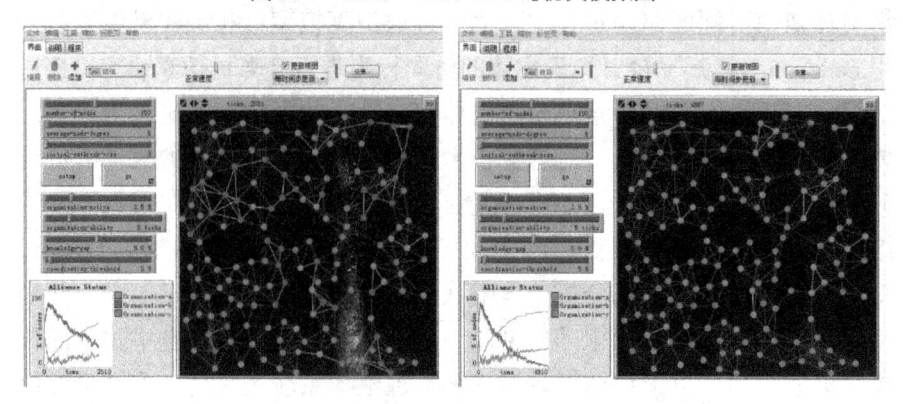

图 2-8　ticks=2031、4887 时仿真模拟图

第 2 章　产业技术联盟跨组织知识协同动力

仿真模拟的结果说明，产业技术联盟中组织的知识势差越大，协同越容易被驱动，越容易选择开展协同活动；协同阈值也影响着协同活动，联盟中的主导组织为了提高效率，应尽可能地将自己的知识传递给其他组织，以实现知识扩散和溢出效应，提高整个社会的效益；能力越强，动机越高，协同行为越容易产生并能获得较高的持续性。同时，联盟规模的扩大可以增强与外部的联系，但是会改变网络结构，影响协同的效果，因此联盟应注意保持规模适度。一般而言，密度越强，联系就越多，交流就越频繁，协同成本就越低，协同行为发生的概率就较高。从仿真模拟的动态图像可以发现，在不同时间下，A 类组织不断增加，B 类组织先增加后减少，C 类组织则不断减少，不同情况下其增加或减少的速度、数量、规模、范围等不尽相同，这与之前的驱动模型相一致；另外，组织动机、能力、网络密度等均对协同行为具有正面推动作用，因此有必要在产业技术联盟跨组织知识协同中，研究其行为及运行模式的特点。

本章小结

所谓协同就是参与知识协同的成员之间，不同类型资源和相关资源重新配置，让资金、竞争优势、需求信息等资源生成价值回馈，因此而博弈的焦点问题，应该是联盟活动怎样重新构建、不同类型的资源如何有效配置、不同交易创造后的剩余应该如何调配。只有通过战略均衡概念的提出，才能做到有利于产业链中资源分配和联盟活动的整合，以便于实现战略均衡确保各方的价值实现。产业技术联盟跨组织知识协同受外因之轮和内因之轮两轮共同驱动：外因包括经济发展的知识特征与竞争的日益激烈、知识专业化加速与势差的存在、环境的复杂；内因包括变革需求、成本与费用的降低、提高创新效率与降低风险、知识资源的整合与优化等。本章在此前提下，探索了产业技术联盟跨组织知识协同形成的驱动要素因果回路，并进行了仿真模拟分析。

第3章 产业技术联盟跨组织知识协同的行为

彼得·德鲁克指出,管理是一种实践,其本质不在于"知",而在于"行"。产业技术联盟跨组织知识协同作为一种管理协同实践活动,也重在"行"。这种活动是联盟中具有参与知识活动能力的行为主体,通过参与知识活动实现知识资源的交互流动,在彼此之间形成各种正式或非正式的互动关系,并通过知识互动交流和创新,实现协同各方共赢的知识协同效应。但是,知识个体的合作意愿、知识协同伙伴选择、机会主义行为倾向等因素影响了知识协同效应的产生。本章将利用博弈论的相关原理对产业技术联盟跨组织知识协同的行为开展深入分析与研究。

3.1 行为博弈框架

博弈论自出现以来在经济学领域获得了迅速发展,其根本原因在于博弈模型能够准确描述经济事物或它们背后的人类行为中所包含的丰富博弈关系,用博弈分析方法能够深刻揭示这些关系背后的内在规律。下面在分析产业技术联盟跨组织知识协同行为的基础上,分析其博弈特征和利益关系,进而建立协同行为的博弈模型。

3.1.1 行为表现形式

文献研究表明,行为是组织或个体为达到特定目的所采取的活动或行动，行为是个体与环境交互作用的结果。在知识协同中，知识协同伙伴的行为方式将直接影响知识协同目的的达成，反之，知识协同作为一种组织形式所采取的行为方式也将影响产业技术联盟跨组织知识协同伙伴。

在相关文献中，吴红梅和袁庆宏分别研究了企业知识管理的行为难题，认为企业在知识管理中至少面临个体、组织与组织网络三个层面的行为难题。知识协同作为知识管理的进一步发展，也面临个体、组织与组织网络三个层面的行为难题。但是，知识协同与知识管理之间存在较大差异，因此，在具体行为表现上与知识管理有较大不同。

产业技术联盟跨组织知识协同中存在的主要行为形式是协同行为，即以知识管理中单纯的知识交流与共享行为为基础，进一步扩展出协同式知识学习与协同式知识创新等行为形式。产业技术联盟跨组织知识协同的行为模型，如图 3-1 所示。

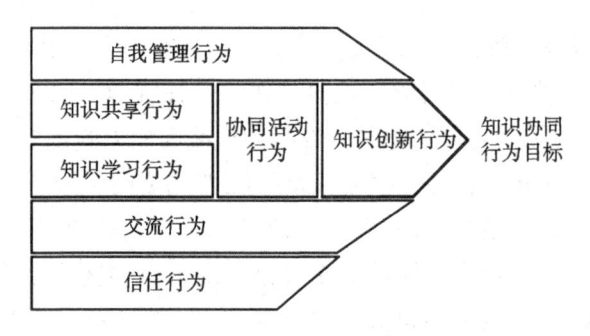

图 3-1 产业技术联盟跨组织知识协同的行为模型

在产业技术联盟跨组织知识协同中，具体包括以下行为表现形式：

（1）知识共享行为

知识协同伙伴之间的知识共享是开展知识协同的基础，也是知识管理最主要的行为形式。

（2）知识学习行为

知识协同的过程其实是共享—学习—创新—再共享—再学习—再创新的循环过程。知识协同伙伴通过学习了解其他伙伴所提供的知识，并以此为前提，通过自身的智能活动实现知识创新。

（3）协同活动行为

知识协同需要在知识共享的基础上实现知识创新，而知识协同伙伴之间的协同活动是实现创新的主要前提。通过协同活动，可以实现不同知识源的融合与创新。尤其对于员工或组织的内隐知识的使用更为重要。而且,协同活动中员工的智能活动是实现知识创新的活动基础。

(4)知识创新行为

知识协同伙伴通过各自的智能活动(如果知识协同伙伴是企业,则是利用该企业的商业智能活动),实现协同式知识创新。

(5)交流行为

知识协同伙伴之间的交流是实现知识共享和协同活动的基础;此外,这里的交流行为不仅包括知识的交流,还包括知识协同伙伴之间为维持协同关系和相互之间的信任所开展的交流活动,甚至有情感、心理、文化、伦理等方面的交流,这也是知识协同伙伴与知识协同平台所包含的协议环境之间相互作用的结果。

(6)信任行为

信任是知识协同伙伴之间实现知识协同关系的基础,是知识共享、活动协同、创新协同等各项活动的前提。这种信任行为可以促使并激励知识协同的开展,甚至可以代替激励机制实现对知识协同的驱动。同时,信任行为也受到知识协同整体的影响。如果相互之间的关系能够实现正向互动,则可以不断加强知识协同的紧密程度和有效性;反之,如果这种互动关系是反向、负反馈的,则可能会导致知识协同的信任危机,甚至会危及知识协同的继续存在。

(7)自我管理行为

知识协同伙伴可以对自己在知识协同中的表现进行自我评估,并根据评估结果,对自身行为进行调整。自我管理行为是联盟中知识型创新企业区别于普通企业的显著特点,也是产业技术联盟知识协同能够不断发展的行为基础。

3.1.2 行为博弈的特性

文献研究表明,知识协同伙伴在知识协同中的行为是所有知识协同伙伴之间互相影响、不断进行利益博弈的结果。知识协同行为的博弈特性主要表现在以下几个方面:

(1)协同收益的分配方式

知识协同伙伴之间协同收益的分配机制将对知识协同的行为造成直

接的影响。主要表现为：一是协同的收益如果分配给能够带来更多价值的成员，此时会对协同行为产生激励作用，同时由于收益的不均衡会产生竞争而导致系统出现动荡；二是如果协同中成员收益与其付出相一致，那么协同系统将一视同仁；三是如果某些特殊情况下付出少的反而回报更多，则肯定会影响协同的积极性，不利于系统的协同行为，现实经济生活中的"搭便车"就是指这种现象。

（2）协同收益与协同成本的对比情况

收益与成本之比是协同各方在协同中行为策略选择的根本性考量。一般而言，收益越高，伙伴的积极性就越高，反之亦然。如果收益与付出成正比，则企业协同选择的可能性比较大，协同的稳定性也较强。

3.1.3 行为的利益关系分析

知识协同行为的博弈根源是各个知识协同伙伴对各自利益的追求。因此，如何实现协同收益分配的合理化与最优化，是对知识协同行为进行博弈分析所要解决的主要问题。知识协同的利益关系模型，如图 3-2 所示。

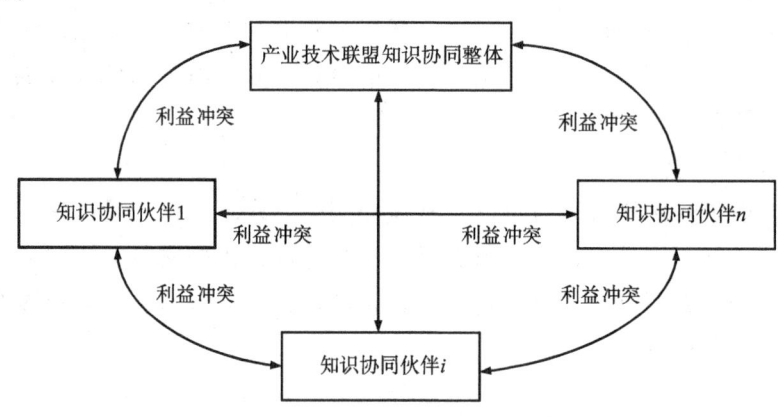

图 3-2 知识协同的利益关系模型

知识协同的收益就是在组织组建知识协同团队期间所共同创造的收益，不仅包括合作的产品和利润等直接表现为经济价值的收益，还包括合作产生的无形资产，如专利权、技术诀窍等。知识协同的收益分配就是由所有知识协同伙伴，按照达成共识的公平合理的比例，在各知识协同伙伴之间进行分配和分割的过程。组织组建知识协同团队的动因之一

第3章　产业技术联盟跨组织知识协同的行为

就是使自身效益最大化，因此知识协同收益分配的重要性不言而喻。

知识协同伙伴争夺分配收益的焦点主要在于因知识协同的存在而多产生的知识活动的额外收益。产业技术联盟跨组织知识协同实质上是一些组织如企业为了追求整体的竞争优势，创造比单个个体更多经济收益而形成的战略协同关系。收益对知识协同有两个方面的影响，追求收益是各方组建知识协同形成的动机，同时，由于收益分配的多少、偏向等因素又会影响到知识协同的形成以及运行，因此为了使协同收益得到公平合理的分配，尽量使每个知识协同伙伴所获得的份额与其预期收益一致，树立正确的收益分配原则是必需的，也是非常重要的。

知识协同收益分配的原则具体包括以下几个方面：

（1）平等原则

知识协同的合作组织无论规模大小、实力强弱，对利润追求的欲望是平等的，各伙伴都要求按自己在知识协同中所投入的资源、工作努力程度和所做的具体贡献索取收益。

（2）互惠互利原则

互惠互利是指在知识协同过程中，要保证每个伙伴都能从成功运作后的知识协同中获取相应的收益，否则将会损害部分知识协同伙伴的积极性。要保证知识协同的稳定性，就必须保证加入知识协同之后，伙伴从知识协同行为中能获取的收益大于不加入知识协同的收益，否则知识协同的合作伙伴就不会加入知识协同合作活动中来。

（3）利益与风险挂钩原则

对于知识协同收益分配的比例，应当充分考虑伙伴的风险分担比例情况，一般来说，风险越大收益也应越大。

（4）兼顾个体理性和集体理性原则

个体理性原则是指一个组织加入知识协同活动中的得益应大于个体单独活动的得益；集体理性原则是指 n 个组织组成的知识协同活动所得到的总收益，应大于不开展知识协同时各自组织收益的总和，也就是实现"1+1>2"的知识协同效应。

（5）民主决策原则

根据组织行为学理论，知识协同伙伴对知识协同在决定其收益分配上也应该给予一定的决定权，不能由某一个或某一部分知识协同伙伴自行决定。因此,在知识协同收益分配问题上,应该给予知识协同伙伴一定的自主权,让其充分参与,这样建立起来的收益分配制度对促进整个知识协同的成功是非常必要的。

(6)综合优化原则

这是指要对前面5条原则都应加以综合考虑,并根据每一条原则的重要程度有所侧重,以实现知识协同收益分配方案的综合优化。

3.2 伙伴选择行为博弈

3.2.1 博弈过程

产业技术联盟知识协同通过外部知识资源内部化,实现了知识资源共享和优势互补,有助于组织缩短创新时间,增强组织的竞争地位。

知识协同伙伴的选择是产业技术联盟知识协同过程中最根本也是最为关键的环节,很显然伙伴选择是否合适与知识协同的成败是密切相关的。从当前的相关文献来看,合作伙伴选择的研究主要是从选择方法上来开展的。但是知识协同过程中伙伴选择的相关研究不多,这和当前产业技术联盟的特点有关系,即目前的产业技术联盟都带有政府背景,其伙伴选择多不被重视。事实上,产业技术联盟中知识协同伙伴的选择直接关系到产业技术联盟的效益与效率的实现。本部分主要研究如何解决产业技术联盟的伙伴选择尤其是知识协同中高质量伙伴的选择问题。

(1)假设条件与模型建立

设 A 为产业技术联盟知识协同的行为主体,B 为产业技术联盟知识协同的另一行为主体,双方在选择过程中的作用是相互的。无论是企业、高校还是科研院所,它们对于另一个主体知识的协同作用与其知识禀赋和内涵有关系,也就是说,具备先决知识的主体才能开展知识协同活动。因此,可以假设 B 的先决知识为 K_b,是组织 B 的自有知识,K_b 为离散变量,能展现出组织 B 的类型且 $K_b \subset \{高,低\}$,概率表示为 P 及 $(1-P)$。组织 A 作为伙伴选择的行为主体,虽然不知道 B 的自有知识储备的实际情况,但是由于 B 的先决知识可以根据其类型做出基本判断,大致能够判断出 K_b 可能取值以及其概率。如果 B 由于种种原因需要掩盖其类型则

第3章 产业技术联盟跨组织知识协同的行为

容易导致逆向选择情况的出现。此时组织 A 就需要对合作方 B 进行甄选，以帮助 A 选择到具有高知识禀赋的组织来参与知识协同，并拒绝低知识禀赋的组织。

若除 K_b 之外组织的其他知识均为公共知识，并可以通过多个渠道获得，且组织 A 与 B 没有明显的不确定性偏好，则其效用函数表现为知识协同带来的增值。显然，如果双方开展产业技术联盟内部的知识协同活动，就会带来知识增值，反之则增值为 0。设 B 为高知识禀赋时，双方各自获得的知识价值增值为 H_A、H_B；B 为低知识禀赋时，双方获得的知识价值增值为 L_A 和 L_B，高知识禀赋双方的合作效用要高于低知识禀赋伙伴的合作效用，也就是说，$H_A > L_A$，$H_B > L_B$。同时，由于知识协同过程中存在伪装成本和一定的知识流失风险，可以将此成本设为 C_i。在实际情况中，由于自有知识的模糊性，选择者 A 往往并不确定对方知识禀赋的高低，所以 A 自己参与协同的知识消耗成本与对方类型无关，即 $C_{H_A}=C_{L_A}$，但是被选择者 B 能够确定自己知识禀赋高低，其消耗成本与自己的知识禀赋高低成正比，即 $C_{H_B} > C_{L_B}$。在产业技术联盟实践中，低知识禀赋的组织为了获得其他组织的知识资源从而帮助其成长，往往喜欢将自己组织伪装成高知识禀赋的合作伙伴，将此伪装费用设定为 c。根据以上原理，我们可以得到该博弈问题的博弈扩展图，如图 3-3 所示。

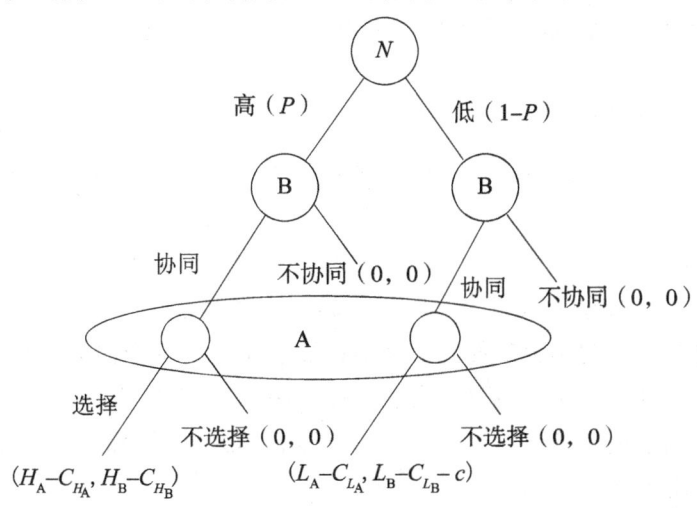

图 3-3 产业技术联盟知识协同伙伴选择博弈扩展图

（2）博弈过程与博弈分析

无论什么类型的博弈分析都需要对均衡策略组合进行探讨。对于动态博弈而言，信任是均衡的核心问题之一，理想的均衡状态必须处于完全信任之中。在完全且完美信息动态的博弈过程中，子博弈完美纳什均衡是均衡策略完全信任的保证，均衡策略组合是否满足这一条件是博弈的核心问题。产业技术联盟知识协同的伙伴选择过程符合完全但不完美动态博弈的基本特点，但由于选择的不同阶段不满足子博弈完美纳什均衡，无法保证完全信任，因此必须建立新的均衡概念，且必须符合如下要求：

第一，在不同信息集合中，参与选择的博弈一方必须具备一个基本判断，即博弈达到信息集当中不同节点的可能性。对于单节点和非单节点信息集，概率不尽相同，前者可以判断达到概率为1而后者则需要分析节点可能性的概率分布情况。

第二，关于策略的序列理性判断。也就是在不同信息集中，需要有针对各种可能出现的情况的完整规划，也就是要对博弈各方的判断及其之后不同阶段的后续策略进行设定，这些策略往往会使主体得益最大或者期望得益最大。

第三，贝叶斯法则和博弈各方的均衡策略决定了信息集判断，无论该信息集是否处于均衡路径当中，这实际上就是一个"完美贝叶斯均衡"。

在以上三个不同要求中，第一个实际上是完全但不完美信息动态博弈的基本假设，也就是说，在信息集博弈中，对于节点达到的可能性必须有基本判断，否则无法保证策略稳定性，决策也失去基础，无法保证均衡策略的实现。第二个要求序列理性判断是子博弈完美纳什均衡的完美性规定，实际上就是要求参与博弈的主体必须遵循利益最大化要求，保证博弈策略的完全信任。本文的产业技术联盟知识协同伙伴选择模型符合不完美信息动态博弈的特点，其均衡策略满足"完美贝叶斯均衡"关于序列理性和判断的贝叶斯法则规定，因此可以用倒推的方法去推导出博弈均衡解。

第三阶段：选择者 A 的行动。设达到信息集合两个分支的条件概率为 P（高/协同），$1-P$（低/协同），且 P（高/协同）$=1-P$（低/协同）。

第3章 产业技术联盟跨组织知识协同的行为

前者含义为在选择参与协同的条件下,高禀赋伙伴的概率;后者则为低禀赋伙伴的概率。这两个条件概率符合完美贝叶斯法则。从较长的时间周期来看,选择知识禀赋较高的伙伴参与知识协同的得益最大,所以知识禀赋高的伙伴其分布概率越大,就会出现更多的知识禀赋较高的组织来选择参与知识协同,从而选择者估计的条件概率 P(高/协同)也就越大。因此设 P(高/协同)$=P$,选择者 A 选择知识协同策略获得的收益为:$P(H_A - C_{H_A}) + (1-P)(L_A - C_{L_A})$。

因此,当 $P(H_A - C_{H_A}) + (1-P)(L_A - C_{L_A}) > 0$ 时,选择者 A 在第三阶段的策略为选择知识协同,否则为不选择。

第二阶段:组织 B 的行为。如果 B 是高知识禀赋的可选择对象,那么当满足 $H_B - C_{H_B} > 0$ 时,伙伴 B 第二阶段的行动为知识协同,否则为不协同;而当 B 为低知识禀赋伙伴时,只有满足条件 $L_B - C_{H_B} - c > 0$ 时,伙伴 B 第二阶段的行动为知识协同,否则为不协同。

从博弈论的原理来看,如果要促进知识协同的成效,就必须促使上一阶段中组织 A 的最优策略为进行协同,本阶段中具有较高知识禀赋的可选择对象的最优策略为参与,而知识禀赋较低的可选择对象的最优策略为不参与知识协同的过程。按以上分析,即需满足以下条件组合:

$$\begin{cases} P(H_A - C_{H_A}) + (1-P)(L_A - C_{L_A}) > 0 \\ H_B - C_{H_B} > 0 \\ L_B - C_{L_B} - c < 0 \end{cases} \quad (3-1)$$

由于本博弈过程的信息集符合不完美而非不完全的特征,因此,在第二阶段中,如果知识禀赋较低的可选择对象以不参与作为组织最优策略的时候,那么选择者上一阶段的后验概率 P(高/协同)$=1$,相应的有 P(低/协同)$=0$,因此,以上条件组合可以简化为:

$$\begin{cases} H_A - C_{H_A} > 0 \\ H_B - C_{H_B} > 0 \\ L_B - C_{L_B} - c < 0 \end{cases} \quad (3-2)$$

若式(3-2)出现交集的时候,博弈均衡结果将表现为知识禀赋较高的可选择对象与选择者开展知识协同活动,而低知识禀赋伙伴不参与知识协同，形成最高质量的知识协同，这就要求以上条件组合有解。

对于高知识禀赋水平的组织来说，由于其知识吸收能力较强，能从知识协同中获得更多收益，所以其愿意进行知识协同，而且其合作伙伴由于能从该组织获得较好的知识增值，所以也愿意选择高知识禀赋水平的组织作为协同对象。因此，只有在利益一致的前提下双方才有可能进行知识协同。而知识协同的伙伴筛选机制是知识协同伙伴选择的关键影响因素，通过严格的伙伴筛选机制能提高产业技术联盟知识协同的知识增值，同时通过知识产权保护来降低风险和成本。我们可以通过对知识协同伙伴筛选机制的有效控制，实现合理的伙伴选择结果，减少伙伴选择的逆向选择负效用风险。

3.2.2 伙伴选择的有效筛选

根据以上分析，为了帮助组织在产业技术联盟知识协同中正确选择合作伙伴，减少负面影响，提高合作效率，则应该建立科学的伙伴选择筛选机制。在选择合作伙伴时，要综合考虑合作双方的技术、经营优劣势及合作成功后可能产生的新情况。产业技术联盟创新虽然是优势互补、利益共享，但是如果没处理好相互之间的合作关系，也有可能造成利益损失，如在知识产权方面的纠纷等。

伙伴筛选模型的主要思路是：首先，设定一定的标准对合作伙伴进行快速过滤，将潜在伙伴的数量下降到合适范围，以减少后期工作量；其次，在更高的标准上对合作伙伴进行综合评定，将相对效率较低的候选伙伴剔除出去；最后，对参与产业技术联盟知识协同的对象进行优化组合，最终选出合作伙伴组合。

合作伙伴选择是贯穿产业技术联盟知识协同的整个过程，在伙伴选择筛选中，知识产权的确认是其中的关键。产业技术联盟知识协同实际上是战略联盟中具有优势资源的组织之间的知识协同行为，如果组织对知识产权无法进行有效确认，无论是低估还是高估知识产权的价值，都会影响到产业技术联盟知识协同的效果和目标的达成。如果组织选择的知识产权不具有其表面价值所对应的效果，那么产业技术联盟成本和风险将会大幅升高，并可能导致战略合作的破裂和内耗。同时，知识产权资源的可靠性和有效性需要参与产业技术联盟知识协同各方组织的共同

第3章　产业技术联盟跨组织知识协同的行为

保证，确保产业技术联盟知识协同的成果是构建在完整、独立的知识产权基础上并能够带来效益最大化的。为此，需要对产业技术联盟中合作伙伴的知识产权进行真实性、有效性、可靠性、完整性、先进性、效用性等多方面的认定和判断，只有经过全面而准确的确认，才能最终促进产业技术联盟知识协同的发展。当然，由于产业技术联盟的市场声誉与信任、政府干预等情况的存在，对合作伙伴的筛选有可能在产业技术联盟知识协同过程中被略过。

3.3　形成行为博弈

3.3.1　博弈特征

（1）博弈分析的要素

产业技术联盟跨组织知识协同的利益主体在产业链中做出的决策，必然会受到其他相关利益主体的制约和影响，从处于利益相关或相向的立场出发，其中一方的决策无疑会给对方的决策带来障碍性阻挠，或是滋生不利因素，这就是所谓的博弈。

博弈论把均衡决策主体之间的利益视为研究的核心内容，从理论上，决策均衡问题分为非合作博弈与合作博弈两种。20世纪50年代合作博弈达到了鼎盛期，Tucker的"囚徒困境"和Nash均衡概念为非合作博弈奠定了良好的基础，在此以后，Kreps、Harsanyi、Wilson、Selten等相关学者引进了不完全信息下的一系列理论体系，促进了博弈论的进一步完善，至今在经济管理学界中得以广泛应用。知识协同作为企业协同的风向标，每一个企业的最终目的无非是争取价值最大化。产业技术联盟在知识协同过程中，会研究利益相关各方彼此的战略发展方向，形成协同体，为知识协同打下坚实基础。通过对资源、对生产经营、对管理控制的协同，根据自身的优势，制定有益于产业技术联盟发展的协同战略，同时利益相关各方还会研究如何应对其他成员的战略，力求做到实现价值增值。由此可见，知识协同过程中的协同就是在确保自己价值最大化的同时，不仅要调整整体策略，还要调整协同体内个体成员的策略，协同构成互动的策略交织网络，这就必然涉及博弈分析。

在对博弈方进行价值分析时，应该考虑到的必然要素有均衡、得益、信息、规则、参与人、策略等基本要素。其中参与人指的是与产业技术联盟跨组织知识协同相关的利益各方成员，而博弈时的成员策略具有相互依存性，所以其成员数量的多少很是关键。一般来说，两个成员构成的协同博弈，可以在决策上做到相互独立或者企业联合，这是最成熟、最常见和最普通的协同形式。而三个或者更多的协同博弈，则是为了通过结盟来获得企业价值最大化。

参与知识协同的成员，根据经济水平和经营行为选择不同的战略，策略空间是由参与成员的笛卡尔积构成的。如果假定成员 i 的策略空间为 S_i，那么就可以定义这 n 个成员知识协同的策略空间为：

$$\prod_{i=1}^{n} S_i = S_1 \times S_2 \times \cdots \times S_n \tag{3-3}$$

通过分析可以看出，策略空间的数目会随着 n 值的增大而增大，根据优先策略协同理论的观点，通过扩展形法、得益矩阵法或简单罗列法把所有的分析对策、结果和得益进行罗列，但是存在一个难以解决的问题就是，表示会随着成员数目的增加而变得相当复杂。因此，在一般情况下，只能通过函数或数集来表示无限策略战略。

通过对参与人制定有约束力的方案，参与知识协同的成员按照次序行动就形成了规则。当存在多个方案时，必须按照平等的规则行动，譬如，一次和多次的选择、先后和同时的选择。

信息元素可以提高产业技术联盟的行动规则、经营特征，信息可以在产业技术联盟本身进行自然选择。按照信息的可取性和可信度有完美、不完美之分，当参与知识协同的成员无法完全掌握其他成员的各种情况，这种协同中的得益情况被称为"不完全信息协同"，如果全部掌握就是"完全信息协同"。得益的具体表现为总体得益，把协同看成完整体而言，其总体得益就如同在一个点上得到的利益。协同得益还表现在参与知识协同的成员的各自利益上，要想形成协同的总体利益就要在成员互动过程中找到同一个利益焦点，这就是所谓的协同的总体得益。只有参与知识协同的成员整体利益存在，才会有成员个体利益存在，二者是相辅相成、互相依存的关系。

均衡是指是协同体内的成员，经过企业的策略优化组合后，都达到利益相对稳定，这就需要企业为协同体内成员共同利益着想。

第3章 产业技术联盟跨组织知识协同的行为

（2）博弈分析的表述

标准型、特征函数型、扩展型是协同博弈的三种分析方法。而标准型表述通常涉及以下三个方面：每个参与知识协同的成员的得益、成员企业和可供每个成员进行选择的策略集合，在一般情况下：

$$G=\{s_1,s_2,\cdots,s_n;u_1,u_2,\cdots,u_n\} \quad (3-4)$$

在表示 n 个协同的标准型描述中，s_i 表示的是第 i 个成员的策略空间，u_i 表示的是第 i 个成员的得益函数。此外，"自然"的选择、得益函数、来自行动的信息集、利益个体选择的行动集合、行动次序和成员是构成扩展型描述的六要素。在理论面前标准型描述等价于扩展型描述，当协同呈现静态时，大多用标准型博弈描述方法；而当协同呈现动态时，更多地会选择扩展型博弈描述方法。所谓特征函数描述博弈分析无非就是用几个实数表示利益个体中子战略及其协同各方，当子协同整体是协同的组成成员时就应该用数值表示。

（3）博弈分析中的理性

连接博弈论和新古典经济学的焦点就是理性。一个企业能够用绝对理性决策选择经济发展目标，是需要从新古典经济学体现出来，但这只是一种逻辑上的假设。当这种假设没有遇到任何妨碍的时候，获取的才是最大效益。事实上，这种绝对的假设是不存在的，参与知识协同的成员以实体状态存在，不可能和企业的相关各方毫无瓜葛，要考虑到各方的共同价值，因为任何一个不利于整体的决策都会影响到其他成员的价值实现。

在协同中，成员的个体行动所表现的理性，不会等同于集体行动产生的理性。

①二者没有相同的决策路径，单独行动的成员理性选择的路径是"个体—群体—个体"

个体在行动之前必然对参与成员的总体反应做出折中分析，是通过个体途径经群体，然后回归到个体价值，这种路径的决策，即使失败影响也会很小，所以哪怕是对自我选择方向、能力缺陷、理性认识都存在误差也不会过多影响成员本身，准确地说它走的是中庸之道。而参与知识协同的成员的决策路径只能是从个体到个体，如果个体对自身评估出错，会影响到整个企业。

②二者没有相同的理性层次

协同外的成员遵循个体理性原则，反之，则遵循集体理性原则。在理性假设和理性要求中，诉求二者可以表现在四个方面：其一，预测判断能力，逻辑推理能力，数学计算能力，这几种理性能力不能出现错误。其二，是层次较高的交互理性。要求相关企业不仅要有自己的个体理性，还要把个体理性进行协调配合，在协同中交互理性的受重视程度、影响、作用，是无法和不结盟的成员分析同日而语；其三，是指包含共同知识理性和知识理性两个方面的共同知识，共同知识的产生，决定着协同内存在不完全对称消息，为了达到共同利益，就要搜索一些信息，从而形成共性。其四，是指成员在学习中或者在进化中所体现的"过程理性"，主要表现在"有限理性"的基础上，把进化机制和学习引进来，这种过程理性有利于成员的自我调整和自我学习。

如果用西蒙的有限理性去解释完全理性，则它只能是一种纯粹性的理性。博弈论十分关注有限理性的存在，因而通过采取学习和进化机制的措施，对决策者在群体内，能否长时间推行进化和学习动态，来实现纳什均衡。事实上纳什均衡在当初问世的时候就已经和人们的理性行为完全脱轨，绝非用理性判断来做结论，同时西蒙还为"群体行为"和"理性行为"做出概念上的诠释，群体行为的纳什均衡，是在过程理性上采取学习和外推才可以达到，绝非是拘泥于完全理性中推理和内省就可以达到的那种纳什均衡。这一前沿理论的发明，成功地指导协同的有效发展[1]。成员之间在多次博弈的过程中，建立互相学习和进化机制，达到决策行为均衡、趋向一致、收敛有度，表现出均衡特征的经济活力。这是协同进行博弈的基础，学习和外推形成的纳什均衡，可以通过内省和推理的实践，获得完全理性约束下虚无的纳什均衡。

3.3.2 博弈过程

所谓协同就是参与知识协同的成员之间，不同类型资源和相关资源重新配置，让资金、竞争优势、需求信息等资源生成价值回馈，因此对知识协同的协同研究应该采用合作性博弈理论来分析，而博弈的焦点问

---

[1] 杨子鑫，白旭，冯慧娜，等．基于农业全产业链金融协同支农创新研究 [J]．当代农村财经，2021（9）：61-64．

第3章 产业技术联盟跨组织知识协同的行为

题,应该是联盟活动怎样重新构建、不同类型的资源如何有效配置、不同交易创造后的剩余应该如何调配。只有通过战略均衡概念的提出,才能做到有利于产业链中资源分配和联盟活动的整合,以便于实现战略均衡,确保各方的价值实现。

在知识协同过程中,资源配置、联盟活动和管理控制的研究可以采用博弈思想及其特征函数方法进行描述。特征函数用于研究特定资源或活动与知识协同之间的关系,它表明每一可能的联盟活动的组合所取得的价值大小。例如,联盟活动 m 中配置了资源 x,那么该项活动所创造出来的价值就是 $v(m,x)$。可见,联盟活动和资源的配置产生了所有的可能函数的价值空间,言外之意也就是说,一种资源和一个联盟活动配置会产生一种价值,如果两种资源和一个联盟活动配置就会有三种组合价值产生。如此推断可以得出:在一个联盟活动中配置了 k 个资源,价值总值就可以表示为 $2k-1$,这个特征函数表示不同资源的配置价值。如果资源种类为 k,联盟活动为 $i(i<k)$,那么最能描述其配置后价值的特征函数就是 v,用公式表示如下:

$$v = \binom{k}{i} \times i! \times i^{k-i} \quad (3-5)$$

(1)资源互补创造价值

把不同类型的资源重新调整后,配置到参与知识协同的联盟成员活动中,等于为原来的资源注入了新的联盟活动能量,自然会产生新的价值。如果没有互补性,那么用特征函数描述资源只能是具有可加性。

$$v(m, x_1 + x_2) = f(m, x_1) + c(x_2) \quad (3-6)$$

其中,$c(x_2)$ 表示资源 x_2 的外部机会成本。产业链中存在着很多不同性质的资源,如果把上下游进行互补,抑或是进行特定合作,就等于在同一个联盟活动中收获超可加性的多重资源。满足:

$$f(m, x_1 + x_2) \geq f(m, x_1) + c(x_2) \quad (3-7)$$

通过联盟活动,产业技术联盟价值链中的不同个体可以获得有利于自己发展的资源,也有可能因为外在因素,给产业技术联盟带来个体资源,重新配置会产生大于原来联盟活动的价值,这都得益于在资源交易时的重新配置。这种情况下的外部成本,使新的价值变成再度知识协同活动的成本。

（2）联盟活动协同产生价值

在迈克尔·波特看来，企业的绩效差异源于自身的实力和适应性，不同企业对外部产业结构的适应能力不同，就会产生不同的绩效。而产业技术联盟自身的战略定位，是由自身竞争实力所决定的，通过调整和运用联盟活动，就可以提升产业技术联盟的竞争力。不同的联盟活动排列，就会生成不同的竞争力，在业界通常把这种安排不同、绩效则不同的特性，称为联盟活动的协同性。产业技术联盟协同在产业技术联盟的价值链中实现，重新形成的价值链，就会把不同的竞争优势显现出来，从而创造出不同的价值。所以，把若干个产业技术联盟组成协同，重新选择产业技术联盟的联盟活动，在形成价值体系的基础上生成协同效应。

如果没有协同性，则特征函数具备可加性，即：

$$v(m_1 \oplus m_2, x_1 + x_2) = v(m, x_1) + v(m, x_2) \tag{3-8}$$

式中，$m_1 \oplus m_2$ 表示两种联盟活动的整合。

如果联盟活动具有协同性，那么活动之间就具有超可加性，即：

$$v(m_1 \oplus m_2, x_1 + x_2) \geqslant v(m_1, x_1) + v(m_2, x_2) \tag{3-9}$$

价值是在 A 成员和 B 成员的不同资源重新配置后进行联盟活动产生的。联盟活动可以描述成资源的集合体，协同过程中的联盟活动对资源进行互补或者重新创造产生新的价值。迈克尔·波特认为，价值不会在资源互补中产生，他的理由是资源是采购获得的，抑或是通过绩效活动产生的，具有无法替代性。然而从价值链的角度分析则不然，生产经营协同和资源互补都会产生价值。

参与知识协同活动的成员 A 和 B 通过协同，在产业技术联盟的联盟活动之间产生联系并创造价值。A 的联盟活动 m_{Ai} 和 B 的联盟活动 m_{Bj} 之间整合并产生协同效应，可表述为：

$$\begin{aligned} v_{m_{Ai} \oplus m_{Bj}} &= v\left[m_{Ai} \oplus m_{Bj}, (x_{Ai1} + x_{Ai2}, \cdots) + (x_{Bj1} + x_{Bj2}, \cdots)\right] \\ &\geqslant v(m_{Ai}, x_{Ai1}, x_{Ai2}, \cdots) + v(m_{Bj}, x_{Bj1}, x_{Bj2}, \cdots) = v_{m_{Ai}} + v_{m_{Bj}} \end{aligned} \tag{3-10}$$

产业技术联盟协同的优点是摆脱原有价值链的羁绊，资源优化后重新构建联盟活动，从而寻求产业技术联盟本身能够在新的联盟活动中产

第3章 产业技术联盟跨组织知识协同的行为

生的绩效。迈克尔·波特坚持自己的观点，只有企业个体在适应外部产业结构时所产生的程度差异，才会生成企业的绩效，而且他还认为企业竞争优势，可以通过调整联盟活动来提升。在迈克尔·波特看来，企业应该主动和其他利益相关者构建联盟活动，通过整合资源，获取更大价值。因此，如果产业技术联盟有足够的资源整合能力，就应该尽可能发挥这种得天独厚的优势，为企业创造新的价值。然而产业技术联盟往往由于自身资源的限制，失去了重新整合的机会与能力。因此，产业技术联盟可以将合理的资源配置到不同的联盟活动中，通过价值链来创造新的价值。

（3）管理控制交易获取价值

所谓管理控制，就是产业技术联盟参与方在拥有自身资源的情况下，均衡解决资源优化分配问题，将有限资源合理分配到联盟活动中，并通过有效的联盟活动完成产业技术联盟的知识协同，如进行预算管理、成本管理和并购交易控制。关于管理控制可以获取价值的研究，Lippmna[1]指出，在外部资源被获得的情况下，通过对资源的管理控制完全可以为企业产生价值。1991年，Conner[2]发表了关于财富增加的障碍绝不会来自资源互补的理论，他认为互补后的资源价值要比原价值大得多。如今仍有学者认为，对资源的控制可能会损害资源，Dierichx 和 Cool[3]就认为资源控制阻碍资源自身优势的正常发挥，他们还把资源的无法可持续发展归结于资源交易产生的后果。Peteraf[4]指出，在不进行控制的前提下，要

---

[1] BARNEY J B, KETCHEN Jr D J, WRIGHT M. Resource-based theory and the value creation framework[J]. Journal of Management, 2021, 47 (7): 1936-1955.

[2] MCKENZIE J. Addressing historical trauma and healing in Indigenous language cultivation and revitalization[J]. Annual Review of Applied Linguistics, 2022, 42: 71-77.

[3] BODHANWALA S, BODHANWALA R. Exploring relationship between sustainability and firm performance in travel and tourism industry: a global evidence[J]. Social Responsibility Journal, 2021, 18 (7): 1251-1269.

[4] RASOUL H, HARADA Y, MDNOOR I. A Resource-Based View: How Information Technology Creates Sustainable Competitive Advantage to Improve Organizations. 2018.

素可以分成互补性和不可分离性两种。Lippman 和 Rumlt[1]则认为，如果没有互补性，在资本市场只能从信息不对称获取价值。他们还认为，当剩余资源具有独一无二性、稀少性、可控制性时，这种情况下获得的价值最大。综合这些学者的理论观点，可以确定知识协同是通过资源管理控制或者资源互补、资源的重新配置获得。产业技术联盟的资源优势，可以在价值链之间重新配置，并产生利益。资源管理控制的协同增值可表示为：

$$f(m_1,x_1)+f(m_2,x_2)<f(m_1,x_2)+f(m_2,x_1) \quad (3-11)$$

如果满足式（3-11）条件，就称联盟活动 m_1 和 m_2 在资源 x_1 和资源 x_2 下会产生管理控制的增值性。由此可见，能够配置到联盟活动中的是产业技术联盟的资源。如果实现资源特定环境下的配置，也就意味着完成创造价值最合理的"匹配"，这是产生利益的前提。着眼于产业技术联盟内部，将联盟活动中的资源重新配置，就可以最大限度地获得利益；着眼于产业技术联盟的产业链，不同产业技术联盟如果存在资源控制，就能使双方都产生新的价值。

如果产业技术联盟内部有 K 种资源（x_1, x_2, $\cdots$, x_k）被分配到 i 个联盟活动（m_1, m_2, $\cdots$, m_i），其中存在着若干资源对联盟活动满足式（3-11）的要求，并且特征函数为已知，则一定有一种配置方式使得知识协同活动的收益最大。由于资源配置是在产业技术联盟内部进行，因此只要实现控制活动的增值，资源交换配置就能够实现知识协同。

设资源分配方式为 $\Sigma = \varepsilon_1$, ε_2, $\cdots$, ε_i，其中 ε_i 表示联盟活动 m_i 的资源组合，则存在空间 Ω 进行资源配置。分配方式共包括如下组合：

$$\Omega \binom{k}{i} \times i! \times i^{k-i} \quad (3-12)$$

式（3-12）表明分配方式总是有限的，由于特征函数已知，因此必然有一种分配方式能够实现知识协同的最大化。

$$v_{\max} = \max \sum_{i=1}^{k} v(m_i, \varepsilon_i) \quad (3-13)$$

---

[1] TRUDEAU C, WANG Z. Should the more efficient firm expand? A bargaining perspective[J]. Economics Letters, 2019（180）：25-27.

第3章 产业技术联盟跨组织知识协同的行为

对于参与产业技术联盟跨组织知识协同的各方而言，必然还要去参与资源配置的成员都能够实现知识协同，即满足如下约束条件：

$$f(m_1,x_2) \geq f(m_1,x_1),\ f(m_2,x_1) \geq f(m_2,x_2) \quad (3-14)$$

在产业技术联盟价值链中，资源 $x_{Ai\alpha}$ 和 $x_{Bj\beta}$ 对联盟活动 m_{Ai} 和 m_{Bj} 具有管理控制的增值性，则可以通过资源 $x_{Ai\alpha}$ 和 $x_{Bj\beta}$ 来进行知识创造活动。这是由于资源 $x_{Ai\alpha}$ 和 $x_{Bj\beta}$ 对联盟活动 m_{Ai} 和 m_{Bj} 具有交换增值性。

$$\begin{aligned}&v(m_{Ai},\cdots,x_{Bj\beta},\cdots)+(m_{Bj},\cdots,x_{Ai\alpha},\cdots)\\ &\geq v(m_{Ai},\cdots,x_{Ai\alpha},\cdots)+v(m_{Bj},\cdots,x_{Bj\beta},\cdots)\end{aligned} \quad (3-15)$$

联盟活动 m_{Ai} 和 m_{Bj} 保留价值不减：

$$\begin{aligned}v(m_{Ai},\cdots,x_{Bj\beta},\cdots) &\geq (m_{Ai},\cdots,x_{Ai\alpha},\cdots)\\ v(m_{Bj},\cdots,x_{Ai\alpha},\cdots) &\geq v(m_{Bj},\cdots,x_{Bj\beta},\cdots)\end{aligned} \quad (3-16)$$

式（3-15）和式（3-16）至少一个满足不等式。因此，产业技术联盟跨组织知识协同活动的参与成员可以通过资源 $x_{Ai\alpha}$ 和 $x_{Bj\beta}$ 的交换、控制来增加价值。

通过以上博弈分析，可以发现，产业技术联盟跨组织知识协同能够提高合作创新的有效性，提高企业的均衡利润，因此有足够的激励能够促使企业在联盟中开展知识协同活动。研究表明，产业技术联盟跨组织知识协同能够带来社会福利的提升，知识溢出越大，跨组织知识协同就越能够有效开展，合作企业就更愿意投入资源进行合作，生产出更多的创新产品，创造出更大的价值。

3.4 合作行为博弈

3.4.1 合作行为的特征

产业技术知识协同合作行为发生在组织与高校之间，是一种以知识共享、创新、学习等为纽带的长期合作关系。这种长期合作关系既有组织与高校之间正式契约的制约，又有隐含契约的管理。企业这个组织在与高校建立长期合作关系时，两者都属于相对独立的个体，两者之间进行的知识协同属于动态行为，不仅需要正式法律法规的约束，同样需要非正式制度的管理。因此，组织与高校之间的正式契约与隐含契约相互补充、相互依存、缺一不可。产业技术联盟知识协同发生在不同的组织之间，其协同合作行为包含以下五个特点：

第一，产业技术联盟知识协同发生在不同的组织之间，具有跨组织合作形态，是组织而非个体之间的知识协同。

第二，产业技术联盟中组织与高校之间的知识协同实际是两者之间知识互补、知识共享、知识流动的过程，在此基础上进行知识的创新、知识的实践，为组织与高校的发展提供双重保障。

第三，产业技术联盟组织间的知识协同行为分为两种：一种以社会关系为基础，另一种以信息技术为基础。组织间进行知识共享、学习与创新离不开社会关系这一纽带，并且社会关系这一纽带中往往也充满了各种可利用资源，包括知识资本、社会资源、人际关系等。同时，组织间的知识协同行为本身就是一种社会关系行为，将知识进行流动、共享与创新并分别为不同的组织主体所运用，实现合作组织双方的互利共赢。以信息技术为基础的知识协同合作将知识作为信息载体，按照相应的规则与网络节点将信息链接起来，通过分散的信息节点与知识数字化来加速组织间知识的共享、流动、学习与创新。

第四，产业技术联盟内组织间的知识协同行为中既有合作又有竞争。知识协同是为了实现合作双方的互利共赢而产生的合作方式，但是知识作为生产力与竞争力的核心组成成分，组织间的知识协同需要在一定程度上进行，既能促进组织双方的知识交流与创新，又能保护组织个体核心竞争力不受侵犯。因此，产业技术联盟知识协同意味着组织双方要在知识保护与知识共享之间找到平衡点。

第五，产业技术联盟组织间的知识协同具有动态性。随着政治、经济、文化的不断发展，产业技术联盟内的各类组织为适应不断变化的环境也需要不断调整组织发展战略，因此产业技术联盟知识库中的知识是不断发展变化的。此外，组织在自身的发展运营中也会随着时间的推移而不断发展进步，组织自身的知识存量、知识层次也会不断变化。

综上所述，产业技术联盟知识协同具有不断变化、不断调整的动态性。

3.4.2 合作行为的自我进化博弈

自我进化是产业技术联盟跨组织知识协同合作行为的演化方式,也是知识主体合作行为演化为协同行为的方式。这一演化过程分为对称博弈和非对称博弈。

(1) 对称博弈下产业技术联盟知识协同合作行为的形成

"对称博弈"是知识主体地位基本相等,即各自组织的知识存量基本相同,主体所获得的收益也较为一致,通过相似博弈方群体的策略进化和稳定性分析得出其进化分析。

① 假设条件与模型建立

设定不协同时知识增值为 0,若开展协同活动,则实现增值为 a;若只有一方协同,此时实际为知识转移行为,则此主体的知识效用为 $-b$,而另一方得到增值 b,表 3-1 所示为对称情况下的随机博弈矩阵得益情况,在此博弈中,$a>b$。

表3-1 对称情况下的得益矩阵

博弈方 2	博弈方 1	
	协同	隐藏
协同	a, a	$-b, b$
隐藏	$b, -b$	$0, 0$

设定联盟中采取知识协同策略的主体比例为 x,则另外的不参与的比例为 $1-x$。在博弈行为进行中,联盟中的知识主体可能遇到采取不同策略的其他组织,这是随机的。由此计算出参与协同的主体期望收益为:

$$U_1 = x \times a + (1-x) \times (-b) \quad (3-17)$$

而不参与协同的主体收益为:

$$U_2 = x \times b + (1-x) \times 0 \quad (3-18)$$

平均收益为:

$$\overline{U} = x \times U_1 + (1-x) \times U_2 \quad (3-19)$$

按照生物进化复制动态的基本原理,当期望收益不等时,收益低的博弈一方会进行模仿以期获得更高的收益，这会导致采取不同策略的主体比例发生变化。根据模仿者复制动态方程，采取协同知识策略的组织的动态变化表示为：

$$F(x) = \frac{dx}{dt} = x \times (U_1 - \overline{U}) \qquad (3-20)$$

将式（3-17）～式（3-19）代入式（3-20）中可得：

$$\frac{dx}{dt} = x(1-x)(ax-b) \qquad (3-21)$$

令上式中 $\frac{dx}{dt} = 0$，可得均衡点为 $x_1 = 0$，$x_2 = 1$，$x_3 = \frac{b}{a}$。

均衡点表明企业比例将达到平衡，而复制动态过程最终趋势无法判断。根据进化稳定策略可以得知，均衡点与初始比例以及动态微分方程在相应区间的正负情况有关，同时，具有稳定性的均衡点（记为 x^*）还必须对微小的扰动具有稳健性。当 x 偏离 x^* 时，复制动态作用会使其恢复到 x^*。由此，$F(x) = dx/dt$ 应 <0，即 $F(x)$ 的导数 $F'(x^*) < 0$ 时，x^* 才是进化稳定策略。

②博弈过程与博弈分析

基于如上分析，最终收敛于 x_1，x_2 还是 x_3，与 $F'(x_1)$，$F'(x_2)$，$F'(x_3) < 0$ 的条件有关。

根据 $F(x) = x(1-x)(ax-b)$ 可以发现：

$$F'(x) = -3ax^2 + (a+b)x - b \qquad (3-22)$$

将 $x_1 = 0, x_2 = 1, x_3 = \frac{b}{a}$ 代入式（3-22）：

$$F'(0) = -b \qquad (3-23)$$

$$F'(1) = -2a \qquad (3-24)$$

$$F'\left(\frac{b}{a}\right) = -\frac{b^2}{a} \qquad (3-25)$$

根据上述情况可以发现：

①主体全部不参与协同

若 $b>0$，$F'(0) = -b < 0$，则 $x_1 = 0$ 为进化稳定策略，此时收敛于 $x_1 = 0$，说明不参与协同的期望收益 $U_2 >$ 参与协同的收益 U_1 时，主体将全部不参与

第3章 产业技术联盟跨组织知识协同的行为

协同，如图 3-4 所示。

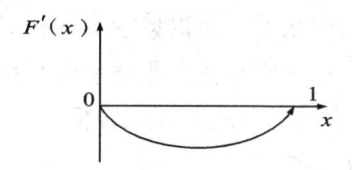

图 3-4 主体全部采取隐藏知识策略的复制动态相位图

②主体全部参与协同

若 $a>0$，$F'(1)=-2a<0$，则 $x_1=1$ 为进化稳定战略。此时，参与协同的期望收益 $U_1>$ 不参与协同的期望收益 U_2 时，所有主体均会参与协同，如图 3-5 所示。

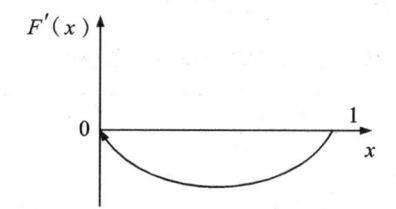

图 3-5 主体全部采取协同知识策略的复制动态相位图

③部分主体协同的情况

若 $a>0$，$F'\left(\dfrac{b}{a}\right)=-\dfrac{b^2}{a}<0$，此时复制动态不稳定，其中 $\dfrac{b}{a}$ 的主体参与协同，而 $1-\dfrac{b}{a}$ 的主体不参与，如图 3-6 所示。

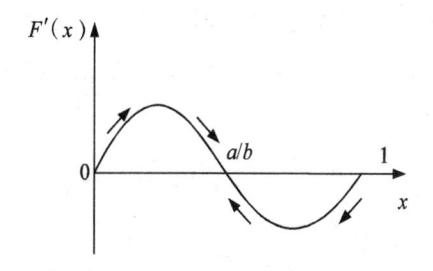

图 3-6 部分协同或隐藏知识策略的复制动态相位图

基于以上分析，我们发现，产业技术联盟中的主体在对称博弈下，能够自我进化为参与知识协同，但是具有较高的偶然性和不确定性。

（2）非对称博弈下产业技术联盟知识协同合作行为的形成

除对称博弈之外,主体的有限理性必然使其也会开展非对称博弈,特别是现实中主体的知识水平、知识禀赋不尽相同,导致其对知识协同的目标认知也不同。非对称博弈在产业技术联盟跨组织知识协同行为中的体现就更为明显,也就更需要进行深入分析。

①假设条件与模型建立

设定两个不同知识禀赋与水平的主体开展知识协同,若二者均选择参与,则其知识增值可以假定为$V_g=a$和$V_d=b$;若只有一方参与,则协同行为变为单向的转移行为,将出现两种策略组合g(高,低)=(协同,隐藏),g(低,高)=(隐藏,协同),其收益为$V[g(高,低)]=(-c, c)$,$V[g(低,高)]=(d, -d)$,当然,$c>d$;若二者均不参与,则知识增值为0。由此其得益矩阵可以表示为表3-2。

表3-2 非对称情况下的得益矩阵

博弈方2	博弈方1	
	协同	隐藏
协同	a, b	-c, c
隐藏	d, -d	0, 0

表3-2中,博弈参与方1为知识禀赋和水平较高的主体,而博弈参与方2为知识禀赋和水平较低的组织,由此得出,$a>d$,$b>d$,$c>d$。

②博弈过程与博弈分析

在博弈参与方1中,参与协同的比例设定为x,而不参与的比例设定为$1-x$;同样,在博弈参与方2中,参与协同的比例设定为y,而不参与的比例设定为$1-y$。基于此,博弈参与方1的收益设定为U_{11}、U_{12}及其混合战略的期望收益为U_1:

$$U_{11} = y \times a + (1-y) \times (-c) \quad (3-26)$$

$$U_{12} = y \times d \quad (3-27)$$

$$U_1 = x \times U_{11} + (1-x) \times U_{12} \quad (3-28)$$

复制动态方程为:

$$F(x) = \frac{\mathrm{d}x}{\mathrm{d}t} = x(U_{11} - U_1) = x(1-x)[(a+c-d)y - c] \quad (3-29)$$

第3章 产业技术联盟跨组织知识协同的行为

同样，博弈参与方 2 的期望收益为：

$$U_{21} = x \times b + (1-x) \times (-d) \quad (3-30)$$

$$U_{22} = x \times c \quad (3-31)$$

$$U_2 = y \times U_{21} + (1-y) \times U_{22} \quad (3-32)$$

复制动态方程为：

$$F(y) = \frac{dy}{dt} = y \times (U_{21} - U_2) = y(1-y)[(b+d-c)x - d] \quad (3-33)$$

令 $\frac{dx}{dt} = 0$，得 $x=0$；$y=c/(a+c-d)$；

令 $\frac{dy}{dt} = 0$，得 $y=0$，1；$x=d/(b+d-c)$。

由此得出，$S = [|(x,y)| 0 \leq x, y \leq 1]$ 上的五个均衡点为 (0, 0)，(0, 1)，(1, 0)，(1, 1)，$[d/(b+d-c), c/(a+c-d)]$。

式（3-29）、式（3-33）分析了群体动态情况，其均衡点的稳定性矩阵为：

$$J = \begin{pmatrix} \frac{\partial F(x)}{\partial x} & \frac{\partial F(x)}{\partial y} \\ \frac{\partial F(y)}{\partial x} & \frac{\partial F(y)}{\partial y} \end{pmatrix} = \begin{pmatrix} (1-2x)[(a+c-d)y-c] & x(1-x)(a+c-d) \\ y(1-y)(b+d-c) & (1-2y)[(b+d-c)x-d] \end{pmatrix} \quad (3-34)$$

对均衡点进行稳定性分析，其结果如表 3-3 所示。

表3-3 非对称情况下的稳定性分析

均衡点	J 行列式符号	J 的迹符号	稳定性
(0, 0)	$cd>0$	$-(c+d)<0$	稳定
(0, 1)	$(a-d)d>0$	$a>0$	不稳定
(1, 0)	$(b-c)c>0$	$b>0$	不稳定
(1, 1)	$(d-a)(c-b)>0$	$d-a+c-b<0$	稳定
$d/(b+d-c), c/(a+c-d)$	$-\frac{cd(a-d)(b-c)}{(a+c-d)(b+d-c)}<0$	0	鞍点

从表3-3发现，(0,0)和(1,1)是稳定的，是这个博弈行为的稳定策略，(0,1)和(1,0)是不稳定的，同时，还存在一个鞍点$d/(b+d-c)$，$c/(a+c-d)$。说明该博弈过程初始状态对结果的影响较大。若鞍点值为x^*，y^*，则$x<x^*$，$y<y^*$时，系统收敛于不参与协同；若$x>x^*$，$y>y^*$，则系统收敛于参与协同；若$x<x^*$，$y>y^*$或$x>x^*$，$y<y^*$，则系统的进化不确定性较高，可能收敛于参与协同，也可能收敛于不参与协同，这与实际情况也较为符合，在联盟中，是否参与协同，主体行为均具有一定的随机性。同时，知识禀赋对协同价值没有直接关系。

综上所述，在产业技术联盟跨组织知识协同中，无论主体的初始知识禀赋与水平如何，其合作行为都能够自我进化到知识协同合作行为中，但是能否进化成功则与初始状态有关，因此，必须对联盟跨组织知识协同行为进行有效推动，并关注其运作模式对联盟稳定性的影响。

本章小结

本章探索了产业技术联盟跨组织知识协同行为博弈，提出了产业技术联盟跨组织知识协同行为博弈框架，分析了产业技术联盟跨组织知识协同伙伴选择博弈、形成博弈和合作行为博弈。研究表明，用博弈分析方法能够深刻揭示这些关系背后的内在规律。本章在分析产业技术联盟跨组织知识协同行为的基础上，分析了博弈特征和利益关系，进而建立了行为的博弈模型。研究发现，协同伙伴的选择是产业技术联盟知识协同过程中最根本也是最为关键的环节，伙伴选择是否合适与知识协同的成败是密切相关的。同时，产业技术联盟跨组织知识协同能够提高合作创新的有效性，提高企业的均衡利润，因此有足够的激励能够促使企业在联盟中开展知识协同活动。另外，产业技术联盟跨组织知识协同能够带来社会福利的提升，知识溢出越大，跨组织知识协同就越能够有效开展，合作企业就更愿意投入资源进行合作，生产出更多的创新产品，创造出更大的价值。自我进化是产业技术联盟跨组织知识协同合作行为的演化方式，也是知识主体合作行为演化为协同行为的方式。这一演化过程分为对称博弈和非对称博弈。

第 3 章 产业技术联盟跨组织知识协同的行为

综上所述,无论主体的初始知识禀赋与水平如何,其合作行为都能够自我进化到知识协同合作行为中,但是能否进化成功则与初始状态有关,因此,必须对联盟跨组织知识协同行为进行有效推动,并关注其运作模式对联盟稳定性的影响。

第4章 产业技术联盟跨组织知识协同运作模式

现实当中的产业技术联盟包括多种不同运作模式,尽管现有研究往往根据不同的标准对产业技术联盟运作模式进行分类,但实际上,每一个分类标准对应的都是产业技术联盟在某一方面的特征,而产业技术联盟选择不同运作模式的根本目的在于通过知识协同来提高绩效。因此,本章对产业技术联盟的不同运作模式进行分析,并探讨了产业技术联盟运作稳定性在知识协同的作用下对联盟的影响。

4.1 技术共同体运作模式

4.1.1 产业技术联盟及其中的技术共同体

产业技术联盟,就是通过各种不同行业技术共享等方式开展的企业间的技术合作形式。现代企业采用产业技术联盟方式可以更好地促进技术创新,实现技术开发最小的成本。通过产业技术联盟,可以让各种技术流动、技术组合和技术创造实现最佳的配合,最终推动各种技术创新机制的发展。与普通技术创新相比,产业联盟这种联合协作、技术共享方式,更能够激发企业技术创新的活力,尽快推动相关生产技术的出现。例如,由中电投远达环保工程有限公司牵头在重庆成立的烟气脱硝联盟通过开展丰富技术交流与学术研讨、搭建信息平台等方式加强联盟成员间的合作交流，使联盟真正为各成员开展协同创新发挥载体作用。

产业技术联盟优势非常明显，可以让各种创新主体和活动要素实现最佳的组合，最终把技术创作的各种网络形成有机融合，不断强化技术创新的合作优势。同时，采取产业技术联盟方式还可以让技术创新与技术产品化实现直接的对接，让各种技术尽快转变为现实的生产力，最终促进各种企业之间、企业与技术科研机构之间形成有机融合，互相汲取对方在技术个性方面的优点。现代企业要想完全靠自己的能力进行技术开发，有时需要付出巨大的人力、物力和财力，而且由于一家企业自身技术研发能力有限，造成很难在短期内开发出适合企业需要的高端技术。因此，产业联盟的出现改变了以往传统企业技术创新单打独斗的局面，可以让更多企业通过技术联盟合作方式，相互学习对方企业的优点，形成技术创新的合力，进而实现技术创新的规模效应。产业技术联盟是现代企业技术创新的改革，通过产业技术联盟实现技术重组与联合，进而实现技术创新，已经成为现代企业，尤其是现代大型企业最常采用的技术创新方式。产业技术联盟带来的技术重组、技术创造等技术优势，逐渐让现代各大企业之间形成了紧密的技术合作网络，推动现代科技快速地发展。研究新时期产业技术联盟出现的新特点，考察产业技术联盟这一技术共同体的优势，对现代科技发展和企业创新来说意义重大。

现代企业之间，企业与科研机构之间构建产业技术联盟网络，具体的优势分析如下：

第一，产业技术联盟本身已经限定了技术合作的性质，即所有的创新发展仅是围绕技术合作和创新开展，不会带来参与企业其他方面的责任。因此，这种技术共同体借助技术合作网络可以有效将各种技术创新的元素实现最佳配置，真正服务于技术创新活动，明确整个产业技术联盟技术创新的研究内容和研究目标。

第二，这种技术共同体还可以防范技术合作创新中的各种不确定性因素。由于参加产业技术联盟的各个组成单位通过特殊的技术合作网络，实现各种技术活动之间的交叉融合。如果发现各种技术合作中的不确定性，可以通过便捷的技术网络即时查找出问题，进而快速制定相关弥补策略。因此，产业技术联盟可以让整个技术共同体实现目标一致、协调推进技术研究工作。产业技术联盟本身也是符合技术创新的一种全新的创新。

第三,产业技术联盟中的技术共同体平台,可以更加有效地构建技术合作机制,共同推进产业技术的创新与发展。通过技术共同体平台来制定产业技术联盟的技术合作方式可以深刻揭示创新过程,更具灵活性和概括力。

第四,产业技术联盟合作平台实行技术集合体和技术联合体形式,这种方式让各种技术合作更加紧密,让所有技术创新元素共同应用于技术创新过程,实现整体创新优势,可以为后续的大规模技术创新提供研究基础和更加宽泛的合作平台。

综上所述,产业技术联盟打造的技术共同体平台,可以有效将各种技术创新企业进行紧密对接,实现各种技术创新元素的最佳组合,让技术创新的整体运作优势得以快速彰显,进而改变以往单一企业或者技术研发机构技术创新和开发中出现的各种不足之处。

4.1.2 产业技术联盟中的技术共同体建设

产业技术联盟组建的直接目的是更快推进技术革新工作。因此,产业联盟的核心工作就是围绕重组技术创新要素,开展各种积极有效的技术创新工作,让各种技术创新的元素能够实现最大限度的利用。产业联盟技术创新优势在于通过不断的技术网络连接,实现技术创新方面的协作、组合和创新等工作,让原有技术要素通过技术重组焕发新的技术活力,同时推进新的技术创新要素不断生成,新旧技术创新要素形成有效的技术共同体,最终推进整个产业联盟技术创新工作的开展。因此,从本质上看,产业技术联盟中心工作就是进行技术共同体建设。

技术共同体是产业联盟建设的核心重点,通过创建技术共同体可以间接增加企业的技术创新空间,提高技术创新的规模,实现技术创新的整体优势。产业技术联盟各个组成单位之间通过不断深化分工,强化合作,可以极大提高技术创新的成功率,还可以减少对单个技术创新单位的依赖。通过产业技术联盟中各种信息共享可以实现最快的技术流动,让相关联盟组成单位尽快学习最新的技术,不断提高各个组成单位技术创新能力和技术协作能力。

同时,技术共同体还能够就技术革新建立整体评价机制,通过产业技术联盟组成企业的技术应用最终检验新技术是否合乎技术创新要求等。

产业技术联盟中技术共同体建设的具体优势如下：

（1）扩大企业技术合作的范围，提高企业技术创新的规模，拓宽企业技术创新的空间

通过产业技术联盟的技术共同体的网络联系与合作，可以为企业间技术联合提供有效的合作平台。具体阐述如下：

第一，产业技术联盟本身就是对参与企业或科研技术机构技术创新资源的重组。通过技术资源重组，改变以往单个企业、科研机构技术研究人力、物力和财力短缺的现状。让技术创新的合力充分彰显，推动技术创新更快地实现，进而帮助企业树立自己同行业的技术优势。各个企业之间已有的技术资源本身也具有一定的互补性，通过技术共同体平台可以让这种互补性得到最大限度的发挥，优化技术创新的产业链，让技术创新成本降低，提高技术创新的成功率。最终建立现代企业技术联合、整体创新方式的新型技术创新模式。

第二，产业技术联盟建立的技术共同体通过技术网络，可以实现独特的技术整体创新优势。原有企业技术创新多是依靠本企业自身技术积累进行，但是单个企业自身技术资源有限，不可能在技术研究中投入足够的人力、物力和财力，造成很多优秀技术因为上述限制并没有最快得到开发。而技术共同体可以有效改变以往单个企业在技术创新中的缺陷，通过技术联盟，可以把技术创新的成本通过分摊方式转嫁给更多的企业，同时技术创新的风险也随之共享化。这样可以让技术创新的整体优势得到最快的彰显，从而间接增加企业技术创新的空间，用最少的技术创新成本获得最大的技术创新效果。产业联盟开发的新技术通过联盟组成企业的应用，可以直接转化为现实的生产优势，提高企业产品技术含量。通过企业的实践来验证新技术使用的优势和不足之处，进而反馈给产业技术联盟，促使产业技术联盟进一步改进技术。这样就实现了整个产业技术联盟技术创新的不断良性运转。持续性的技术创新的成功可以进一步推进企业快速发展，让企业在激烈的市场竞争中占据更多技术优势。同时，以产业技术联盟组建的技术共同体为平台进行技术创新与开发工作，还可以进一步联系各个联盟组成成员之间的关系，甚至实现部分企业之间因为技术联盟最终达成经营合作。

总之，产业技术联盟建立的技术共同体方式，可以充分彰显技术联

第 4 章 产业技术联盟跨组织知识协同运作模式

合体优势,尽快推进技术创新目标的实现。

(2)技术共同体带来的技术网络联系与合作

在强化产业技术联盟参与企业之间技术分工与协作的同时,还可以强化企业对联盟技术共同体的依赖,让联盟技术共同体成为企业新技术获取的最主要渠道。产业技术联盟建立的技术合作平台,让整个技术创新更加规范化,通过产业技术联盟成员之间的技术创新分工,最终促进技术创新活动更加快速地开展。技术分工可以减少企业单独开发技术的各种技术资源不足问题,技术联合则可以把各个产业技术联盟成员企业的优势技术元素得到最大限度的挖掘,发挥整个产业技术联盟技术创新的潜力。总之,通过产业技术联盟,可以让技术创新的规模更大,创新空间更广,进而形成良性互动的产业技术创新链。

(3)产业技术共同体可以实现成员企业之间技术信息的便捷传递,让各种技术创新元素能够通过技术重组发挥最大的技术创新优势

通过产业技术联盟,可以提高企业之间的技术创新应变能力和技术协作能力,让技术共同体与企业技术创新之间真正形成有序的互动。产业技术联盟还可以让各种最新的技术创新信息、知识快速得到传播,让联盟内部的组成单位之间能够实现最佳的相互学习。通过技术信息的传播,可以让更多企业第一时间了解这些技术信息,进而通过自己的技术实践,检验技术的成功性。无论是显性技术信息,还是隐形技术信息,都可以借助产业技术联盟的技术共同体得到不断完善、提炼与改进。这就在企业与产业技术联盟之间建立了相互促进、共同进步的学习机制。使得各种技术创新的时间缩短,同时提高技术创新的应用性,让更多创新技术可以尽快转变为企业的生产优势。在产业技术联盟下,各种网络技术联系和重组,还可以让企业技术创新的风险降到最低。总之,产业技术联盟带来技术分工与协作的优势十分明显。由此建立的技术共同体可以让产业技术联盟之间的技术学习成为推进企业产品革新的强大动力。

(4)产业联盟建立的技术共同体还可以建立一整套技术创新评价机制

原有技术创新评价单位多是企业通过自己的技术实践进行,这种评价有时并不能够真正体现技术创新的实效。而技术共同体除了进行技术

创新的分工与协作，进而带来技术创新的整体性优势，还可以对刚开发的技术或产业技术联盟之外的技术进行及时的评价，查找技术存在的优势和不足之处，进而推进技术创新。具体阐述如下：首先，技术共同体这一概念本身就包含着通过分工协作等方式开展技术创新的内容，在技术创新中，必须要对进入产业技术联盟的各种技术进行网络化辨别，实现产业技术联盟整体评价技术的优势。防止出现技术创新中各种违背技术创新规律的现象的发生。其次，任何个人或企业进行的技术创新在技术共同体下，都可以有效转化为技术创新的动力。通过建立不同创新主体之间的产业技术联盟，建立有效的技术共同体平台，可以让技术创新的速度加快。同时，通过技术共同体还可以评价进入团队的成员技术创新的优劣。从总体上看，各个成员参与技术分工与合作的过程本身就是一个不断接受技术评价的过程。通过设置技术门槛，只有具备有效技术创新能力的单位和个人才能够进入技术共同体，通过技术创新中持续性的技术合作，可以检验相关参与者技术创新的能力，进而提高整个产业技术联盟创新的效率。最后，目前技术共同体评价考核技术创新的指标主要有以下几种：技术要素的对接效率、技术要素的传递速度、技术要素的整合程度、技术要素的使用效率、技术要素使用者之间的配合效率等。这些技术共同体评价指标，可以有效地监督整个技术共同体运行的全过程，及时发现技术共同体中各种影响技术创新的因素，淘汰落后的技术要素，添加全新的技术创新要素。通过及时有效的技术要素评价，让更多产业技术联盟参与人员能够更加认真负责地进行技术分工、合作、整合和创新等工作，进而推进产业技术联盟快速地成长。

4.2　基于研发项目的跨团队运作模式

产业技术联盟可以实现跨团队的技术运作模式；现有产业技术联盟的合作机构一般由技术项目经理和具体技术开发人员共同组成。在管理方式上实行水平和垂直两种管理方式，即各个技术研发人员既要向所属企业进行技术工作汇报又要接受项目经理的管理。但是，由于众多产业技术合作的成员属于不同的利益单位，在技术合作中必然会产生相互冲突的观点。因此，在产业技术联盟开展跨团队合作的过程中，需要建立

第4章 产业技术联盟跨组织知识协同运作模式

协调一致的团队运作模式。当然要想建立高效跨团队合作平台，需要团队各个成员之间不断地融合，互相包容，也需要不同团队成员之间相互尊重对方的立场。高效跨团队合作模式的建立，需要经过一段较为长期的团队成员磨合期。

4.2.1 基于研发项目的跨团队运作的结构

通常意义上，一个团队的运作结构无外乎包含领导层、日常管理层、执行机构和监督机构等诸多常设机构。这些机构之间合理划分职权，形成有效的生产分工和协作体系。就研发项目团队来看，还需要重视整个团队运作的协调性、动态性。从研发团队的内在本质来看，必须要紧紧围绕整个团队目标建立行之有效的结构框架，这样才能够让团队的运作有条不紊，实现团队创新的目标。

（1）运作结构设计的原则

在跨团队运作结构设计中，一般需要遵循如下结构设计原则：

第一，要严格依据团队成员的能力大小和团队任务多少合理划分结构模块。从研发项目团队来看，需要团队参与者时刻重视市场发展前沿信息的研究，据此做出整个研发团队工作目标和工作计划的调整。要充分考量参与团队合作的各个企业，明确参与企业各自在研发项目中具有的优势和劣势，进而合理划分各自的职责。把整个研发团队的工作依据工作量多少、工作重要性等指标合理选择最适合的合作单位。

第二，按照团队任务模块形成有效连接的任务网络。每个团队研发任务一旦确定承担人或承担企业，下面最重要的工作就是如何让不同任务模块之间建立有效的网络对接，共同致力于整个研发团队整体任务目标的实现。如果没有建立行之有效的团队合作网络，让任务承担者处于各自为政的游离研发状态，最终会影响整个研发团队任务目标的达成。研发团队任务目标完成之后，应当依据最初制定的研发合同予以解散。

（2）运作构成的两层结构

从研发团队的跨团队运作模式来看，一般包含两层结构：负责研发核心项目的核心部门和负责连带研发任务的外部机构。

核心部门又称核心层，是整个研发团队中最重要的结构层次。一般核心层由几家核心企业单位组成，它们参与研发团队的意愿最强，也是对团队最忠诚的成员。它们愿意为研发团队提供自己全部的技术资源等。核心层成员之间的合作比较紧密，团队关系也比较稳定。很多情况下，核心团队会建立联盟指导委员会（alliance steering committee，ASC），由它具体负责核心成员之间的资源整合、战略决策等工作。这一机构一般被界定为维系核心层成员关系的最高决策者和协调者，具体职责如下：

①行政支持中心

ASC是研发团队的行政事务的处理中心，在团队整个行政事务管理中发挥宏观协调和微观管理等作用。通过ASC可以让影响核心层成员关系的障碍消灭在萌芽状态，让整个团队时刻保持研发活力。

②技术支持中心

ASC还承担技术支持中心的职责。ASC可以帮助研发项目的跨团队技术搜集，为各个细节任务模块提供最及时的技术信息的帮助。同时，通过ASC还可以让团队成员之间及时共享交流最新的资源、知识和信息。借助现代电子网络技术，ASC还可以帮助整个团队建立虚拟网络技术支持中心。

③财务监控中心

在研发项目的跨团队合作中，强化财务管理是非常重要的环节。ASC作为宏观决策的制定者，对财务监控也承担着不可推卸的责任。通过对参与团队的各个成员单位财务风险的控制，可以实现整个研发团队的财务状况的优化。

④法律支持中心

ASC在研发项目的跨团队合作中，还承担着对各成员单位法律监督的权利和义务。保障整个研发过程符合当地的相关法律规范要求，确保每个参与成员都能够严格依据法律法规和行业规范从事研发活动。通过建立ASC法律支持中心，可以让合作伙伴之间的关系更加紧密。

（3）协调机构

研发项目的跨团队合作要想取得积极的研发效果，需要建立行之有效的协调机制。各成员企业之间由于自身企业立场和企业利益的差异性，有时在研发中会产生各种冲突现象。因此，为了防止研发中出现各种误判现象，需要建立高效有序的协调机构，专门负责各个团队成员之间信

第4章 产业技术联盟跨组织知识协同运作模式

息沟通工作。因此，需要在研发项目的跨团队合作中逐步建立行之有效的协调部门，负责整个团队信息的流动和沟通。这样才能够保障整个团队真正围绕项目研发开展工作，防止各种因信息交流不及时影响项目研发行为的发生。

协调机构建立的核心构件是需要建立发送/接收信息的功能模块，即通过这一任务模块，能够让团队成员尽快获得信息和传递信息。当然，在建立这一任务模块中，需要对各种信息，尤其是核心研发信息进行保密，保证相关信息不为竞争团队所知。在这一核心构件中，最重要的是要建立信息沟通模块，即通过这一模块能够让其他结构模块及时了解其他模块的运作信息。从整个团队工作来看，这一模块起着润滑剂的作用，能够及时沟通各个功能模块之间的关系，让整个研发项目的跨团队合作工作效率获得最大提升。因此，从这个意义上看，这一功能模块就是跨团队成员组成的连接网络上的各个节点。

从这一模块的功能来看，可以把它细分成两个有机相连的子模块：一是协调模块；二是其他内部模块。前者主要在整个研发项目的跨团队合作中发挥连接作用；而后者主要描述各个团队成员之间在连接中所处的位置和作用。通过这两个子模块，让整个研发项目的跨团队合作能够尽快实现资源的共享、技术信息的及时传递。当然，在研发项目的跨团队合作中，要想真正发挥这两个子模块的作用，还需要整个研发团队建立以 ASC 为主导的团队运作协调中心。

（4）全息特征

"全息"是一个摄影名词，此处主要用于描述一个系统中各个子系统本身与整体系统的运作模式类似，只不过是整体系统运作模式的缩小化而已。研发项目的跨团队合作也具有全息特征，这表现在：所有组成研发团队的成员其实都反映了整个研发团队的宏观任务要求，既能够在团队中彰显个性，也体现了整个团队运行的特点。

从整个团队运行来看，由于各个参与者自身存在差异性，组成的各级团队机构也呈现不同特点。因此，需要在个性化的差异中找到相互之间最佳契合点，而要想找到这一契合点，需要整个研发项目的跨团队运作具备全息特征。从整体上要实现 ASC 与企业之间的协调性，而由此完成的团队协作模式本身就会让参与企业具备全息特征。

（5）运作结构的基本模型

根据上述研发项目的跨团队合作结构分析，我们可以构建如下模型，见图 4-1。通过这一结构模型，可以发现最关键的团队结构是 ASC 结构，而围绕这一结构形成的其他团队结构模型也是不容忽视的基本构件。通过这一结构模型，也可以清晰看到研发项目的跨团队结构的全息性。

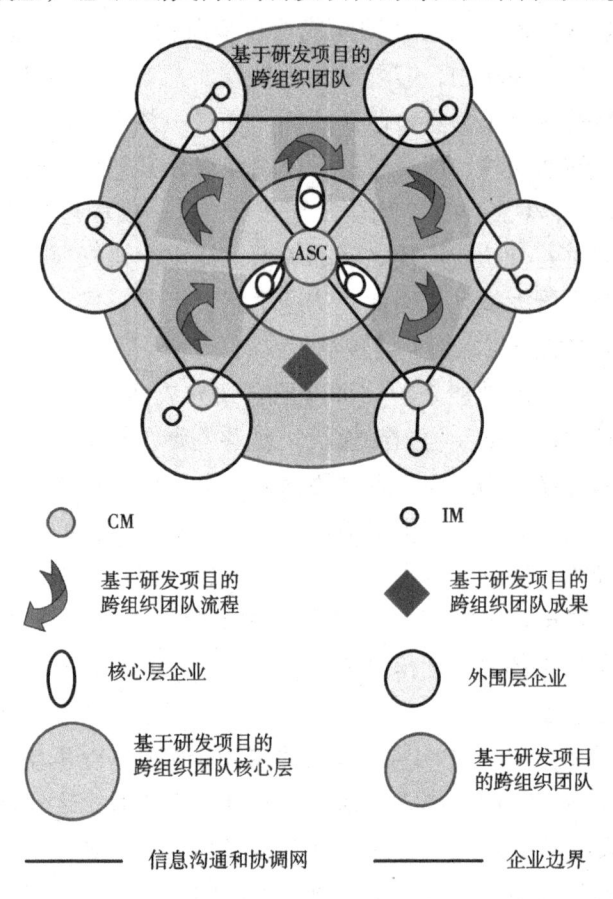

图 4-1　基于研发项目的跨团队运作结构的一般模型

由图 4-1 还可以清晰模拟整个研发项目跨团队运作的流程，并明确每个结构层次承担的不同职责和各个结构之间的逻辑关系。核心层企业通过 ASC，外围层企业通过 CM 都可以实现成员之间各种信息的交流与共享。其中，ASC 与 CM 之间是相互联系的整体，它们在研发项目的团队运作中共享彼此的信息和知识，实现整个研发团队合作的协调性，共同解决项目研发中存在的问题。CM 也与 IM 形成信息协调性，ASC 通过

第4章 产业技术联盟跨组织知识协同运作模式

IM 与 CM 产生间接的协调关系。从上述关系中我们可以清晰地发现研发项目的跨团队合作具有典型的全息特征。在图 4-1 中，上述三个结构模块之间建立了虚拟网络，通过这种网络也可以印证它们之间存在彼此紧密关联的共生关系。因此，这个结构模型图形象生动地展示了研发项目跨团队合作的状况和整体运行的过程。

通过图 4-1 中核心企业与外围企业之间的紧密沟通，让整个跨团队合作仅仅围绕研发项目开展，共同致力于研发项目目标的达成。由它们形成的集成任务模块，让整个团队的合作有序开展。该图中通过动态的箭形指示标志描述了整个研发项目的跨团队合作的运行路线。它们形象地描述了核心企业与外围企业在整个研发项目中的动态位置和功能职责，相互连接的箭形显示跨团队运行的连续性。图中菱形方块代表最终形成的研发产品，当然有时也可解读为整个研发项目的跨团队合作最终要达成的战略目标或者推动这一战略目标实现的市场动因等。

上述结构模型示意图也显示了在基于项目研发中跨团队合作的虚实两面性。从虚的层面上看，主要描述了协调性和团队成员之间资源共享的潜在能力，实现团队有效运行的虚拟网络等。从实的层面上看，主要描述核心企业和外围企业之间的逻辑层次关系，显示整个研发项目的跨团队合作的最终执行单位。图中虚实结合，恰当描述了项目研发中跨团队合作的特点，进而延伸出整个团队在运作中的协调性、网络性、动态性、循环性和可持续性等特点。

综上所述，基于研发项目的跨团队合作结构特点不同于普通团队合作模型。该模型更加强调不同结构之间的协调性和可持续性。

4.2.2 运作模式

基于研发项目的跨团队运作模式，按照核心成员的数量和分布方式，可以分为联邦模式、星型模式和平行模式三种类型。具体阐述如下：

（1）联邦模式

联邦模式本身是政治学描述国家结构形式的概念范畴，此处用于描述研发项目的跨团队运作模式，二者之间有一些类似之处。如果把整个研发项目的跨团队结构当作整体，那么组成整体的各个结构层面就是灵活的各个部分。而各个部分必须在整体制约之下，如核心企业组成核心研发层，最终建立 ASC，这使得核心企业在整个研发团队中处于宏观的领导者地位，当然这种领导地位主要通过 ASC 来实现。ASC 从总体上把握整个研发项目跨团队合作的决策和目标实施等工作。ASC 把自己的宏观决策细分成各种微观可行的具体工作任务，并把这些任务具体赋予不同的成员承担。同时，它还承担把不同任务模块有机结合的义务，如把研发模块、信息模块、生产模块和市场模块有机协调等。这样才能够在宏观控制之下，让各个子模块能够实现最佳配合，发挥出子模块最大的潜能，共同致力于核心研发目标的实现。当然，部分非核心任务可以安排某个成员企业自己独立承担，这也能够发挥成员企业在整个项目研发中团队合作的个性和积极性。联邦模式的具体结构及流程，如图 4-2 所示。

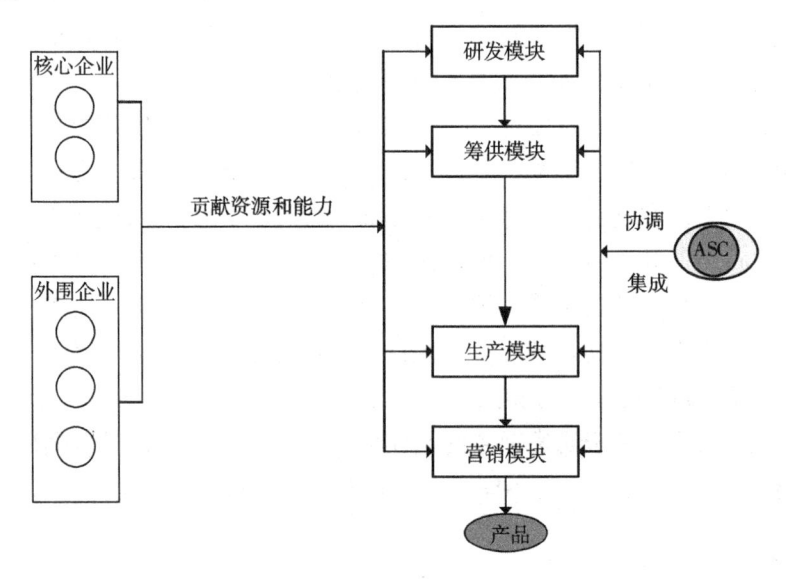

图 4-2　联邦模式的具体结构及流程

（2）星型模式

星型模式主要描述存在盟主的研发项目跨团队合作模式。与上面联邦模式最大的不同在于，这种模式核心企业只有一家，基本上所有的研发项目都是为了满足唯一核心层成员企业技术创新的需要。因此，该企业在整个模块中占据绝对盟主核心地位，其他合作者都围绕这一核心开展工作。

(3) 平行模式

平行模式，有人习惯上称其为民主形式，即在构成整个团队的核心层成员和外围层成员中树立平等合作的理念，仅是分工不同，工作任务有所侧重上的差别，其他在地位上享有平等权利。但是这种模式在研发项目的跨团队运作模式中是非常少见的。

上述三种运作模式的划分其实主要基于构成整个结构的核心成员和外围成员的地位和作用上的差别而进行的一种区别。其中，联邦模式是当前研发项目中跨团队合作的最常见模式，星型模式在实际中也时而可见，只有平行模式由于核心成员的反对最终很少见。当然上述三种模式之间并不是一成不变的，有时三种模式在一定条件下也会进行相应的转化，如联邦模式有时也会演变成星型模式，而星型模式也会在一定条件下转变为联邦模式。造成这种变化的本质原因，就是组成这两种模式的核心层成员的变动。因此，在研究基于研发项目的跨团队运作模式中，最关键的是看这种运作模式之中核心成员的地位和作用，同时要用动态的理念看待它们地位和作用的变化。

在上述三种运作模式的选择中，研发项目的跨团队合作可以根据自己的研发目的进行有机的选择，当然也可以在不同的合作架构之下开展混合运作模式，即在某些研究项目中采取一种模式，而在另一种项目研发中采取另一种运作模式等。

4.3 基于信息网络的虚拟组织运作模式

随着现代信息技术的快速发展，信息传递速度明显加快。因此，现代企业在经营中越来越借助便捷的信息网络渠道获取自己所需的战略资源，如通过信息网络进行生产经营信息的传递与共享等，已经成为当前企业在生产经营中最常采用的方式。现代企业借助信息网络还可以减少相关信息咨询成本。因此，现代商业运营已经逐渐走向后工业时代，即虚拟电商时代。现代企业管理学已经深刻认识到这种积极的变化，希望通过改变以往企业运营模式，逐渐建立信息网络环境下更加高效有序的生产运营结构，让各种管理更加高效化、扁平化，减少一些不必要的环节。

同时，现代商务管理更加重视团队合作，重视知识网络的运用，通过虚拟网络强化团队合作意识，进而提高整个团队的工作效率。现代信息网络技术让产品的设计和生产与市场接轨，各种个性化的产品设计和生产已经逐渐取代原有工业化大规模单一产品的生产，使得产品的创新和更新换代的速度在明显加快。原有企业从上至下的塔形管理方式已经不适合现代信息网络环境下企业发展的需要。要想在知识经济时代，企业占据优势地位，必须要打造自己的核心竞争能力。让整个企业产品的知识性、技术含量随着时代的发展不断拓展。知识经济时代，人们的消费方式也呈现多元化，如何用最少的资源生产最适合消费者需要的个性化产品，已经成为当代企业在市场竞争中赢得优势地位不可忽视的重要因素。在这个信息日益多元化时代，传统企业运营方式如果不加以及时改变，将会付出巨大的损失。建立现代柔性结构的网络化、虚拟化运营模式已经成为当前企业生产经营中不可忽视的重要环节。原有刚性管理模式在虚拟网络时代、知识经济时代已经面临淘汰的风险。如何最快地获得自己企业生产所需的资源，借助现代信息网络技术是最佳选择。

4.3.1 虚拟组织运作的特征

虚拟组织运作本身就属于合作方式。传统实体组织的运作多采用联盟方式，共同承担运营风险，共同分享利润和技术。而虚拟组织也是一种联盟。不过与传统联盟相比，虚拟组织联盟更加广泛化、更加依托现代科学技术。因此，虚拟组织的运作是现代商业环境和信息技术相互交融下产生的全新的联盟形式，具体不同之处见表4-1。

表4-1 传统联盟与虚拟组织运作的比较

传统联盟	虚拟组织运作
形成联盟所需时间长	迅速结盟，经常结盟
成员数目有限制	成员数目无限制
难以解体	迅速解体
以双方赢为前提	以多方赢为前提
联盟是外部的	联盟既有内部，也有外部

4.3.2 基于企业信息网络的虚拟组织运作形成

虚拟组织联盟的形成本身是建立在现有企业信息网络的基础之上。企业之间通过各种合作平台，最终构建企业信息交流网络。通过企业信息网络的运作，让企业在日常运营中能够便捷地获取各种信息知识。因此，企业信息网络已经为当代各国企业在生产经营中广泛使用，如日本很多企业合作方式都是借助企业信息网络开展。通过共享人力、资源和信息等，各个企业之间会逐渐结成一定的同盟关系，并逐渐延伸出一条服务于企业虚拟组织同盟的规章制度，用于保障各种资源、信息知识等分享的公平合理性。同时，现代企业通过网络资源，还可以形成更加有利的研发整体，推动各种技术的研发，进而推动企业长远发展等。

现代通信技术的进步也让原有的知识信息摆脱以往时空限制，能够以最快的速度为广大信息使用者所利用，通过电波让各种信息实现全球市场的共享。

总之，现代网络信息通信技术已经为企业提供了全新的发展平台。网络的广泛使用，已经成为当代社会成员交流的重要渠道。虚拟组织运作由于没有以往时空限制，因此，它可以实现在最短的时间汇集全世界市场的信息，进而通过虚拟组织的运作，开展各种生产经营合作活动，甚至开展虚拟平台下的产业技术联合开发活动。这样可以节省原有实体经济的场地、成本等，大大提升现代企业融入市场的力度，让企业与市场之间、企业与消费者之间的联系越来越紧密。企业成员之间通过虚拟网络平台实现技术的共享、生产的合作和信息的沟通，最终提高整个虚拟组织的运作效率，转化为企业现实市场的竞争力。

4.3.3 虚拟组织运作结构

如图 4-3 所示，虚拟组织在产品开发、设计与销售等工作中，可以更快地确定各自任务的承担者，进而让原有实体组织承担的工作分摊给更多平行单位共同完成。

传统层级管理模式已经逐渐被虚拟网络管理模式所取代。虚拟网络运作结构承担的功能如下：具有非常高的虚拟运作的灵活空间；比实体组织的信息网络更加完善；组成虚拟组织的各个成员单位之间的信息交流是迅速、多变的；可以更加便捷地开展扁平化管理；让各种学习与创新变得更加便捷有序等。

传统的运作模式	新出现的运作模式
单一中心	多个中心
单一机构	多种结构
纵向集成	多种联盟
独立行为	互相依存
地方观念	全球观念
控制和计划	动态和灵活
权威、权利及处罚	信任、合作、社会制裁

图 4-3 传统的运作模式与新出现的运作模式的比较

虚拟组织使用网络状运作模式，而且是立体网络。因此，这种运作模式给整个经济发展带来以往传统模式不一样的启示。网络经济的发展也进一步推进虚拟组织网络状运作结构的完善。造成二者这种互动性的原因，主要有下面几点：

（1）可以有效降低交易成本

借助虚拟组织网络，可以更快实现交易过程，让各种交易管理成本降低。规模化的交易过程可以让更多重复性的交易一次性完成，减少交易环节，提高交易效率。

（2）网络经济使得产业分工更加细致化

原有实体性大规模企业集团会受到小型专业化企业的冲击。企业核心业务更加重视，也带来非核心业务的边缘化。精悍的具有核心竞争力的小型企业未来会成为市场竞争的优势主体。

（3）企业管理结构也会发生变化

在网络结构下，各个企业的管理层次会借助发达的网络节点实现最快速的管理信息的传递。各个单位和个人通过网络节点，更容易获知自己要承担的任务，也能够实现评价的及时有效，更有针对性。

（4）企业网络化运作，还可以带来原有实体运作边界的模糊化

第4章 产业技术联盟跨组织知识协同运作模式

在网络经济下，各种企业之间的行业壁垒逐渐被发达的信息网络所取代，不少企业在运作中已经改变了以往严格的界限性管理模式，逐渐向更加灵活的模糊化管理转变。各种信息借助网络渠道获得便捷的传递，让更多企业可以用最小的成本获得最佳的信息传递效果。企业员工在网络信息下，可以获得更多自主权，企业管理者也由以往单纯监督者向协助者转变。

4.4 核心企业盟主领袖式运作模式

产业技术联盟组成成员是独立的企业个体。因此，这些成员企业在加入产业技术联盟之后，在具体的技术分工与研发工作中，往往也多考虑自己的企业利益。

因此，本书在研究中对星型结构模式的核心企业联盟领袖运作模式进行单独的考量，从产业技术联盟模式构建、价值创新机制和运作管理模式等方面展开探究。

4.4.1 模式构建

产业技术联盟能够获得快速发展的首要环节，就是要构建适合产业技术联盟发展的有效模式。这种模式必须能够让各个成员企业之间紧密合作，形成整体产业技术研发优势。强调"协同性"是产业技术联盟模式构建的最重要原则。核心企业在整个产业技术联盟中承担着盟主角色。通过核心企业的工作，可以让整个产业技术联盟更加协调有序地开展技术研发工作。按照产业技术联盟中核心企业的地位，可以把核心企业分成以下两种类型：

（1）核心企业在整个产业技术联盟中具有绝对优势地位，由此形成强势盟主地位

一般形成这种强势盟主地位的核心企业，其核心竞争力比其他成员企业要明显高很多。这样才能够让外围企业成员心甘情愿为核心企业所驱使。强势核心企业能左右整个产业技术联盟的发展战略。当然，核心优势企业的地位也并不是一成不变的，随着产业技术联盟下各个企业的竞争，一些非核心企业也会逐渐具备竞争优势。因此，绝对强势核心企

业主导的产业技术联盟也处于不断的动态演变状态。

（2）核心企业在产业技术联盟中并不占据绝对优势地位，比其他合作企业仅仅具备相对优势

由此建立的产业技术联盟的核心企业处于相对弱势地位，需要不断处理好与其他企业之间的关系，才能够保持自己的盟主地位。这类产业技术联盟下，核心企业与其他企业之间的竞争更加激烈，经常出现核心企业变动的情况。因此，相对弱势的核心企业在制定战略决策时，需要经常考虑其他企业的利益，这样才能够维持整个产业技术联盟的发展。在这种产业技术联盟下，核心企业更多是进行各种协调工作。协调能力的高低关系到该企业核心地位的稳固。因此，这种类型的核心企业动态演变的情况更加频繁。

4.4.2 内部运行机制

产业技术联盟的内部运行机制是产业技术联盟能够有序发展的内在条件之一。众多企业组成的产业技术联盟，要想让所有参与企业都能够付出自己的全部能力，需要建立一种协调有序的内部运行机制。这样才能够让所有成员企业关注并支持产业技术联盟的发展。下面从产业技术联盟内部运行机制的设计、价值创新体系和治理模式体系等角度详细阐述内部运行机制。

（1）联盟内部运行机制的设计

产业技术联盟的不断发展，促使该联盟原有的产业技术运作结构等必须要进行与时俱进的再次规划设计。现代产业技术联盟多采取内部运作模式强化联盟成员集体合作意识。制定更加细致的规章制度，实现运作边界的模糊化、运作交易的透明化，减少各种不确定的风险因素，进而降低联盟运作成本，实现产业技术联盟技术价值的创新。

产业技术联盟不但要重视运作结构设计，还要重视联盟内部制度设计。前者设计的目标是促使整个运作边界的模糊化，而后者主要是进行整个运作规则和手段等方面的规划。具体可以从产业技术联盟边界、运作结构和流程三个层面予以阐述。

从产业技术联盟的边界来看，要促使各个成员之间运作边界的模糊化。但是这种模糊化，并不是要求所有企业放开自己边界，而是就产业

第4章 产业技术联盟跨组织知识协同运作模式

技术联盟下各个企业之间的合作部分进行模糊化操作。产业技术联盟的边界运作需要更加柔性化。参加产业技术联盟的企业要保持自己独立的市场主体地位。开展运作的目的是实现产业技术联盟中各种资源的有效整合和协同。以往企业之外的成员活动要逐步纳入产业联盟统一管理之中。从产业联盟整体和组成联盟的个体两个方面入手,强化整个产业技术联盟的协同性,实现在保障产业技术联盟整体性技术合作研发工作有序开展的同时,也不要侵犯内部各个成员自己的利益。因此,产业技术联盟是在尊重各个成员单位独立市场地位基础之上,逐渐实现联盟成员之间运作边界的模糊化。这样才能够进行有效的产业技术联盟的创新,让联盟成员企业的各种技术资源等更加汇集,促进产业技术联盟技术研发工作的有序开展。

运作流程联盟化本身需要改变以往企业原有生产经营流程,实现技术研发资源的重构。最终形成联盟统一管理的产业技术研发平台,让各个成员企业能够借助这个平台实现最佳合作,通过不断融合,实现整个运作管理技术和管理文化的整体化,实现产业技术联盟规模化技术研发的优势。

要想良好地运作内部制度,还需要在内部运作制度运行之初,就制定切实可行的运作规则。运作规则要形成明文规定,让各个联盟成员能够明确自己需要遵循的原则。规则应当公开透明,应公正对待所有产业技术联盟的参与成员。同时,在运作成员内部之间也可以建立"隐性规则",即通过构建产业技术联盟文化等方式对参与企业产生潜移默化的影响。把公开透明的显性规则与潜移默化的隐性规则有机结合,就形成了产业技术联盟运作的规则制度。这样保障产业技术联盟在运作中有章可循,推动产业技术联盟各项运作工作的有序开展。特别要提出的是,在各种规则的制定中,产业技术联盟的核心企业起着非常重要的作用。核心企业应当积极主动承担运作职责,带领联盟成员企业制定更加符合整体运作效率的规则,这样才能够在产业技术联盟运作中充分运用各种内外资源。

(2)联盟价值创新体系

价值创新体系是产业技术联盟的核心内容。在原有低端市场经济下,各种价值创新多是由单个企业依据市场发展和自己在行业中的地位进行。此时进行的价值创新是以企业为单位,需要不断应对企业外部各种竞争对手的挑战。但是,随着市场经济的不断发展,企业与市场之间的关系更加复杂。原有单个企业进行价值创新的难度在不断增加。这迫使企业改变以往创新体系，进而形成各个企业之间联合进行技术创新的尝试。

产业技术联盟中的价值创新就是改变以往单个企业创新不足而衍生出的全新创新模式。通过产业技术联盟，能够更好地把握市场信息，拓宽创新空间，为消费者和生产企业提供针对性的价值创新理念。产业技术联盟主导的价值创新甚至可以指定行业发展标准体系，如指定产品技术研发标准、产品界面标准和功能标准等。因此，产业技术联盟可以迎合更多消费者的消费需求，通过技术创新开发全新的产品，让消费者的购买欲望得到提升。产业技术联盟的创新体系是各个成员企业之间有效连接的创新体系，能够整合不同成员企业的创新资源。

在产业技术联盟的创新运作中，各个联盟成员不用再特别关心外部企业的竞争，更多关注本联盟内部各个企业之间的合作，共同致力于价值创新工作。通过建立共同的标注界面可以让整个产业技术联盟的创新体系实现立体簇群式的发展。加快联盟成员企业技术创新资源的整合与重组，集中联盟企业的创新优势，提高创新效率，减少创新成本。同时也可以让各种创新生成的技术产品尽快转变为联盟成员企业的实实在在的生产力。因此，通过建立产业技术联盟，可以弥补以往单个企业在创新中的短板，扬长避短，让各个联盟成员都能够获得技术创新的成果。产业技术联盟带来技术创新多赢的效果，推动联盟成员企业甚至整个行业更加快速健康地发展，实现整体收益的最大化。

（3）联盟治理模式体系

从治理模式上看，产业技术联盟的治理更加侧重于整体性治理。单个企业进行的治理多是建立现代企业市场治理结构，而产业技术联盟是由多家企业共同组建的利益共同体，如果采用传统企业治理模式不适合联盟管理的需求。因此，产业技术联盟需要建立自己的联盟治理模式体系。产业技术联盟不仅要强调整合联盟运作的实际效率，更要考虑联盟企业之间的利益、分工、合作和协调等各个方面的工作。因此，产业技术联盟本身如果没有严格的规章制度进行制约，最终会让整个联盟的治理处于杂乱无序状态。产业技术联盟的治理模式体系更需要联盟成员之间实现信息的对称性，防止出现各种联盟治理中的危险行为，让所有的联盟成员都能够时刻关注自己在联盟中的地位和作用，愿意为联盟的发

第4章 产业技术联盟跨组织知识协同运作模式

展提供尽可能多的资源、技术、人力等。因此，现代产业技术联盟在借鉴普通企业治理模式的基础上，要充分考虑自身联盟特点，逐渐开发出适合自己联盟治理特点的全新模式体系。

产业技术联盟要想建立扎实有效的治理模式，需要不断调研联盟内部存在的突出问题，建立现代意义上的动态的联盟治理模式。西方著名产业技术联盟研究学者 Lang Lois 认为，产业技术联盟的治理更多侧重于"规则治理"，需要通过建立联盟成员共同遵循的规则实现整个联盟治理效率的提升。这样才能够提高联盟各个组成单元的创新精神，降低联盟运作成本，提高联盟运作的竞争优势。产业技术联盟的治理模式一般包括正式治理规则和非正式治理规则。前者主要强调规则的契约性，通过明文规定方式实现产业技术联盟成员之间利益的共享，风险的共同承担。我国学者徐红玲认为这种契约性产业联盟治理模式可以分为短期契约和长期契约两种类型，而要想保障整个产业技术联盟的快速发展最好建立长期契约，这样才能维护产业技术联盟的稳定性。非正式治理规则主要是指产业技术联盟的参与者没有形成公开透明的明文规定，而是通过约定俗成的方式进行联盟的治理。从产业技术联盟长远发展来看，建立正式治理规则是保障联盟快速发展的最佳选择。

期权治理模式是非正式契约治理模式的一种类型，是指在未来产业技术联盟治理中，如果实现做出的联盟管理目标，就应当在契约中对参与企业进行重新的契约修订，让付出更多努力并带来实际技术研发效果的企业获得更加优势的契约地位。期权治理模式可以让产业技术联盟各成员相互形成内部良性竞争，保障产业技术联盟更加快速、健康地运作。非正式治理规则更多强调的是在联盟内部形成潜移默化的运作文化，通过文化的潜移默化的影响，让各个企业成员之间形成紧密的联系。因此，建立非正式治理规则，在产业技术联盟发展中有时会产生非常重要的作用。

4.5 运作稳定性的实证分析

随着企业间合作行为越发频繁，以企业为主体的产业技术联盟跨组织知识协同的运作模式逐渐增多，而联盟的运作稳定是影响企业进行知识协同，推动联盟绩效提升的关键。近年来，产业技术联盟运作稳定与联盟绩效间的关系受到众多学者关注[1][2][3]，但他们主要阐述了二者的直接关系，对横亘于二者间的"黑箱"还有待于揭开。为此，本文构建了产业技术联盟运作稳定、知识协同与联盟绩效间关系的理论模型，以检验知识协同在产业技术联盟运作稳定对联盟绩效的影响中所扮演的中介作用。

4.5.1 研究假设

（1）产业技术联盟运作稳定性与知识协同

产业技术联盟是以企业为联盟节点，通过节点间互动、协调、整合而形成的集聚群体，是一个在不断动荡变化的经济环境中维持生存和发展的有机体[4]。随着市场竞争残酷性的加剧和外部环境的变幻莫测，任何一个产业技术联盟都需持续地自我更新和演化，而这种演化主要是依据组成联盟关系的企业内外部要素进行优化，并在不确定环境下产生的自我保护和自身发展的行为[5]。联盟演化的关键之一就在于如何确保联盟的运作稳定状态，使联盟内企业之间的相互关系达到一个最优化状态[6]。产业技术联盟运作稳定就是表征联盟成员企业之间合作关系持续保持的周期性，也是联盟企业之间彼此信任的基础。

基于知识理论的学者认为，产业技术联盟运作稳定形态的变化是由于企业为拓宽知识协同渠道而对联系模式的一种改变，而知识本身特性反过来又会对产业技术联盟运作稳定产生影响，知识分解程度高，联盟

---

[1] LI Y, PENG Y, LUO J, et al. Spatial-temporal variation characteristics and evolution of the global industrial robot trade: A complex network analysis[J]. PLoS ONE, 2019, 14 (9): e0222785.

[2] ZHANG Z, YANG T, CHEN T. Innovation synergy analysis on electronics and information industry cluster in Shaanxi province[J]. Journal of Xi'an University of Posts and Telecommunications, 2017, 22 (1): 116-121, 126.

[3] FITZGERALD R. The Historical Development of East Asian Business Networks[M]. 2017.

[4] JIN Y, XU M, WANG W, et al. Venture capital network and the M&A performance of listed companies[J]. China Finance Review International, 2020: 11.

[5] LI Z, KUHN G, SCHIRMER M, et al. Impaired bone formation in ovariectomized mice reduces implant integration as indicated by longitudinal in vivo micro-computed tomography[J]. PLoS ONE, 2017, 12 (9): e0184835.

[6] 卢强,杨晓叶. 基于"结构—行为—绩效"逻辑的供应链融资效果研究——双元学习的中介作用 [J]. 研究与发展管理，2020, 32 (5): 3-15.

第4章 产业技术联盟跨组织知识协同运作模式

联系频繁,产业技术联盟运作稳定逐渐得到加强❶。此外,在小世界特性的联盟中,企业为获取知识资源,其联盟形态也经过相应的自复制、选择、遗传、变异机制进行持续演化,使联盟具备更强的运作稳定性、联系紧密性和相互依存性❷。在产业技术联盟运作稳定性逐步加强过程中,会产生知识密集型服务机构,并嵌入产业技术联盟运作稳定演化过程中,又进一步提升企业的知识协同能力❸。由此可见,作为联盟节点的企业由于各自对知识、技术和信息等资源的需求和获取,会主动强化企业协同与交互过程,构筑企业间优势差异的"异质性知识桥梁",修补企业节点间的弱连带,从而推动联盟联系的运作稳定性,促进联盟内不同层次企业间的知识协同。为此,本文提出如下假设:

H1:产业技术联盟运作稳定对知识协同具有正向影响。

(2)产业技术联盟运作稳定与联盟绩效

在产业技术联盟中,联盟作为企业间联结的集合,为联盟绩效提升提供了良好平台❹。产业技术联盟本身具有频繁互动、联系运作稳定等特点,产业技术联盟运作稳定性的联结可促进企业间知识共享惯例的培育,挖掘企业间及企业内部成员间隐性知识,使高度嵌入性的隐性知识显性化,为联盟绩效的塑造提供知识基础。另外,高运作稳定性的联盟的紧密联系增加了联盟凝聚力和团结性,而联盟的凝聚和团结使得企业间的互信机制更完善,对整体联盟产生正向影响,增强联盟绩效❺。基于社会资本观的学者还把联盟成员的联系关系当作社会资本,在联盟中,各成

---

❶ GLÜCKLER J, BATHELT H. Institutional context and innovation[M]//The Elgar companion to innovation and knowledge creation. Edward Elgar Publishing, 2017: 121-137.

❷ KOPORCIC N, TORNROOS J A. Conceptualizing Interactive Network Branding in business markets: developing roles and positions of firms in business networks[J]. The Journal of Business & Industrial Marketing, 2019, 34(8):1681-1691.

❸ T, BESSER, C, et al. Agricultural structure and farmers' interconnections with rural communities[J]. International Journal of Social Economics, 2017, 44(3): 362-376.

❹ 刘国巍,曹霞. 产学研 BA-CAS 合作机制下创新网络动态演化研究——基于系统生存论的关系嵌入视角[J]. 技术经济与管理研究, 2018(4): 32-37.

❺ SAVIOTTI P P, METCALFE J S. Present development and trends in evolutionary economics[M]. Routledge: present status and future prospects, 2018: 1-30.

员为摄取这种社会资本，而主动地进行运作学习❶，进而有效地提升企业知识创新水平和资源的配置效率，从而提高产业技术联盟绩效水平。拥有运作稳定的社会关系联盟就能获得宝贵的社会资本，具备了宝贵的社会资本也就具备了在联盟内获取知识和创造新知识的能力，联盟绩效才能得以提升。由此可见，产业技术联盟运作稳定是联盟绩效提升的重要因素，为此，本文提出如下假设：

H2：产业技术联盟运作稳定对联盟绩效具有正向影响。

（3）知识协同与联盟绩效

知识经济时代，知识对企业创新、竞争力及绩效的提升至关重要。知识逐渐成为企业的战略性资源之一，因知识具有稀缺和不可复制性，故知识协同可促使企业有效预测和感知外部复杂环境的变动并有效采取针对性措施❷。企业通过获取外部知识可有利于企业进行资源整合，强化产品技术的独特性，提高企业自主创新能力和产品核心竞争力❸。而且企业在知识协同渠道方面越呈现多样性，其知识的异质性就越明显，企业的技术创新能力和绩效提升越快❹。类似地，知识及其来源渠道的多样性是有助于提高企业的学习深度和广度的，这为增强联盟绩效夯实了基础❺。综上所述，知识协同是联盟绩效提升的关键前提和保障。为此，本文提出如下假设：

H3：知识协同对联盟绩效具有正向影响。

（4）知识协同的中介作用

以往的研究表明，联盟成员企业之间合作关系的保持时间长短是联盟成功的关键要素，成员企业之间对彼此的信心建立需要经过较长时间

---

❶ ESHAGHPOUR A, SALEHI M, RANJBAR V. Providing a Link Prediction Model based on Structural and Homophily Similarity in Social Networks[J]. Signal and Data Processing, 2020, 16（4）：45-58.

❷ 刘军. 社会联盟分析导论[M]. 北京：社会科学文献出版社, 2004: 188-190.

❸ 罗家德. 社会网分析讲义[M]. 北京：社会科学文献出版社, 2005: 44-47.

❹ WANG D, WANG W, ZHANG Z, et al. Delay-Optimal Random Access in Large-Scale Energy Harvesting IoT Networks Based on Mean Field Game[J]. 中国通信（英文版）, 2022, 19（4）：121-136.

❺ 张影, 高长元, 王京. 跨界创新联盟生态系统共生演化模型及实证研究[J]. 中国管理科学, 2022, 30（6）：200-212.

第4章 产业技术联盟跨组织知识协同运作模式

的接触与交流，一旦信任关系能够确立，则企业的知识协同将变得较为便利，企业知识创新水平才能得以提高，从而提升企业创新绩效[1]。与此类似，产业技术联盟企业之间通过运作稳定的关系开展活动并构建起相对长期的合作关系，能够形成正向循环，增加彼此信任，减少知识交易成本，促进知识快速溢出，进一步提升知识创新水平和联盟绩效[2]。联盟联结的运作稳定性不牢固会使交流与合作无法深入进行，从而带来差异化的知识共享和传递效果，由此导致企业对知识创造的混乱，削弱企业知识创造水平，阻碍联盟绩效的提升。为此，本书做出如下假设：

H4：知识协同在产业技术联盟运作稳定性影响联盟绩效的机制中起中介作用。

4.5.2 实证分析

（1）量表分析

本书量表问项均在相关文献研究基础上，依照本书目的和专家建议进行了针对性设计，以保证量表的科学性和可靠性。采用李克特七级量表进行测量，从1到7分别表示从不同意到同意的程度。产业技术联盟运作稳定变量题项参考了Gilsing[3]所设计的内容，知识协同变量题项主要参考Siu W S[4]设计研究。联盟绩效变量题项主要参照了Coleman[5]和钱锡红[6]的题项设计内容。

---

[1] WEI L, DANG X H. Study on the Emergence of Technological Innovation Network Community Structure and Effect on Ambidexterity Innovation in Asymmetric Perspective[J]. Operations Research and Management Science, 2017（10）：188-199.

[2] 王海花，孙芹，杜梅，等. 长三角城市群协同创新网络演化及形成机制研究——依存型多层网络视角[J]. 科技进步与对策, 2020, 37（9）：69-78.

[3] AUCI S, COROMALDI M. Agricultural and Biotechnology Patents as an Adaptation Strategy to Climate Change: A Regional Analysis of European Farmer's Efficiency. 2022.

[4] RIVEROLA C, DEDEHAYIR O, MIRALLES F. A Taxonomy of Social-Network-Utilization Strategies for Emerging High-Technology Firms[J]. Sustainability, 2022, 14（12）：6961.

[5] RIPPA M. Conceptual foundations of social protection in the context of the general welfare theory[J]. University Economic Bulletin, 2018（38）：139-145.

[6] 杨王伟，孙慧. 战略柔性、高管"双元"资本与创新绩效——动态环境下一个交互效应和调节效应模型[J]. 企业经济, 2019, 38（1）：57-65.

(2)数据分析

①样本特性

本量表访谈对象为湖北省六大产业技术联盟中的 79 个相关企业,问卷发放采取电话访谈与实地调查的方式,访谈时间为 2019 年 3 月至 2019 年 7 月,共发放 900 份,回收 779 份,剔除不合理问卷,最终有效问卷 591 份,回收有效率为 75.8%。依访谈企业地理位置,本书选择了具有代表性的湖北省六大产业技术联盟;从企业的性质所占比例分布来看,国有企业、非国有企业分别为 67% 和 33%;从企业行业属性而言,金融和制造占比较大,两类占 2/3,其余依次为服装、电子、制药、能源及其他。从分布情况来看,较为合理。

②信度与效度检验

Cronbach's α 值可以进行信度检验,效度检验则可以通过因子分析来进行验证。本书通过 SPSS17.0 软件对量表数据进行了信度和效度检验。研究表明,产业技术联盟运作稳定、知识协同、联盟绩效等潜变量的 Cronbach's α 系数值、一致性系数值均在 0.871 以上,说明量表信度通过检验。另外,产业技术联盟运作稳定、知识协同和联盟绩效分别获得一个特征值大于 1 的因子,表明上述三个量表因子清晰,累积解释变量率均在 70% 以上,建构效度亦通过检验。

此外,根据 Fornell 和 Larck[1] 对收敛效度和判别效度分析的原理,AVE 若大于 0.5,则表明量表收敛效度和判别效度能够通过检验。如表 4-2 所示,本书潜在变量的 AVE 值均大于 0.576,由此表明本文所选取的量表具有较高的收敛效度和判别效度。

表4-2 变量间相关系数与平均抽取方差(AVE)

变量	题项	AVE	1	2	3
产业技术联盟运作稳定	4	0.612	0.411**	—	—
知识协同	4	0.576	0.349**	0.321**	—
联盟绩效	6	0.707	0.406**	0.320**	0.611**

注:** 表示 $P<0.01$。

---

[1] MARTIN S, JAVALGI R R G, CAVUSGIL E. Understanding Ambidextrous Innovation and the Performance of Born Global Firms[C]//2016 Summer AMA Conference Proceedings, Regaining Relevance: Doing Research That Shapes the Practice of Marketing. 2016.

第4章 产业技术联盟跨组织知识协同运作模式

（3）模型结果分析

如前文所述，产业技术联盟运作稳定、知识协同和联盟绩效等变量均通过了效度和信度检验，在此基础上，根据前文提出的研究假设建立理论模型，并采用 Baron 和 Kenny[1] 的检验中介效应原理，对知识协同的中介效应进行验证。本书构建三个不同阶段的 SEM 模型，其中以产业技术联盟运作稳定为自变量、知识协同为中介变量、联盟绩效为因变量，三个阶段的路径显著结果与 SEM 模型检验指标如表4-3所示。

表4-3 知识协同中介作用检验结果

阶段 SEM型	解释变量	被解释变量	路径	系数 β 值	路径显著结果与SEM模型检验指标
阶段1 SEM模型	自变量	因变量			自变量与因变量关系路径系数达到显著
					$\chi^2/df=1.388$, CFI=0.989, AGFI=0.918
	产业技术联盟运作稳定	联盟绩效	β_1	0.428**	$RMR=0.039$, $RMSEA=0.034$
					$NFI=0.963$, $IFI=0.989$
阶段2 SEM模型	自变量	中介变量			自变量与中介变量关系路径系数达到显著
					$\chi^2/df=1.103$, $CFI=0.934$, AGFI=0.992
	产业技术联盟运作稳定	知识协同	β_2	0.669**	$RMR=0.031$, RMSEA=0.023
					$NFI=0.960$, $IFI=0.954$
阶段3 SEM模型	自变量	因变量			β_4 显著，同时 β_3 小于 β_1
	产业技术联盟运作稳定	联盟绩效	β_3	0.047	且 β_3 路径不显著，则完全中介效应成立
					$\chi^2/df=1.693$, $CFI=0.977$, AGFI=0.971
	中介变量	因变量			$RMR=0.021$, RMSEA=0.042
	知识协同	联盟绩效	β_4	0.879***	$NFI=0.959$, $IFI=0.937$

注：** 表示 $P<0.01$，*** 表示 $P<0.001$。

如表4-3所示，在第一阶段的 SEM 模型中，产业技术联盟运作稳定

---

[1] BERGER I E, MITCHELL, A, et al. the moderator-mediator variable distinction in social psychological research: conceptual, strategic and statistical considerations[J]. Journal of Personality and Social Psychology, 1987, 51 (6): 1173-1182.

为自变量、联盟绩效为因变量，$\beta_1=0.428^{**}$，$P<0.01$，因此产业技术联盟运作稳定性对联盟绩效具有较为显著的正相关性，且模型适配指标均通过检验（如 $RMR=0.039$，$RMSEA=0.034$），因此 H2 假设得到初步验证。在第二阶段的 SEM 模型中，以产业技术联盟运作稳定为自变量、知识协同为因变量，$\beta_2=0.669^{**}$，$P<0.01$，因此产业技术联盟运作稳定对知识协同产生的影响具有较为显著的正相关性，且模型适配指标均通过检验，H1 假设成立。在第三阶段的 SEM 模型中，以产业技术联盟运作稳定为自变量、知识协同为中介变量、联盟绩效为因变量，产业技术联盟运作稳定对联盟绩效的直接作用不够显著，知识协同对产业技术联盟绩效的影响则表现为显著（$\beta_4=0.879^{***}$，$P<0.001$），H3 假设通过验证。另外，由于 β_3 路径系数小于 β_1 路径系数，且 β_4 为显著，符合中介效应的验证。在第三阶段的 SEM 模型中，由于产业技术联盟运作稳定与绩效的直接作用表现为不显著，因此知识协同的中介作用较为明显，H4 假设通过检验。当然，由于 H2 假设成立的前提是联盟运作稳定与绩效的直接检验，当出现知识协同这一中介变量后，两者关系变得不显著，显然，联盟运作稳定是通过知识协同来对绩效产生影响的，严格来说，H2 假设不成立。

4.5.3　研究结论

本文通过将知识协同这一中介变量引入产业技术联盟运作稳定与联盟绩效关联关系研究中，构建以知识协同为中介变量的产业技术联盟运作稳定对联盟绩效影响的理论模型。以湖北省六大产业技术联盟为背景，根据所收集到的样本数据，研究知识协同在产业技术联盟运作稳定与联盟绩效关系中所起的中介作用。研究结果表明，产业技术联盟运作稳定对知识协同有正向的显著性影响，知识协同对联盟绩效具有正向的显著性影响，产业技术联盟运作稳定通过知识协同的中介作用对联盟绩效产生间接影响，即知识协同在产业技术联盟运作稳定对联盟绩效影响中扮演完全中介作用。这表明，在产业技术联盟中，运作稳定是企业形成知识协同和共享机制的重要保障[1]。在这一联盟交流平台上，来往联系企业

---

[1] BLEVINS D P, ECKARDT R, RAGOZZINO R. An Investigation of the Link between Governance And Performance in Nonprofit Organizations[J]. Academy of Management Annual Meeting Proceedings, 2018（1）: 11092.

第 4 章　产业技术联盟跨组织知识协同运作模式

数量众多，关系复杂，只要合作企业间建立互信的基础，企业间的合作与交流往往就会形成一种惯例而长期的运作稳定进行，而这种运作稳定的沟通会加强企业在知识、信息方面的共享和传递，企业员工则会在知识共享和传递过程中获取有价值的关键技术和知识。因此，产业技术联盟运作稳定有利于企业增强知识协同进而提升联盟绩效。

知识协同可以看作产业技术联盟本身就具有的一种能力，即在联盟创新中，实现最佳的人员、时间与空间之间的配合。同时，知识协同本身就是一种知识管理活动，通过协同研发、协同共享等方式，最终实现不同知识主体之间的紧密合作，尽快推动技术的创新与应用。从前文实证研究发现，知识协同视角下产业技术联盟的运作稳定对绩效影响较为明显，为此，应当关注以下 4 个方面：一是关注产业技术联盟知识协同 4 个基本要素的运作稳定，即产业技术联盟知识主体（参与者和由此形成的知识空间）、产业技术联盟知识客体（知识）、时间、环境（文化环境等）；二是关注知识协同中不同要素之间在知识协同中的"准确性"，即实现协同时间、协同对象、协同环境之间最贴切、最稳定的配合；三是关注产业技术联盟知识协同的多向性和动态性，即知识协同中会面向多个不同的方向，并不是固定为某个人或场所，而且知识在协同过程中也是动态的，即根据协同的具体环境、不同的主体和客体的状态等会产生知识的再次创新和演变；四是关注产业技术联盟知识主体在知识协同中的能动性，它们可以通过参与的知识协同传动，积极地提供新的知识创新理念，最终使得知识本身更加丰富多彩，知识协同创新的价值也会随之逐渐增大。

本章小结

本章探讨了产业技术联盟跨组织知识协同的运作模式，包括技术共同体运作模式、基于研发项目的跨团队运作模式、基于信息网络的虚拟组织运作模式和核心企业盟主领袖式运作模式，并开展了产业技术联盟运作稳定性的实证分析。

第一，产业技术联盟打造的技术共同体平台，可以有效将各种技术创新企业进行紧密对接，实现各种技术创新元素的最佳组合。

第二，在产业技术联盟开展跨团队合作的过程中，需要建立协调一致的团队运作模式，这一模式分为联邦模式、星型模式和平行模式三种类型。

第三，虚拟组织在产品开发、设计与销售等工作中，可以更快地确定各自任务的承担者，进而让原有实体组织承担的工作分摊给更多平行单位共同完成。

第四，强调"协同性"是产业技术联盟模式构建的最重要原则。核心企业在整个产业技术联盟中承担着盟主角色。通过核心企业的工作，可以让整个产业技术联盟更加协调有序地开展技术研发工作。

第五，产业技术联盟稳定对知识协同具有显著的正向性影响，知识协同对联盟绩效具有显著的正向性影响，而产业技术联盟稳定对联盟绩效的直接影响不显著，主要通过知识协同的中介作用对二者关系进行传递，即知识协同在产业技术联盟稳定对联盟绩效影响中发挥完全中介作用。研究发现有助于我们进一步揭示产业技术联盟发挥稳定通过知识协同中介作用对联盟绩效的内在作用机制，为联盟绩效的增强提供科学的实现路径。

第 5 章 产业技术联盟跨组织知识协同的能力

对产业技术联盟跨组织知识协同的分析不仅应从整体上分析驱动力、行为博弈和运作模式，还应对其知识协同能力的形成进行分析，这一能力是产业技术联盟跨组织知识协同活动的重要组成部分，是协同运行效率的保证，也是产业技术联盟开展各种知识活动的重要支撑，这一能力不仅能够反映配置资源的有效性，而且能为联盟战略决策提供科学的依据。因此，有必要对影响能力的不同维度进行深入分析；同时，这预示着需要通过一定数量的样本和数据对能力维度进行验证。这是一个分解与综合相结合的过程。本章从产业技术联盟的信息网络节点、数据关系、信息认知与联盟结构等方面分析产业技术联盟下知识协同的重要性，通过分析关键因素的作用探究影响产业技术联盟知识协同效果的因素。产业技术联盟跨组织知识协同能力概念模型的构建是进一步认识产业技术联盟跨组织知识协同的理论基础。这样可以为产业技术联盟的知识协同提供有效的策略借鉴。

5.1 能力维度构成

产业技术联盟跨组织知识协同能力的构建依据来自对产业技术联盟跨组织知识协同中不同影响要素的比重分析，以及要素之间相互协同的整体水平研究；探讨各协同要素按照一定的方式相互作用、协调配合和同步，以促进系统产生倍增效应。Hsiao等人❶指出，产业技术联盟跨组织开展的知识协同最关键的是要进行知识的学习和积累。没有完整最新的技术信息知识的交流，产业技术联盟开展跨组织合作是一件很困难的事情。因此，开展知识的创新与积累，做好知识协同，关系到产业技术联盟能否实现既定的技术创新目标。由于参加产业技术联盟的各类组织本身具有的知识存在差异性，如何实现不同组织之间技术信息等知识的传递与共享，是产业技术联盟知识协同另一个重要的方面。单靠一个组织进行产业技术的创新，在今天产业发展中越来越困难，更多的组织机构希望借助组织之外的信息资源。而要想借鉴这些信息知识，需要建立一个完善有序的产业技术知识传递网络，这样才能够让各种知识快速获得传递。因此，产业技术联盟下的各个组织的技术创新是一个不断进行知识学习和知识积累，并通过知识网络进行知识传递和共享的过程。及时的知识协同，让产业技术联盟的各个参与组织能够更好地进行技术创新工作，而其中知识协同能力的高低成为影响创新效率的关键。

  影响知识协同的关键能力因素包括多个层面，如知识协同参与方特征、协同情境、组织间的信任程度、组织间的文化和知识差异以及网络结构特征等。每一种能力又可以细分不同的属性来体现各个能力的不同层面，如网络结构特征包括网络密度、网络联结强度等子要素。正因为知识协同过程涉及众多层面的能力及其子因素，如果将所有的因素均做考察，那么将为本文的研究带来很大的难度，因此，必须研究产业技术联盟跨组织知识协同的特点，其中提高组织间知识传递是最关键的工作。据此构建一个具有高度概括性与分析全面性的概念模型对产业技术联盟跨组织知识协同机制加以分析。能力通常表现为能力水平和程度，知识协同能力是评价产业技术联盟完成预定知识协同目标的素质，也是对跨组织知识流动效果的一种评价。确立科学、合理、客观的知识协同能力评价体系，更好地识别影响产业技术联盟跨组织知识协同的关键能力因素，使之有效组合起来发挥作用成为提高产业技术联盟发展水平的重要探讨方

---

❶ BECHKY B A, CHUNG D E. Latitude or Latent Control? How Occupational Embeddedness and Control Shape Emergent Coordination:[J]. Administrative Science Quarterly, 2018, 63（3）: 607-636.

第5章 产业技术联盟跨组织知识协同的能力

向。根据上文对产业技术联盟跨组织知识协同过程的相关分析，借鉴前人所提出的相关概念模型，并结合知识管理理论、管理协同理论和创新系统理论，在本文的研究中，主要进行产业技术联盟下跨组织知识协同的网络节点、知识协同关系和认知、知识协同网络结构三个方面的研究。

5.1.1 知识协同网络节点维度

Wang & Ahmed[1]在自己的研究中，很早就提出企业之间的知识协同的构建需要重视三点：吸收能力（Absorptive Capability）、整合能力（Adaptive Capability）和创新能力（Innovative Capability）。吸收能力是一种基于对知识预知并评估和使用外部知识的一种动态能力，Simonin，奚雷和彭灿[2]在分析知识协同关键能力时，都将合作方的吸收能力作为重要考察指标；整合能力主要指企业将外部资源与自身资源相结合，更好地为自身的发展服务的能力，这种能力体现在组织间知识协同发生之后，因此本文未将知识协同下的知识整合能力当作研究的重点，而知识创新能力主要研究企业立足自身知识积累开展的技术资源研发并创造出新产品和新技术的能力[3]，创新能力的改变将对企业吸收外部知识的能力有所影响，因此企业自身的创新能力也是影响知识协同的重要因素。除吸收能力和创新能力之外，企业对已获得知识的保持能力也将影响企业对外部知识资源的获取和吸收，企业保持知识的能力越强，知识流失的程度越低，那么企业的知识水平将逐步提高，从而加深对知识源的理解，促进组织间的进一步的知识协同。上述三个指标主要从知识接受方角度考察，作为知识协同另一个主体的知识源组织，其知识协同的意愿和能力同样对知识协同的能力有着重要的影响作用（Pavel Strach & Andre；奚雷等）[4]。

---

[1] HARNEY B, LUCY F B. Microfoundations of dynamic capabilities for innovation: a review and research agenda[J]. Irish Journal of Management, 2017, 36（1）: 21-31.

[2] 庞敏华. 探讨战略联盟中影响知识转移的因素及对策[J]. 环球市场, 2018（12）: 81.

[3] 梅赞宾. 基于服务供应链的工程物流集成商动态能力研究[D]. 北京: 北京交通大学, 2018.

[4] JASIMUDDIN S M, LI J, PERDIKIS N. An Empirical Study of the Role of Knowledge Characteristics and Tools on Knowledge Transfer in China-Based Multinationals[J]. Journal of Global Information Management, 2019, 27（1）: 165-195.

通过分析上面学者在此领域的最新研究文献，在本文的研究中，将会就产业技术联盟下跨组织企业进行的知识网络节点构建、知识学习和吸收、知识创新和知识迁移等方面展开深入细致的研究。

5.1.2 知识协同关系和认知维度

认知维度强调网络成员间的共同目标和共同文化，在产业技术联盟知识协同网络中，各个结点企业都是以共同的战略目标为导向的，因此产业技术联盟中企业间目标的相似程度较高，对知识协同影响作用较小，在这里不作为关键能力考虑；而企业之间形成的共同文化多是体现在不同企业之间知识差异之上，不同知识企业之间在信息技术储备和知识创新能力等方面的差异性，造成企业在调研市场、制定市场开发策略和产品研发战略中存在前后不一的现象。本文在研究中，重点考察企业在知识系统关系和认知维度等方面的差异性。从社会资本理论角度来看，企业之间要想开展积极合作，需要构建彼此之间的诚信机制。只有相互信任才能够让企业的整体社会资本得到提升，才能够在企业间建立协同有效的知识关系。对于不同企业在知识认知维度方面的差异性，西方学者Simonin等人很早就借助现代企业知识协同理念，开展相关的研究。他们也认为构建互信机制对强化企业间知识协同能力意义重大。我国学者王三义等[1]在分析国内企业间知识协同的动机和能力中，也充分认识到增强企业互信的重要性。因此，从当前企业综合网络认知关系维度，企业间知识水平的差异性和组织间信任程度的不同性是影响企业知识协同效果的关键。

5.1.3 知识协同网络结构维度

西方学者Inkpen & Tsang对企业社会资本结构的构建进行了研究，他们的研究证明，影响企业社会资本结构存在网络联结强度、密度、稳定性三个不同要素，且上述三个要素对产业技术联盟的知识协同影响是

---

[1] 包凤耐. 关系型社会资本如何影响企业创新绩效——基于知识转移的路径解析[J]. 企业经济, 2020, 39 (1): 129-135.

第5章 产业技术联盟跨组织知识协同的能力

交融进行的。我国学者张志勇等[1]在研究企业社会资本网络中，在探究上述三个主要影响因素的基础上，还认识到企业网络规模因素也是重要因素，需要重视不同企业研发人员协同性。本文在研究中，也主要是从上述四个因素进行探究。

上述三个维度之间的关系是层层递进的关系，从整个企业组织的微观层面和宏观层面开展相关逻辑关系层次的研究。因此，我们可以把上述三个维度之间的关系界定为点、线、面的关系。上述三个维度基本上把握了产业技术联盟下组织知识协同的关键要素，建立了较为全面和系统的产业技术联盟跨组织知识协同能力分析框架。对这三个维度在产业技术联盟动态环境中的直观解释如图5-1所示。

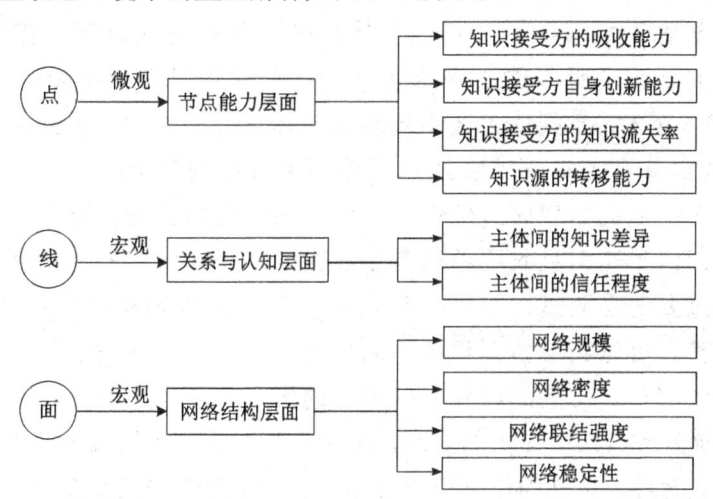

图5-1 产业技术联盟跨组织知识协同能力结构

---

[1] 田雪松，付瑶，王欣，等．基于神经网络模型的场景式稽查方法研究[J]．电子元器件与信息技术，2022，6（1）：202-204．

5.2 知识协同网络节点维度对能力的影响

5.2.1 知识接受者的吸收能力

（1）吸收能力的概念

吸收能力（Absorptive Capacity）的概念是由 Cohen & Levinthal[1] 在战略管理领域率先提出的，Cohen & Levinthal 的研究证明，知识接受者的吸收能力主要是指企业评估、消化知识的能力。这种知识吸收能力，可以是对企业自身知识储备的吸收和创新，也可以是对企业外部知识的吸收和创新。研究知识吸收能力的路径，是界定这一概念的出发点。

西方学者 Mowery & Oxley[2] 对上述学者的研究进行了拓展。他们的研究证明"吸收能力是企业进行广泛的知识资源吸纳的能力"。Gee-Woo & Kim[3] 则认为知识吸收能力是学习能力和解决问题能力的综合。Zahra & George[4] 在继承上述学者观点的基础上，提出更新的创新动态学习能力理念。他们主要就知识吸收中的创新整合进行了探究。他们认为知识吸收不单纯是企业进行知识的学习和解决问题的过程，更重要的是通过知识吸收对原有知识进行再次的消化和创新。通过知识整合可以实现新知识的不断创新，进而为企业发展提供全新的知识吸收储备。他们的研究为后来者的研究提供了全新的研究视角。

综合分析前人所提出的观点，本文认为产业技术联盟内节点的吸收能力的概念可以定义为以下三个方面：一是企业知识吸收能力是指企业

---

[1] CUI T, WU Y, TONG Y. Exploring ideation and implementation openness in open innovation projects: IT-enabled absorptive capacity perspective[J]. Information & Management, 2017: S0378720617310625.

[2] SATOGLU, BEYZA E. The role of national innovation systems on FDI: a longitudinal data analysis on Dunning's Investment Development Path[D]. Rutgers University-Graduate School-Neward, 2016.

[3] AL-RAHMI W M, YAHAYA N, ALDRAIWEESH A A, et al. Big Data Adoption and Knowledge Management Sharing: An Empirical Investigation on Their Adoption and Sustainability as a Purpose of Education[J]. IEEE Access, 2019: 47245-47258.

[4] RAJALO, SIGRID, VADI, et al. University-industry innovation collaboration: Reconceptualization[J]. Technovation, 2017, 62: 42-54.

第5章 产业技术联盟跨组织知识协同的能力

吸收消化内外知识的能力，借鉴转移全新知识的能力。这是企业自身知识形成的过程，也是不断进行知识创新的过程；二是在吸收借鉴基础上，企业知识和经验积累需要通过恰当的路径开展；三是通过知识吸收能力的强弱，重点考察企业创新能力，提高企业的竞争优势。

（2）吸收能力对知识协同能力的影响

知识吸收能力对知识协同能力的影响非常明显。因为知识创造的价值很多时候并不可能完全公平地在企业之间进行分配，很多企业由于缺乏核心知识，在价值创造中并不占据优势地位。强调知识协同的目的就是要让所有的知识接受者能够迅速获得并有效运用这些知识，因此，知识接受者对知识吸收程度也就成为衡量知识协同能力大小的重要标准。

国内外的相关研究很早就证明，企业具备更强的知识吸收能力可以让企业在知识价值创造中占据更高的优势地位。西方学者 Peter[1] 很早就指出，知识吸收能力是衡量一家企业消化吸收创新知识的关键。企业知识吸收能力的高低本身与企业知识积累与创新产生直接关系。一家企业能够在知识转移和共享中获得更多新知识，那么该企业知识协同能力就会获得明显提升，进而开展各种知识创新的效率就会有所上升。因此，企业在知识吸收中是否能够凭借有效的知识吸收途径获得知识，直接关系到企业经营成败。企业自身知识吸收能力的强弱，已经成为衡量企业发展潜力的重要指标。因此，从知识吸收能力与知识协同能力的关系看，二者明显呈现正方向的发展关系。

企业的吸收能力是一个不断变化的能力，它被认为是企业已有知识的函数[2]，而随着企业间组织协同能力的强化，企业开展知识吸收的水平也在不断提高。所以其所具有的吸收能力也会随着自身知识水平的提高而增强。产业技术联盟内部的知识吸收能力是做好产业技术联盟技术整合创新的关键。联盟成员企业自身知识吸收能力越高，那么带来的知识整合效果和知识创新能力也会随之提升。在联盟中各个成员企业应当不断提升整体联盟的知识吸纳能力，进而提高总结知识的能力，这样才能

---

[1] HONG T. From the Fifth Discipline to the New Revolution: What We Have Learnt from Senge's Ideas over the Last Three Decades[J]. The Learning Organization, 2020, 27（6）: 495-504.

[2] 尹剑峰, 叶广宇. 先前知识. 国际知识吸收能力与国际机会识别研究[J]. 技术经济, 2020, 39（10）: 99-110.

够让联盟在技术创新中储备更充足的知识。基于以上分析，得出如下结论：

H1：产业技术联盟跨组织协同活动中的接受者知识吸收能力越高，则协同能力越高，反之亦然。

5.2.2 知识接受者的创新能力

所谓知识接受者的创新能力，主要是指联盟成员企业自身具备的知识创新能力。如果联盟企业能够不断地学习吸纳知识，提高自己的知识资源储备，那么该企业就在联盟中具备相对优势的技术知识创新能力。随着企业自身知识储备量的不断增加，企业不断提升自身知识吸收与知识创新能力，进而会推动其他联盟成员企业也重视自身知识吸收和创新能力的提高。因此，我们有如下假设：

H2：接受知识的组织如果创新能力越强，则其跨组织知识协同能力越高。

5.2.3 知识接受者的知识流失率

知识接受者在知识吸收中，也会发生知识流失现象，如企业员工跳槽会把本企业一部分技术知识传递给其他企业，企业自身如果不做好知识记录与备档工作也会产生知识流失现象等。在知识协同网络中，不仅企业是自由进入和退出网络的，各企业的人员也是随意流动的，如果是已经在知识协同中未能不断通过该企业知识资源的自我改进，促成企业知识网络的演进，则会让整个企业产生知识不断流失现象。因此需要不断地巩固新知识，知识流失率对企业的知识储备和知识创新带来很大的负面影响，这会造成企业自身创新能力的下降。本文主要研究员工跳槽和知识自然遗忘的知识流失现象，统称为知识流失率。因此，本文有如下假设：

H3：接受知识的组织如果知识流失情况越严重，则其知识协同能力越差。

5.2.4 知识源的转移能力

吸收能力的相关成果已经较为成熟，大量的学者将其作为知识协同

第 5 章 产业技术联盟跨组织知识协同的能力

的关键能力，其实，这仅是指网络中节点知识协同的一种表现，本文在原有知识吸收能力上，进一步拓展出"知识协同"的理念，是为了更好地描述知识吸收中各方知识协作的现象，真实反映现代企业技术联盟通过知识协同来促进知识创新能力的提高。当然，知识协同主要是对知识源企业而言。因此，知识源企业在整个产业技术联盟中处于知识核心地位。知识源企业自身知识储备和创新能力的高低，关系到产业技术联盟能否实现最初制定的技术开发目标。西方学者 Teece 在自己的研究中证实，知识源单位不但是指一些企业，同时也可以扩展到从事知识创新的高等院校、科研机构等其他组织。因此，本文在研究中，不但研究知识源优秀企业，同时也会对高等院校和科研机构进行连带探究。企业在以往的行为活动中所累积起来的知识协同的经验与方法将极大地影响知识协同的成本，而这些以往的知识协同参与方法和经验也就构成了转移方的知识协同。

企业间的知识协同能力的强弱，很大程度上体现这些企业在知识整合、共享、传递和表达等方面能力的高低。该能力的强弱，直接决定了知识系统各方获取相关知识的效率，也关系到获取相关知识的经济成本。知识转移能力越强，那么该企业就能够在知识吸纳、整合创新中占据更多优势，进而带来企业间知识协同能力的进一步提高。由此形成产业技术联盟下企业间知识协同的良性运作。因此，企业知识协同能力的提高将提升组织间知识协同的速度，降低知识协同的成本。

本文在研究中，将会就产业技术联盟中知识源优秀企业进行探究，同时考察知识源企业知识协同能力对产业技术联盟的影响。知识源企业自身具备更高的知识协同能力，可以有效传递知识，共享知识，整合知识，创新知识，促进整个产业技术联盟知识协同能力的提升。由此可见，产业技术联盟需要重视知识源企业自身知识协调整合能力的提升。同时，也不能忽视联盟内其他企业知识协同能力的培养。这样才能够让整个产业技术联盟的知识水平得到提升，让联盟在技术创新中占据更强竞争优势。这类似于教育学中"因材施教"的观点，教师本身的语言表达能力越高，与学生互动的意愿越强烈，则教学效果越理想；同理，知识源企业对知识接受能力越高，那么它参与知识协同的欲望就越强。由此带来产业技术联盟知识协同总体能力上升，让知识网络内知识协同的效率得到明显提升。因此，本章提出以下假设：

H4：产业技术联盟协同活动中知识源一方的知识转移能力越高，则协同能力越高，反之亦然。

5.3 联盟关系与认知维度对能力的影响

本节考察信任和组织间的知识差异程度对产业技术联盟跨组织知识协同能力的具体影响。

目前战略联盟大多数以失败告终的主要原因有两个方面：一方面是战略联盟所建立的伙伴关系由于信任程度低、承诺不能及时兑现等情况而逐渐失败，据统计，由于这个原因造成战略联盟失败的比重占到70%；另一方面则是联盟企业之间的资源和文化的互补性程度较低，没有继续合作的空间，从而造成联盟解体，这一因素占到联盟失败原因的30%左右。这两个因素可以综合概括为战略联盟伙伴之间的关系和认知问题。产业技术联盟可以看作多个战略联盟的集合体，产业技术联盟中成员的流失也主要是以上两个原因。产业技术联盟中，一个联盟的失败将导致多条关系的断裂，从而使知识协同过程受到阻碍，难以推进，进而降低整个联盟的知识协同效果。因此，伙伴之间的关系和认知程度是影响知识协同能力的重要因素。考虑到指标的设定和实证中数据的可获得性，在知识协同关系和认知维度中，本节主要选取了信任和知识差异两个代表性因素，来考察伙伴之间的关系和认知程度对知识协同能力的影响。

5.3.1 知识主体间的知识差异

由于每个成员生存与发展的环境不同，每个企业都有其他企业所不能替代的知识资源，它们各自的知识学习和积累的路径不同，因此对于合作项目所需要的知识在理解上存在差距，即组织间的"知识差异"或者称组织间的"知识距离"。

知识差异是影响知识协同效率的重要因素。陈博[1]认为组织间的"知

---

[1] 袁凌，蒋新玲. 知识距离、知识寻求与员工创新行为：有调节的中介模型[J]. 科技进步与对策，2017, 34（18）：118-125.

第5章 产业技术联盟跨组织知识协同的能力

识距离"是指新知识的某一信息状态转移到与买方的基础知识实现共同信息最多的新知识信息表达状态的知识差异性。简而言之,就是知识源企业和知识接受企业在知识认知水平和知识传递渠道上存在差距。这造成知识在转移中经常出现失真现象,即一些知识在转移中出现遗失、歪曲等现象。

知识传递距离也是影响知识转移的重要因素,这主要包括知识深度和知识宽度两个维度。知识深度是指在某一专业领域中的知识高低与知识储备量的多少;而知识宽度主要是指知识进行传递的领域的大小,体现了知识的多样性。从这两个维度可以引申出知识的深度距离和宽度距离是造成知识主体在获取知识中产生差异的不可忽视的客观因素[1]。例如在笔记本电脑制造方面,惠普与联想的知识差异要比惠普与海尔的知识差异小。知识的宽度距离是指知识主体之间所拥有的知识范围不同所产生的知识结构上的差异。本文重要考察在某一专业领域,产业技术联盟之中的企业间知识深度和宽度虽然较其他群体相对较小,但是也在一定程度上影响了知识协同。

由上述主客观因素导致的知识差异性,对知识协同能力产生直接的影响。在以往国内外学者的研究中,对知识差异性带来的知识协同影响研究相对较少。很多学者仅是浅显地认为知识差异越小,知识转移的效果就越不明显。只有造成上述差异的原因探究相对不足。但是,本文在研究中发现,产业技术联盟多是以某家核心企业作为知识联系的中心,那么各个节点组织在专业知识上都或多或少有一定的相关性,也是联盟成员的知识背景相似,知识差异不会过大,在这样的前提下,产业技术联盟成员之间知识差异性越小,由此带来的知识协同能力就越高。而知识水平的高低与产业技术联盟知识协同性又紧密相关。因此,要想推动整个产业技术联盟知识水平的提高,需要不断缩小联盟成员企业之间知识差异性,进而推进联盟成员企业的知识协同能力。如果联盟内部各个组织成员知识协同效果越高,那么就会让成员企业更乐于获取新知识,进而形成全新的知识协同。由此,本文总结出如下观点:产业技术联盟内部各个成员企业组织之间的知识差异性越大,那么它们之间开展知识协同的能力就越强。根据以上分析,得出如下结论:

---

[1] 王俭,修国义,过仕明. 基于知识特征的在线评论知识转移效率测度研究[J]. 情报科学,2019,37(7):146-150,170.

H5：产业技术联盟不同组织的知识差别越大，则其协同能力就越强，反之亦然。

5.3.2 知识主体间的信任程度

国内外学者在研究中发现，产业技术联盟中各个成员主体之间如果互信度较高，那么由此带来的知识协同能力就越强。这是影响知识协同能力高低不可忽视的主观因素[1]。因此，要想开展完善有序的知识协同，就需要增进知识主体之间的信任程度。从社会资本理论上看，知识主体之间的信任程度是企业获取社会资本的必要条件，决定企业间知识转移速度的高低等。但这一观点未进行实证研究。Bala Goh & Matthew 使用多元回归方法对中国 14 个城市的 215 家企业的调研数据进行实证分析，结果表明信任与交流是企业之间开展各种知识协同的主观因素。西方学者的研究很早就证明，企业之间的信任会促进企业间知识信息的交流与共享。正是由于信任，不同企业之间才能够有序开展各种技术研发合作工作，才能够让企业不断获得最新的知识信息。

信任属于人的一种心理态度，因此信任具有兼具理性和感性特征，同时由于人具有社会属性，因此信任也具有社会的特点。根据信任的理性、感性和社会性特征，可以对信任进行一定的划分，如从心理学角度可以将信任划分为理性信任与感性信任；从社会属性的角度可以将信任划分为个人信任和组织信任。

（1）理性信任与感性信任

理性信任是指施信者认为企业之间的信任是建立在一定客观理性条件之上的，如严格的信任制度、行之有效的信任监督机制和严厉的失信惩戒制度等。企业通过这些客观条件提高彼此之间的信任度，严格按照这些理性信任条件进行各种合作交流等。在这一条件下施信者才选择相信受信人不会进行机会主义的欺骗行为，这是一种基于交易成本经济学的信任观。

感性信任是在没有相关抵押、监督和惩罚条例作为保障的前提下对受信者建立信任感情，坚信受信者不会采取违约和欺骗行为。感性

---

[1] MCKENZIE J, WINKELEN C V. Creating Successful Partnerships: The Importance of Sharing Knowledge[J]. Journal of General Management, 2006, 31（4）: 45-61.

第5章 产业技术联盟跨组织知识协同的能力

信任是建立在双方长期的、多次交流与协调的基础上的。感性信任是促进企业之间情感合作的基础，是一种基于现代市场交易理论的信任理念。

（2）个人信任与组织信任

企业中各个成员之间的信任形成企业中成员个体之间的信任，而企业领导集体等组织机构对成员的信任形成组织信任。其中，前者是基于后者而不断延伸发展的一种信任形式。因为组织间的合作与沟通其根本就是双方的管理层或技术层相关人员之间的协调与交流，因此个人感情的好坏将直接影响组织之间的信任度。组织感性信任有时可以带来成员间个体信任的增加。

在产业技术联盟下，各个企业之间的关系是长期的、以共同目标为导向的战略合作关系，是以前期的了解和合作建立起来的情感纽带，因此企业之间的信任更多表现为感性信任和组织信任。在构建产业技术联盟之前企业之间已经有了深入的了解，因此企业之间已经建立了较为稳固的感性信任机制。

彼此相互了解对方诚信状况，能够了解对方企业在信誉度方面是否存在一些不足之处。他们能够抛开自身利益而将精力集中于更高的共同利益层面上，这就促使不同企业成员之间信任度上升，知识接受方也就能在较短的时间内获取更多的有价值的知识资源，从而促进知识在联盟范围内的转移与共享。学者 Levin & Cros[1] 等通过考察大型企业员工的行为，得出信任对员工工作效率的高低产生直接影响。信任度越高，员工的工作效率就越高，反之就越低。

同时，产业技术联盟跨组织知识协同更是一个需要不同企业单位之间加强了解，增进信任的过程。

如果要想实现企业之间知识转移速度的提升，需要不断强化联盟成员之间的合作和知识协同加深彼此的了解，如果联盟成员之间的信任程度得到提升，那么进行知识源企业知识转移的意愿就会得到明显提升，从而带动整个联盟知识水平的提高。同时，随着新旧成员的交替进入和

---

[1] BETTIS-OUTLAND H, CORTEZ R M, JOHNSTON W J. Trade show networks, trust and organizational learning: the effect of network ties[J]. Journal of Business & Industrial Marketing, 2021, 36（12）: 2165-2175.

退出，联盟中现有的组织将对新加入的组织采取更加理性的态度，但是如果发生联盟成员之间失信现象，就会让知识协同出现停顿，甚至危害整个产业技术联盟的声誉，让联盟成员对联盟的归属感下降，进而让整个产业技术联盟的技术合作和创新受到阻挠，不利于联盟知识水平的提高。基于此，得出如下结论：

H6：产业联盟中成员的信任度与知识协同能力是呈正相关的。

5.4 网络结构特征维度对能力的影响

5.4.1 网络规模

网络规模是指联盟网络内节点数量的多少。一些学者的研究很早就证明，联盟网络节点与联盟成员企业获取知识有着密切关系。如果联盟内部网络节点多，那么联盟成员就能够获取更多相关知识资源，提升竞争优势。因此在同样的情况下，企业获取知识的多少与联盟网络节点数量的多少呈现正向关系。同时，联盟规模大小也影响联盟成员企业之间合作效率的高低[1]。因为，联盟规模越大，那么提供的知识网络就越宽广，同时带来的知识节点就越多。因此，产业技术联盟需要不断优化本企业的知识网络结构，提升整个联盟知识吸收与整合能力。西方学者Reagans & McEvily[2]的研究也证实联盟企业规模与联盟成员之间知识转移能力的强弱有着密切关系。陈劲、李顺才[3]在自己的学术研究中，也证实联盟企业之间纵向与横向的关系与企业开展知识协同和技术创新有着密切关系。企业纵向社会资本越大，那么该企业的技术创新能力就越

---

[1] OTERO G, VOLKER B, ROZER J. Open But Segregated? Class Divisions And the Network Structure of Social Capital in Chile[J]. Social Forces, 2021（2）: 649-679.

[2] REN S G, ZHAO T Y, MANAGEMENT S O, et al. Research on the influence mechanism of entrepreneurial orientation, network range and network cohesion on the growth performance of new ventures[J]. Journal of Industrial Engineering and Engineering Management, 2018, 32（4）: 232-238.

[3] 辛德强. 创新独占. 知识流动与创新联盟绩效关系研究[D]. 西安：西安理工大学，2019.

强。肖小勇[1]通过对某些大型企业的研究也证实了上述观点。企业之间知识吸收能力的不断提升与企业本身规模大小、网络节点的高点以及企业纵向和横向社会资本的多少紧密相连。

本文在研究中充分借鉴了上述中西方学者的观点。也认为随着产业技术联盟规模的不断扩大，各个企业之间会建立更加互信的合作关系。这将带来联盟成员之间知识协同效率的提升，让企业获取外部知识更加顺利便捷，进而不断提升整个联盟的知识水平。同时，随着联盟的不断壮大，产业技术联盟的合作领域在不断扩展，联盟成员知识吸收能力也得到明显提升。基于此，得出如下结论：

H7：产业技术联盟的网络规模与知识协同能力呈现出正相关性。

5.4.2 联结强度

联结强度是指二元体相互联系的程度。主要分为强链接与弱联结两种方式。前者主要指各种紧密相连的互动关系，后者指较为分散的联系。要想判断二元体之间是强联结还是弱联结，主要考量标准是接触频率和情感的接近度两个方面。知识转移的能力与联结强度有紧密关系。由于企业知识的转移过程是通过企业社会联盟开展，因此联盟内部联结的强弱关系到整体联盟知识扩展、转移和协同效率的高低。

（1）强联结关系对知识协同的影响

强联结关系对知识协同的影响更加积极主动，它会让各个知识主体之间的信任度得到提升，知识规范能力得到提高。同时各种制度的建立，也会增强知识协同的影响。因此，在产业技术联盟中，建立强联结关系对整个联盟的技术知识创新与学习起着积极作用。可以通过一些专有性强的、较为机密的资源促使联盟内部知识转移速度的提升。因此，要想强化联盟成员之间的关系，需要不断进行联盟联系网络的强化，让联盟成员之间形成更加紧密的战略关系，这样才能够让联盟成员共同致力于联盟知识协同工作。因此，产业技术联盟在发展中，需要借助各种有效手段进行强联结关系的塑造。这样才能够让所有的联盟成员企业在发展中获取亟须的各种知识资源，进而提升整个联盟的知识创新能力。

---

[1] 徐建中，朱晓亚. 社会网络嵌入情境下R&D团队内部知识转移影响机理——基于制造企业的实证研究[J]. 系统管理学报，2018，27（3）：422-432.

成功的组织学习取决于企业之间知识和技术的重复的交互过程，而强联结可以有效地促进组织间技术诀窍的转移和学习。西方学者Uzzi[1]主张，建立强联结关系是企业获取更加有价值的知识资源的有效渠道。通过企业之间信息知识的共享、信任与合作，让一些知识尽快获得传递，让联盟成员组织获得更多新鲜的知识。因此，强联结可以让产业技术联盟获得更多的知识协同机会，让相关知识使用者能够不断提升自己的知识吸收能力和知识创新能力。因此，在不同联盟成员之间要建立更加有效的强联结关系。当然，要想建立这种关系，需要个体经过近距离观察、演示或者手把手教等形式的大量互动才能逐渐转移，这要求联盟成员之间需要强化联结才能够进行更加有效的知识传递。

强联结关系的塑造，需要联盟成员之间首先相互了解、相互信任。Coleman[2]认为关系稠密的联盟有利于成员之间信任程度的提高，从而提高合作次数，使企业在多次的高质量的合作中让联盟企业获得更多优质的信息资源，以此提高联盟成员企业获取和整合知识的能力；而关系稠密的联盟即以联结次数较频繁的关系为主的联盟，也就是强联系联盟。在重叠联盟下，外部知识促进企业内部的创新活动，而重叠联盟一个重要的特征就是联盟关系的强度较高。

（2）弱联结关系对知识协同的影响

以强联结形成组织间关系同时也限制了合作各方与外部的联系，降低了成员接受新观点的倾向，可能导致联盟知识转移能力的退化与竞争优势的削弱。因此，很多学者认为组织间的弱联结比强联结对知识协同能力的提高有更大的作用。

Grannovetter通过研究发现，强联结的社会关系联盟中流动的是重复、多余的信息，弱关系更有利于知识和信息的转移和吸收。松散型稀疏联盟（即弱关系联盟）有利于增加联盟中知识的存量。稀疏联盟与强联结联盟相比，更加开放，它在网络节点设置中一般具有更多结构洞，

---

[1] DUAN Y, LIU S, CHENG H, et al. The moderating effect of absorptive capacity on transnational knowledge spillover and the innovation quality of high-tech industries in host countries: Evidence from the Chinese manufacturing industry[J]. International Journal of Production Economics, 2021 (233): 108019.

[2] BORAH A. Individual sense of justice and Harsanyi's impartial observer[J]. Economic Theory, 2021, 72 (1): 167-199.

第 5 章　产业技术联盟跨组织知识协同的能力

这可以减少一些不必要信息的承载。同时，这种联盟组织形式可以有效推动联盟成员个体的流动，这有利于联盟成员新知识、新资源的获取和创新能力的提高。在动态变化的环境中，在组织内部建立弱关系联盟对于组织的创新尤其具有重要的作用。企业联盟结成何种联结形式，对企业获取各种信息知识会产生不同的影响。一般强联结联盟更加有利于实现知识的转移，而弱联结联盟则可以帮助显性知识快速获得传播。这些知识信息有可能来自联盟内部，也有可能来自联盟之外。

（3）小结

对于提高联盟知识协同的能力方面，强联结和弱联结各有作用：一些密集的联盟和强联结可以促进知识和敏感信息的传播。由此能够让整个产业技术联盟的知识协同效率获得明显提升，而弱联盟则会在知识转移中产生知识信息的异化现象。但是，在一个较为成熟的产业技术联盟中，各种产业技术联盟经过不断磨合，会逐渐形成更加紧密的产业技术合作目标和实施战略。联盟节点成员之间的互动交流比其他企业合作形式更加灵活；各种节点企业之间的信任程度更高。因此，建立现代产业技术联盟不但对产业技术的发展意义重大，还可以在一定程度上强化各个节点企业之间的关系，甚至强强联合形成更加紧密的企业集团。

产业技术联盟具备更强的联结度，说明企业之间互动的频率相对较高，彼此之间越能在动态多变的环境中建立长期的信任关系，从而促进彼此间的知识协同；此外联结强度越高，节点企业越难以脱离产业技术联盟去寻求新的合作关系，产业技术联盟节点企业的流动性越低，可有效避免获得知识的知识源企业从产业技术联盟中退出，因此，联结强度越高越有利于组织间知识的持续转移。基于此，得出如下结论：

H8：产业技术联盟的联结强度与其知识协同能力呈现出正相关性。

5.4.3　网络密度

网络密度指联盟成员彼此之间接触的范围和接触机会，联盟成员之间联结的效率等❶。网络密度是描述联盟成员关系的量的指标，体现联盟成员之间的互动性高低，即通过第三方联结的程度。网络密度程度高的联

---

❶ 顾昕. 治理嵌入性与创新政策的多样性：国家—市场—社会关系的再认识 [J]. 公共行政评论, 2017, 10（6）: 6-32,209.

盟可以更快地强化成员之间的逻辑关系，让更多企业通过联结点获得更多自己所需的知识，彰显联盟成员之间的关系。这可以让整个联盟的知识协调能力获得明显提升。同时，联盟密度高会造成联盟成员间知识转移速度提升，知识协同效率提高，在整个知识创新与整合中产生积极的保障作用。因此，产业技术联盟如果建立较高的联盟密度，会促成各个合作成员企业之间建立更加紧密的多方链接的联盟，节点企业的行为能够为其他企业所获取，树立其他企业的信任感，让各种信息在各个联盟成员之间获得更快的传播。一般建立联盟密度的产业技术联盟成员企业可以让所有的成员获得公平的知识获取机会，进而制定有效的奖惩策略，推动所有联盟成员企业能够在发展中及时获得其他企业的帮助，因此紧密型联盟在企业发展中，尤其是知识协同中会发挥最佳的知识转移效果。

总之，产业技术联盟需要结合自己的特点，不断推进整个产业技术联盟成员紧密度的建设，推动产业技术联盟更快发展。基于此，得出如下结论：

H9：产业技术联盟的网络密度与知识协同能力呈现出正相关性。

5.4.4 网络稳定性

对于联盟网络来说，其稳定性往往与联盟成员之间的相互协作有关。就联盟的稳定发展情况而言，其与知识协同的关联性研究还有待深入，正因如此，在知识协同方面对其加强研究也就成了题中应有之义。

产业技术联盟对留存企业产生着重要的影响，企业在退出的同时带走了相应的科学技术和人际关系。联盟组织之间联系的不稳定和不确定直接导致社会资本的发展与产生。当部分企业脱离联盟组织时，有可能产生人力资源的匮乏和人际关系的疏离，继而对自身和联盟都产生不利影响。然而，新成员的加入和融合又需要时间，这种频繁的流动对联盟带来的影响是不言而喻的。动态流动作为联盟发展过程中不可避免的特征，其成员的进出相对自由，经常会发生变化，力求稳定发展是联盟合作加强的重要方面。联盟发展是否稳定我们可以从联盟网络的稳定性上看出，成员之间相互合作，建立起长期稳定的合作关系对于双方而言都大有裨益。

联盟组织成员合作机会的增多和交流的日益深入，均会在实践过程

第5章　产业技术联盟跨组织知识协同的能力

中得以应用，积累宝贵经验财富。由此可见，在联盟协作过程中增强交流，让科学知识得以传播和扩散，让接受者提高自身的学习和接纳能力，可以有效地在知识协同过程中取其精华去其糟粕，不断解决遇到的困难，在共享和学习中获得进步，节省成本，提升效率，实现双赢。基于此，得出如下结论：

H10：产业技术联盟网络稳定性与知识协同能力呈现出正相关性。

5.5　实证分析

5.5.1　概念模型的提出

本节主要从动态发展的角度出发，对产业技术联盟各层面的能力对组织间知识协同能力的影响进行了理论探索。基于以上分析，构建了产业技术联盟跨组织知识协同能力概念模型，如图5-2所示。

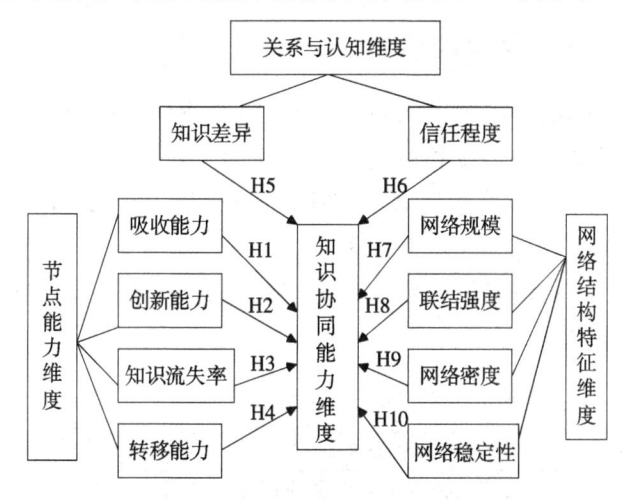

图 5-2　产业技术联盟跨组织知识协同能力概念模型

本模型相对于前人所提出的概念模型的不同之处在于：

第一，从三个层面提出了产业技术联盟跨组织知识协同的能力结构，即节点能力层面、节点之间的认知与信任层面以及产业技术联盟整体结构层面。

第二，本模型的提出是基于产业技术联盟的嵌入性和动态性特征，因此，在具体分析相关因素的影响作用时，必须同步考虑联盟的动态性特征，以动态发展的视角考察各能力对知识协同能力的影响，与之前大多数模型在一个静止不变的环境中的假设有所不同，动态的视角更接近实际情况，同时也为决策者提供了动态发展的决策视角。这种动态性主要体现在两个方面：一方面是联盟节点在联盟中自由地进入和退出，将改变联盟和关系的结构，从而改变知识协同的能力；另一方面是知识接受方的能力在不断变化，它本身可能存在员工的流失以及知识自然遗忘，从而使自身的知识水平减少，且每个企业除进行知识的外部转移之外，自身也在不断地学习，因此存在非知识协同所带来的知识增加即知识接受方的创新能力。

为了对产业技术联盟跨组织知识协同能力概念模型进行实证检验，以进一步引证模型中的各个假设，本文选择了光电子产业技术联盟作为研究对象，并采用了结构方程模型研究方法进行实证分析，以验证概念模型所提出的理论假设以及数学模型的科学性与合理性。

5.5.2 研究量表的设定

如表 5-1 所示为本书的问卷主要问项，该问卷均借鉴了前人的研究成果，具备了基本的信度和效度。本书采用问卷调查法，计分方式均采取 Likert7 级量表法，由填答者主观认知变化程度，并根据其同意或满意程度由 1 到 7 进行打分。根据测量题项，本书进行了多个问题调查，并设置 7 级分数进行测量，组织可以根据情况进行填写，本书根据这些分值来展开实证探索。

表5-1 实证研究指标测量的量表设计

变量	测量指标	设计问题	指标来源
节点能力	A1 吸收能力	Q1. 贵公司很清楚自己要获得什么知识，并能够准确评估外部的知识和技术 Q2. 贵公司有很强的消化外部知识的能力，并能将知识有效利用	Lane & Lubaklkin（1998）
	A2 自身创新能力	Q3. 除向其他企业学习交流之外，贵公司还成立了专门的研发部门并投入了大量的资金 Q4. 贵公司每年获得省部级以上专利的项目数量是多少	Lane & Lubaklkin（1998）

第5章 产业技术联盟跨组织知识协同的能力

续表

变量	测量指标	设计问题	指标来源
节点能力	A3 知识流失程度	Q5. 贵公司的知识型人才流动性非常大，存在严重的人才流失现象 Q6. 贵公司经常采用召开研讨会与组织学习和培训等方式来巩固公司的知识	Martin & R. Salomon（2003）
节点能力	能力	Q7. 贵公司有着丰富的与行业内其他企业进行技术交流的经验 Q8. 贵公司企业员工在交流过程中能将被协同的知识表述清晰，并善于对其进行信息化、标准化处理，以利于接受者的吸收与理解	Giuliani（2005）； Martin & R. Salomon（2003）
关系与认知	B1 知识差异	Q9. 行业内的企业彼此的某项专业知识水平差距越大，双方的沟通与合作意愿越强烈，合作也越顺利	Simonin（1999）
关系与认知	B2 信任与合作	Q10. 企业间日常业务中，经常用口头约定代替合同 Q11. 行业内相互交往的企业或机构之间在进行共同研发时比较容易达成合作意向而无须多轮谈判与复杂合同文件	Das & Teng（2001） Andrew & Eric（2005）； Leonard（2007）
联盟网络结构	C1 网络规模	Q12. 您认为贵公司所在的联盟相比其他同行业的联盟规模如何 Q13. 相较行业内的其他企业，本公司能与更多的竞争对手建立直接联系	Granovetter（1973）； Mardsden（1990）； Das & Teng（2001）； Kang Morris & Snell（2003） Rajesh（2004）； Andrew&Eric（2005）； Leonard（2007）
联盟网络结构	C2 网络密度	Q14. 如果您急需一笔大额资金周转，公司所在的战略合作联盟中有多少家企业愿意帮助您 Q15. 与您直接进行技术和知识交流的行业内的企业数量有多少	
联盟网络结构	C3 联结强度	Q16. 联盟内顾客、供应商以及竞争对手之间存在多层关系 Q17. 贵公司信任知识提供方提供的技术	
联盟网络结构	C4 网络稳定性	Q18. 联盟内企业的退出或新企业的加入会在很大程度上破坏原有的关系	—
知识协同能力	Y1 协同整体效果	Q19. 贵公司在从战略伙伴处吸收技术知识时往往会吸收大量的知识	Reagans & McEvily（2003）； Argote & Ingram（2000）； Gumming & Teng（2003）； Szulanski 等（1996）
知识协同能力	Y2 协同速度	Q20. 一般而言，知识源企业的技术知识能在较短时间内很快地协同到贵公司	
知识协同能力	Y3 协同均衡度	Q21. 当贵公司和其他合作企业共同学习知识源企业的技术知识时，各企业之间获得的信息量相差不大	

5.5.3 样本说明与数据收集

（1）样本对象的选择

为了尽可能获取合适而真实有效的数据，实证研究的首要任务就是判断问卷调查的样本选择区域，通过长期对湖北省产业技术联盟的研究，本问卷最终选取了武汉东湖高新技术开发区为样本对象。之所以选择武汉东湖高新技术开发区，是因为武汉东湖高新技术开发区内的企业均是从事软件开发、信息系统集成等业务的高新技术企业，这些企业对知识的需求要比其他类型的企业强烈，所以园区的企业为了获得外部知识资源，就必须与其他企业建立战略合作关系，进行相互间知识的共享与协同；此外，光电子等信息产业是一个动态竞争比较明显的行业，这种环境对动态能力和构建产业技术联盟的需求比其他类型的企业大得多；最后，东湖高新技术开发区内的企业之间有竞争关系，同时企业之间的合作意愿也在随着市场的激烈竞争而逐步提高，越来越多的企业之间构建了战略联盟的合作关系，因此，可以将园区的企业合作联盟看作产业技术联盟，以此作为样本对象。

（2）数据收集

考虑到数据收集的有效性和实际情况，共发出172份问卷，回收有效问卷124份，回收有效率达72%。从整体上看，本书的问卷回收率较高，且样本数量达到了进行实证研究的要求。从覆盖范围上看，主体包含了各种性质的企业，如表5-2所示，被调查者的职位分布情况如表5-3所示，被调查者对知识协同的了解情况如表5-4所示。

表5-2 样本企业的产权性质分布情况

产权性质	样本量	百分比/%
国有或国有控股企业	51	41.1
民营企业	43	34.7
三资企业	30	24.2
合计	124	100

第5章 产业技术联盟跨组织知识协同的能力

表5-3 被调查者的职位分布情况

被调查者的职位	样本量	百分比/%
董事长、党委书记或CEO	6	4.84
高层管理者,如副总、总工	55	44.35
中层管理者	40	32.26
普通管理者	23	18.55
合计	124	100

表5-4 被调查者对知识协同的了解情况

了解情况	样本量	百分比/%
基本了解	27	21.774
比较了解	78	62.903
完全了解	19	15.323
合计	124	100

5.5.4 样本统计方法和相关检验参数的确定

(1) 样本统计方法

结构方程模型自身的优点决定了它作为社会科学实证研究的最有效的方法之一。因为人文社会科学领域中所涉及的变量,很难获得直接的数据或者实地测量相关数值,比如文化程度、理解能力、意愿、偏见和个人成就感等,因此在考察这些无法直接测量的指标与其他指标之间的关系时很难获得实证方面的验证。本书借鉴了AMOS17.0软件和SPSS16.0软件来开展统计与模型分析,这些软件对于相关研究是十分有帮助的,且有充分的科学依据。

(2) 相关检验参数的确定

本书的实证探索借鉴了Anderson & Gerbing[1]的两步法,即首先进行

---

[1] VAGNANI G, VOLPE L. Innovation attributes and managers' decisions about the adoption of innovations in organizations: A meta-analytical review[J]. 国际创新研究学报(英文), 2017, 1(2): 27.

探索性因子分析，其次开展路径系数的计算和拟合度分析。在用两步法进行分析和评价之前应先确定模型的信度、效度和整体拟合优度参数的标准，以合理分析评价结果。

①信度

检验信度的常用指标是 Cronbach's Alpha，一般而言，Cronbach's Alpha 系数越大，表示该变量的各个题项的相关性越大，即内部一致性程度越高[1]。一般来说，Cronbach's Alpha 系数的评价标准为：

0.5 < Alpha < 0.7：可信（0.5 为最低的可接受的信度水平）；

0.7 < Alpha < 0.9：很可信；

0.9 < Alpha：十分可信。

②效度

效度则是表明测量工具的正确性，是否能够正确表达潜在变量。效度包括内容效度和结构效度。从问卷设计来看，由于借鉴了相关学者的前期研究，因此具有较高的内容效度。另外，可以用标准负荷系数来判断，若大于 0.7 则认定为效度合理。

③拟合性评价指标的确定

对结构方程模型进行判断的主要指标是拟合性评价指标，它能够判断出模型中的变量关系是否正确，提示对模型进行修正。主要包括卡方值、适配度、替代性和残差指标，如 GFI、AGFI、CFI 和 RMSEA 等[2]。

综合考虑多种因素，本书最终选取了 χ^2、χ^2/df、p 值、拟合优度指数（GFI）、调整拟合优度指数（AGFI）、近似误差均方根（RMSEA）、均方根残差值（RMR）、规范拟合指数（NFI）、增量拟合指数（IFI）、Tucker-Lewis 相关值（TLI）和比较拟合指数（CFI）指标作为模型的拟合评价指标。

---

[1] 李委玲. 基于项目联盟的装配式建筑企业关系管理研究 [D]. 郑州：华北水利水电大学，2019.

[2] MARTYNOVA, ELENA, WEST, et al. Principles and Practice of Structural Equation Modeling[J]. Structural Equation Modeling A Multidisciplinary Journal, 2018, 25（2）：325-329.

第 5 章 产业技术联盟跨组织知识协同的能力

5.5.5 模型实证检验

通过前面理论部分分析可知,产业技术联盟内的节点能力、联盟关系和联盟结构均对知识协同能力产生影响作用,相关的理论模型如图 5-3 所示。本节根据收集的样本数据,对这一理论模型进行实证检验。

为了提高数据分析的准确性,根据相应规则,对模型应先进行因子分析,以保证模型的可靠性,从而为假设检验奠定基础。

(1)信度与效度分析

①信度分析

如表 5-5 所示,根据 Cronbach's Alpha 值,本书对变量进行分析,其值均大于 0.7,因此通过信度分析。

②效度分析

本问卷所涉及的所有指标项绝大部分都经过前人的验证,或是在前人研究的基础上提出,因此本问卷应该具备应有的内容效度。

根据表 5-5 的结果显示,其因子载荷均大于 0.7,因此收敛效度也是合理的。

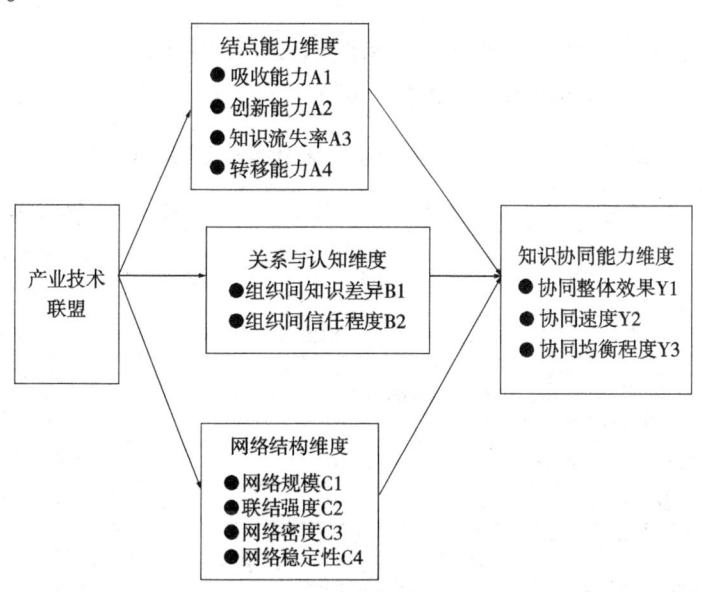

图 5-3 产业技术联盟跨组织知识协同能力理论模型

表5-5 知识协同影响模型的测量指标及其信度和收敛效度

测量指标	因子载荷	Cronbach's Alpha 系数
知识协同网络节点维度:		
A1 吸收能力	0.85	
A2 创新能力	0.72	0.795
A3 知识流失率	0.77	
A4 协同能力	0.88	
知识协同关系和认知维度:		
B1 组织间知识差异	0.73	0.804
B2 组织间信任程度	0.84	
知识协同网络结构维度:		
C1 网络规模	0.71	
C2 联结强度	0.81	0.785
C3 网络密度	0.82	
C4 网络稳定性	0.75	
知识协同能力难度:		
Y1 协同整体效果	0.77	
Y2 协同速度	0.82	0.769
Y3 协同均衡程度	0.71	

如表5-6所示为产业技术联盟跨组织知识协同能力模型的拟合情况，拟合结果表明其指标值均符合规定，模型有效，效度可靠。

表5-6 产业技术联盟跨组织知识协同能力模型的拟合情况

拟合指标	指标值	拟合情况
χ^2	18.736（df=12）	值相对较小
χ^2/df	1.561	<2，很好
p 值	0.233	>0.05，很好
拟合优度指数（GFI）	0.956	>0.90，很好
调整拟合优度指数（$AGFI$）	0.921	>0.90，很好
近似误差均方根（$RMSEA$）	0.029	<0.05，很好
均方根残差值（RMR）	0.036	<0.05，很好
规范拟合指数（NFI）	0.963	>0.95，很好
增量拟合指数（IFI）	0.937	>0.90，很好
Tucker-Lewis 相关值（TLI）	0.962	>0.90，很好
比较拟合指数（CFI）	0.957	>0.95，很好

第5章 产业技术联盟跨组织知识协同的能力

（2）理论模型假设的检验

测量模型的检验结果表明，本模型具有较高的信度和效度，因此，模型可以采信并用于分析要素关系。产业技术联盟跨组织知识协同各能力结构与知识协同能力之间的关系模型具有较好的测量结构，可以开展假设检验，其结构方程模型的拟合指标如表5-6所示。产业技术联盟跨组织知识协同各维度要素与知识协同能力的关系验证，如表5-7所示。

表5-7 产业技术联盟跨组织知识协同维度要素与知识协同能力的关系验证

编号	假设	标准化路径系数与相关值	P	通过情况
H1	节点吸收能力→知识协同能力	0.67	0.008	$P<0.01$，通过
H2	节点创新能力→知识协同能力	0.41	0.005	$P<0.01$，通过
H3	节点知识流失率→知识协同能力	−0.33	0.004	$P<0.01$，通过
H4	节点转移能力→知识协同能力	0.62	0.007	$P<0.01$，通过
H5	组织间知识差异→知识协同能力	0.14	0.073	$P>0.05$，未通过
H6	组织间信任程度→知识协同能力	0.52	0.004	$P<0.01$，通过
H7	网络规模→知识协同能力	0.16	0.061	$P>0.05$，未通过
H8	联结强度→知识协同能力	0.39	0.008	$P<0.01$，通过
H9	网络密度→知识协同能力	0.45	0.007	$P<0.01$，通过
H10	网络稳定性→知识协同能力	0.58	0.006	$P<0.01$，通过

通过检验结果，本文得到以下结论：

假设H1认为产业技术联盟跨组织协同活动中的接受者知识吸收能力越高，则其协同能力越高。这一假设成立（因果关系系数为0.67，$P<0.01$），这说明知识接受方的吸收能力越强，达到均衡时网络整体的平均知识水平越高，各节点企业获得外部知识的速度也越快，因此知识协同能力也越高。

假设H2认为接受知识的组织如果创新能力越强，则其跨组织知识协同能力也越高。这一假设成立（因果关系系数为0.41，$P<0.01$），说明知识接受方的创新能力越高，在其吸收新知识后将新知识与自身知识相结合的能力越强，对知识的理解能力也越高，同时吸收能力也随着新知识

的创新而有所提高。因此，知识接受方知识创新能力与产业技术联盟跨组织知识协同能力呈正相关关系。

假设 H3 认为接受知识的组织如果知识流失情况越严重，则其知识协同能力越差。这一假设成立（因果关系系数为 -0.33，$P<0.01$），这说明节点知识的流失率与知识协同能力是负相关关系。随着联盟节点知识流失率的不断增加，达到平衡状态时，联盟的平均知识水平在大幅降低；节点的知识遗忘率越高，那么它从外部获得的知识量在逐步减少，因此产业技术联盟内知识协同的速度在减小，说明节点的知识遗忘率与知识协同速度负相关，即知识节点的知识流失率与产业技术联盟跨组织知识协同能力呈负相关关系。

假设 H4 认为产业技术联盟协同活动中知识来源一方的知识转移能力越高，则协同能力越高。这一假设成立（因果关系系数为 0.62，$P<0.01$），这说明知识接受组织表达能力越强，知识协同意愿就越强烈，则知识源向组织接受方转移的知识量越多，联盟的平均知识水平也越高，知识在联盟内部的协同速度越快，知识源的转移能力与知识协同速度正相关且与知识的均衡程度正相关。说明知识源的转移能力与产业技术联盟跨组织知识协同能力呈正相关关系。

假设 H5 认为产业技术联盟不同组织的知识差别越大，则其协同能力就越强。这一假设不成立（因果关系系数为 0.14，$P>0.05$），这说明知识协同差距与产业技术联盟跨组织知识协同能力之间不是简单的线性关系，可能涉及其他的因素改变了二者之间的线性关系。本文所设定的知识差异是在一定范围内的，这个范围虽然不太容易确定，但是绝对不包括知识接受方对该专业知识的了解为零等极端情况。当然，当二者的知识差异过大的时候，知识接受方可能对该专业知识了解过少，虽然学习的热情高涨，自身学习能力也较强，但是在短期内获得新知识的效果可能并不明显，因此，关于知识差异对知识协同能力的影响还需进一步研究分析。

假设 H6 认为产业联盟中成员的信任程度与知识协同能力是正相关的。这一假设成立（因果关系系数为 0.52，$P<0.01$），这说明组织间信任对于提高联盟整体的知识水平有相当重要的作用。主体间的信任程度与联盟平均知识水平呈正相关；主体间的信任程度与联盟知识转移速度呈

第 5 章　产业技术联盟跨组织知识协同的能力

正相关，信任程度越高，知识源转移知识的意愿就越强烈，双方的接触也就越多，因此转移的效率也就更高；同时，知识主体间信任程度越高，联盟内知识的均衡程度越高，说明知识主体间信任程度与产业技术联盟跨组织知识协同能力呈正相关关系。

假设 H7 认为产业技术联盟网络的规模与知识协同能力呈现出正相关性。这一假设不成立（因果关系系数为 0.16，$P>0.05$），因为这一假设的提出是不将知识协同和联盟维护成本考虑在内，因此当联盟过于庞大的时候，联盟维护和知识协同的成本将逐步提升，知识源协同知识的意愿将逐步下降，知识协同的难度也将逐步提高，因此该假设的提出是有前提条件的。

假设 H8 认为产业技术联盟的联结强度与其知识协同能力呈现出正相关性。这一假设成立（因果关系系数为 0.39，$P<0.01$），这说明成员之间联结强度越大，各方进行知识协同的机会和意愿就越高，因此联结强度与联盟知识平均水平呈正相关。联结强度与组织间知识协同的速度没有绝对的规律可循，没有绝对的相关性，因为联结强度取决于节点间的联系频次和节点的联结边数，这两个因素的动态变化会引起知识协同速度的改变，因此要考察联盟联结强度与知识协同速度的关系应该分别对这两个因素进行探讨。联结强度越高，联盟知识均衡程度越高，说明联盟联结强度与联盟知识均衡程度呈正相关。

假设 H9 认为产业技术联盟的网络密度与知识协同能力呈现出正相关性。这一假设成立（因果关系系数为 0.45，$P<0.01$），这说明随着联盟网络密度的逐步扩大，每个节点的直接联结伙伴逐步增多，可用的社会关系呈几何倍数上涨，获得外部知识的途径和概率显著提高，因此扩大了知识协同的渠道，联盟的平均知识水平也越高，联盟知识的协同速度也逐步提升，网络知识的均衡程度也在逐步提升，所以联盟密度与产业技术联盟跨组织知识协同能力成正比。

假设 H10 认为产业技术联盟网络稳定性与知识协同能力呈现出正相关性。这一假设成立（因果关系系数为 0.58，$P<0.01$），这说明联盟网络的稳定性越高，组织成员之间的合作关系越稳定，成员之间越容易形成强联结的关系，增加彼此的信任程度，知识协同量就越大，联盟平均知识水平就越高；联盟网络的稳定性越高，则知识协同的速度就越高，知

识协同能力也越高。

产业技术联盟跨组织知识协同各能力结构与知识协同能力之间关系的实证研究结果如图 5-4 所示。

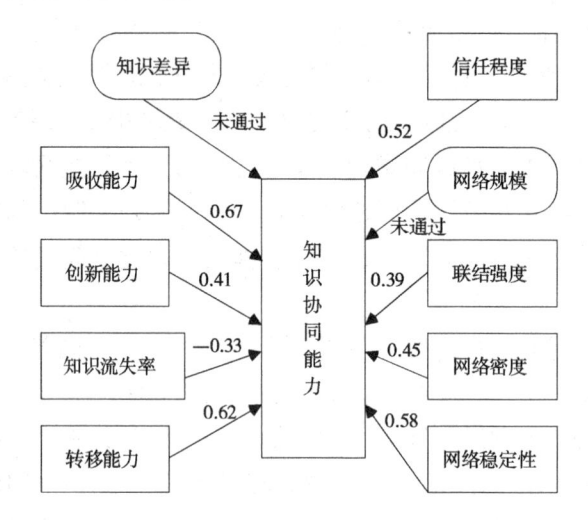

图 5-4 产业技术联盟跨组织知识协同能力模型的实证结果

本章小结

本章分析了产业技术联盟跨组织知识协同能力结构，包括知识协同网络节点维度、知识协同关系和认知维度、知识协同网络结构维度，并进行了产业技术联盟跨组织知识协同能力模型实证分析。

研究表明，除假设 H5 和 H7 未得到验证外，其他假设均得以验证。这说明知识协同差距与产业技术联盟跨组织知识协同能力之间不是简单的线性关系，可能涉及其他因素改变了二者之间的线性关系。同时，当联盟过于庞大的时候，联盟维护和知识协同的成本将逐步提升，知识源协同知识的意愿将逐步下降，知识协同的难度也将逐步提高，因此，联盟网络规模越大，说明联盟中个体企业的社会资本越大，获得外部知识的机会越多。知识协同能力高这一假设的提出是有前提条件的。

第 6 章 产业技术联盟跨组织知识协同效率

产业技术联盟跨组织知识协同最终效率如何,是协同成败的衡量关键所在。由于产业技术联盟跨组织知识协同效率是多种因素之间交叉影响的结果,因此一般的线性回归模型很难描述这些影响要素与知识协同效率之间的关系。在分析产业技术联盟跨组织知识协同效率评价重要性的基础上,本章将从几个不同角度构建效率评价指标体系,同时在指标体系实地调查的基础上,建立 BP 网络模型对协同效率进行有效评价。

6.1 效率影响要素

6.1.1 组织差异要素

本书在驱动力部分中曾经对推动产业技术联盟跨组织知识协同的驱动要素进行了探讨,从中发现,基于知识战略匹配的协同驱动力实际上与知识之间的差异有根本性的关系。

宋妍、晏鹰[1]认为,对于单个成员而言,如何做出决定或者做出什么样的决定,这主要取决于单个成员自身所具有的决策知识,甚至决策环

---

[1] 尤莉,张晶晶. 人员异质性对大学组织绩效的影响机理及协调路径——基于学术人员与行政人员差异性特征的分析[J]. 重庆高校研究,2018(2):69-79.

境也会影响决策的结果。在现实生活中不难发现，有人善于算计而"搭便车"，类似于这样的事件随处可见，但是出现更多的是有些人或组织算计不清，所以有人就会向别人介绍新的集体行动有何好处、如何采取集体行动，其主要原因是有些人并没有真正理解这其中的利害关系，这就必须有"明白人"晓以利害。实际上就公共资源问题而言，个体成员所处的决策状态可以简述为，即是否存在新的集体行动预备项以及是否存在将发生的囚犯两难的支付预期，这些都是个体成员所处的决策知识状态。显然，成员之间必然存在知识差异，这主要体现在新知识的分布以及集体行动合作策略，因为这是能够实现知识协同合作的一个必要条件，其具体表现在以下两个方面：一是如果缺乏这种新知识，那么也就意味着成员之间不存在知识差距，这样单个成员的自发投入就很难出现，个体的决策的非合作均衡就与知识的知识程度无关；二是如果存在这种新知识差距，且这种新知识分布较广，那么将有利于个体自发投入的发展，从而实现合作生产供给。

从上述内容可以看出，成员之间决策知识的差异有助于成功实现群体的合作生产。在实际的生产中，如果组织之间所处的不同知识环境能够相互合作，相互渗透，这样就能够形成群体共同的知识，这是成功解决公共资源社会经济问题最为关键的一步，应当予以重视。在新的共同知识形成之前，有些"无知者"并非真正意义上的搭便车，如果过早地加以处罚，将会带来更严重的后果，这也是不能忽视的问题。所以，部分成员在将所获得的信息转化成新的共同知识的过程中，一定要确定信息的准确性、及时性，因为这将直接影响新的共同知识的形成，也是不可忽视的重要环节。在接下来新的共同知识形成过程中，其他维度的异质性将起到主导作用，它在集体合作策略与所受益的新知识的形成中无法替代。就以成员之间偏好差异为例，对于成员而言，差异越大，反而成员合作的公共资源产出水平之间的差异越小，并且公共资源的供应将由偏好较大的成员负责，如果产出水平较大，那么提供供给的成员将会趋向于一致。虽然单维差异与合作生产之间呈现的是一种单调关系，但是在多维差异的共同作用下，也存在发挥同样作用的可能性。

胡平波指出，随着知识经济时代的到来，单一企业在知识的学习与创造上也显得力不从心，以企业为基本单位的知识学习与创新的专业化

第6章 产业技术联盟跨组织知识协同效率

分工也日益明显，企业只有通过具体的经营经验，在协调成本较低的产业技术联盟中才能持续地获取和积累专有性的知识，因此，如前文所述，如何选择合作伙伴，在联盟中进行高效率的知识协同，并能够持续地累积和创造新知识，是许多企业参与联盟跨组织知识协同过程中极为关心的，也是协同效率的核心所在。组织成员的差异性表现为：

（1）成员组织的知识协同能力及对知识的理解差异

一般情况下，产业技术联盟跨组织知识协同的实现往往发生在知识存量、知识协同能力相当的组织之间。但是，由于存在信息不对称性、产业技术联盟本身的进入壁垒等问题，区分其成员组织的知识协同能力会存在明显不足。例如，组织知识管理体系、知识存量、知识编码化程度、知识员工素质、企业文化等一系列问题都难以在合理的时间内做出准确判断。而如果成员组织的知识协同能力差异较大，则会提高交易成本，同时导致协同过程中的不协调，降低协同效应的价值，进而降低知识协同的效率。另外，由于不同成员组织生存与发展环境不同，其知识存量不尽相同，知识学习和知识积累的路径也不同，因此对于产业技术联盟中不同项目所需要的知识也存在差异，这种差距往往导致协同行为的不一致和知识冲突，提高了交易成本，也影响了协同效率。由中孚实业公司牵头成立的节能铝电解联盟则强调"联盟开发基金"管理，根据项目不同，实行资源共享、多层次合作以及风险合理分担的原则，明确了各自职责。

（2）成员组织之间的认知差异

产业技术联盟的初始阶段，成员组织之间往往是不熟悉的，并对知识协同的整体认知存在差异，特别是对协同收益的期望值不同。这是因为，每一个合作伙伴都会根据自己过去的经验来认识、假设、设计和规定整个知识共享的关键问题，最终可能使得伙伴在很多问题上产生认知差异。其表现为：合作目标的期望差异、利益获得期望差异、合作信心的差异以及对知识本身的理解差异等。因此，为了提高协同效率，产业技术联盟跨组织知识协同中对合作伙伴的选择就较为关键，成员组织之间的匹配和协同是主要考虑的因素。

对于产业技术联盟能否成功实现，其关键在于知识合作伙伴的选择。所以组织对于知识伙伴的选择必须慎重。但是在实际的生产过程中，大多数组织将利益最大化作为组织选择知识协同伙伴的关键，这些组织认为产业技术联盟的形成与此有着至关重要的联系，将其作为核心部分的主要原因是为了提高组织自身的业绩与成就。针对这一核心部分，很多组织在选择协同合作伙伴时，考虑到自身的技术以及将来的发展市场，对于合作伙伴的选择必须具有这方面的作用，这样的选择标准既包括所选择的合作伙伴是否拥有与自身一致的发展目标，也包括是否能够给未来的联盟带来有利的价值，鉴于许多组织所考虑的因素各种各样，所以知识合作伙伴的选择比较复杂，联盟的形成过程也比较烦琐。虽然这样的选择标准具有一定的道理，它能够提高联盟的业绩与成就，但是随着市场经济的不断发展，这样的选择形式将会被淘汰，因为在新的创业环境下，各类组织之间的竞争会愈演愈烈，技术的变化以及改革将会越来越快，所以单纯地以经济利益为生产目标的联盟将不能满足时代的需求，并会出现难以想象的问题。

联盟形成之后，由于联盟内的伙伴仅考虑自身的利益，所以对知识合作伙伴并没有进行深入的了解，缺乏应有的交流和沟通，只是单纯地了解合作伙伴的组织结构以及组织的基本情况，这就致使组织的权力分配不均，使策划的制定存在冲突，不能在生产中落到实处，同时还会出现合作伙伴之间存在较大的实力差距等重大问题。这些问题的出现极易导致组织之间产生冲突，如果不能及时解决，那么将直接影响联盟的实际生产以及长远而稳定的发展。

（3）成员组织的知识员工差异

由于知识的隐含性特点，参与跨组织知识协同的知识员工其所拥有的私有性知识往往难以度量，这将给知识协同效率带来难以预计的结果。一方面，拥有知识越丰富的员工，总体知识结构较为完善，在知识的调制和吸收能力上较强，参与知识协同的过程中其学习能力较强，获得知识的速度较快，在协同中处于优势地位，得益较高，这是所有联盟组织都期望的目标。另一方面，由于知识协同的环境较为复杂，一些知识员工容易出现私有知识的泄露导致协同失败或者组织知识产权被侵犯。因此，参与协同的组织应对知识员工进行合理分析，对其认知结构、知识结构和心理结构的判断将影响知识协同的效率。

6.1.2 风险要素

产业技术联盟跨组织知识协同中的风险是与知识本身的特征息息相关的。由于知识的公共性和私有性特点，使得协同过程中容易产生机会主义风险，导致协同效率低下。其表现为：

（1）联盟中的机会主义风险导致联盟稳定性较差

目前，在市场经济条件下，联盟为了追求利益最大化以及成本最小化，导致机会主义行为产生的可能性增加。这种机会主义行为具体表现在以下几个方面：一是在技术与知识产权上，在同一个联盟中，成员与成员之间存在一种潜在的竞争，有时部分成员会窃取其他成员的核心技术，从而削弱竞争对手的竞争优势；二是在协作上，联盟中的部分成员对于企业的经营持消极态度，不能保证项目的质量，所以给联盟带来不可挽回的损失；三是在信用上，由于联盟整体法律的不完善，成员单方面毁约、虚报信息、泄露机密等行为造成知识的泄露以及挪用，导致联盟解体；四是在激励上，当联盟成员多获得的利益与所承担的风险不相称时，则会采取损害联盟其他成员的手段，从而获得自身利益最大化。上述行为的存在直接影响联盟的利益以及最终的目标，甚至对联盟成员之间的合作产生了威胁，进而影响联盟的稳定，使得联盟产生解体的风险[1]。

产生联盟机会主义行为以及联盟关系风险的原因是企业技术资产的专用性。为了企业联盟的发展，对于联盟的技术研发必须设立一个专用的投资，如联盟为了保证项目的顺利进行，必须提供一些专业性的技术人才以及管理人员，如果企业的人力资源不能够满足需求，那么将直接影响项目的进行，所以人力资源部门应当加强这方面人才的培养，而且必须有资金注入该项决定。在实际中，技术联盟不同意企业同异自身的企业有业务上的交流，因为企业技术标准、企业文化、内部信息交流方式以及研发运行形式都必须与合作者高度相似，同时为了适应企业项目的研发要求，企业必须提供专业的设备。这些都需要投入资金，针对这些投资仅在联盟内部具有较高的价值，对于外界而言价值较小，这就是

---

[1] 黄庆波. 跨国企业技术联盟关系破裂的案例分析[J]. 企业改革与管理，2020（19）：53-54.

所谓的特定交易投资。在实际的经营中，如果联盟中存在一家企业在这一方面投资过多，那么该项投资将会成为其他企业要挟该家企业的关键点，从而索要多于创建联盟时所承诺的回报。如在国内的许多汽车跨国企业，大多是中外合资，企业成立之初两者各占50%的股份，而当合资企业站稳脚跟之后，投资者纷纷以撤资的手段加以威胁，要求增加企业的股份比例，从而实现对合资企业的绝对控制权。

技术联盟的成员并不是仅仅为了追求利益而加入联盟的，它们的主要目的是学习吸收竞争企业内部所隐含的知识，以及合作方的核心技术，从而提高自身的实力，提高自身的竞争力，这就是技术联盟的一个作用，它可以帮助企业学习并吸收其他合作者的技术信息；另外，技术联盟使得先进企业失去了自身的优势，在某种程度上还不能得到补偿。所以在实际的联盟合作中，具有实力的企业考虑到自身重大价值的优质资源以及竞争能力，在联盟的合作中并没有与合作者共同分享。例如，上海汽车与德国大众合资经营很长时间，德国并没有将先进的轿车技术引进中国，同时也没有提高出产的零部件的国产化率。而当中国加入WTO之后，随着经济的不断发展以及其他国家汽车的进入，这种垄断局面便得到了改善，加快了德国汽车对技术的转移，全面提高汽车的质量，以便迎接丰田、福特、雷诺的挑战。所以说，技术资产的专用性给技术联盟带来了机会主义行为，增加了联盟成员之间的竞争力，使得联盟产生解体的风险。由于联盟成员加入联盟的动机不同，所以要求的回报也不同，这样就会在分配利润的环节发生冲突，成员都想获得更高的利益，这样机会主义行为必然会存在。所以，有些联盟成员为了保护自身的利益不受侵犯，常常会采取削弱竞争对手的手段，这也是机会主义行为存在的形式。在联盟中，有时候合作契约存在一定的模糊性，这样就使得联盟成员失去对产权的兴趣，也增加了联盟成员企业的机会主义行为。存在缺陷的契约机制必然会导致机会主义行为的出现，从而引起联盟合作前后的"道德风险"以及"逆向选择"，合作前为"逆向选择"，合作后为"道德风险"，这种转变说明联盟内部矛盾的激化。

（2）机会主义风险影响了联盟的有效运作

对于产业技术联盟的定义一般认为是一种介于市场与科层之间的中间运作。中间运作是企业与市场之间的桥梁，它能够实现企业与市场之

第 6 章　产业技术联盟跨组织知识协同效率

间的相互转化，所以中间运作会表现出市场运作化和企业市场化。市场运作化就是将市场交易转变成企业内部交易，将市场关系转变成企业内部的治理关系，但是并没有形成具体的企业，它仍然属于市场的范畴。企业的市场化与市场的运作化是一个相反的过程，就是向企业内部引进市场化的机制，使企业的外部交易变成市场化的交易。技术联盟超过一般市场交易，它是通过市场运作化过程形成的，就是处于市场交易中的多个企业，共同以所确定的技术创新目标为基础，同时以技术创新为桥梁，但是这种联盟受到各种契约的约束，即使这样，这种联盟仍然超出一般的市场交易，这种交易形式仍然建立在市场关系的基础上，并没有达到合并联合的程度。同时，市场经济在一定程度上属于契约经济，订立契约就是为了对联盟成员企业起到约束作用，使这些成员企业不得不容忍机会主义行为。即使这样，产业技术联盟也存在一定的缺陷，因为没有一个企业能够实现理想未知量，所以产业技术联盟不能够长期维持，它仍然受到机会主义行为的威胁，这是无法避免的。虽然采取机会主义行为能够帮助联盟成员企业获得短暂的效益，但是它对整个联盟而言是一个重大的威胁，严重损害了联盟的利益。所以，联盟机会主义行为对联盟的稳定性能够产生很大的负面影响。随着经济的不断发展，企业的经营环境发生很大的变化，为了寻求良好的、合适的联盟治理机制，必须事先对联盟的治理机制进行设计，同时对联盟中的各方机会主义行为进行抑制，在最大限度上降低联盟所承受的机会主义行为，从而降低联盟在利益上的损失，所以联盟成员企业应当慎重选择产业技术联盟的运作模式。Ring[1]在1992年指出联盟所面对的风险就是参与技术联盟的企业所察觉的威胁。产业技术联盟的治理结构对于联盟而言起到了至关重要的作用，它不仅能够为合作伙伴提供合作的框架，还能够保护联盟免受伙伴机会主义行为的影响。从理论以及实践能够得到克服联盟机会主义行为的形式：一是非正式的契约关系；二是正式的法律契约；三是选择合适的技术联盟运作模式。

对于技术联盟而言，正式契约是其能够正常运作的基础，而关系契

---

[1] CASTAÑER X, OLIVEIRA N. Collaboration, coordination, and cooperation among organizations: Establishing the distinctive meanings of these terms through a systematic literature review[J]. Journal of Management, 2020, 46（6）: 965-1001.

约只是对其的补充。关系契约之所以存在，是因为正式契约本身具有法律的强制性，但是这种机制存在一定的弱点，即这种机制并不能提供有效的保护，法律的强制性需要三方面干预，而这三方面在某种程度上很难对机会主义行为进行明确的定义。对于中国而言，我国并没有正式的控制机制，而且信任、声誉是控制机会主义行为的重要治理机制，它在联盟的治理机制中担当协调机制。如图 6-1 所示，技术联盟未来对机会主义行为的克服能力主要依赖于技术联盟在实际的运作中采取怎样的运作形式，即股权型模式和契约型模式，对它的选择也将影响联盟的稳定性以及企业在联盟中的利益。

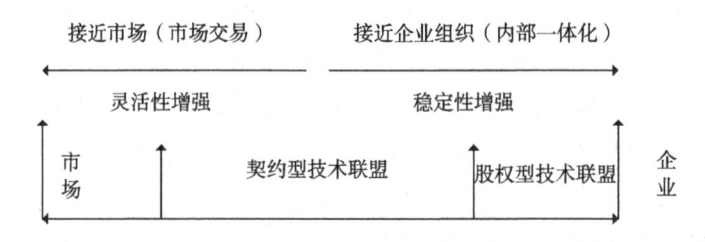

图 6-1 产业技术联盟在企业与市场之间的分布

所以说，企业对联盟运作模式的选择主要是考虑到联盟的稳定性，这是联盟成员企业不得不面对的选择。企业对于资源的利用和保护能够体现企业在联盟中不得不面对权衡资源的整合和保护，这是企业进退两难所做出的权衡，而机会主义行为的存在恰恰是实现这一点的重大阻碍。所以，联盟对运作模式的选择就是联盟企业对机会主义以及联盟风险关系做出的反应。

6.1.3 环境要素

环境是任何活动存在的要素，显然产业技术联盟跨组织知识协同效率也受到环境的影响，即联盟成员之间的互动环境。从本质上而言，产业技术联盟就是一个经济群落，它是由多个企业或者机构在一定空间范围内所构成的。产业技术联盟内部蕴含着丰富的知识，它包括各种类型的知识活动，这些活动主要包括知识的获取、学习、创造，这是一种复杂的活动，其中知识的创新是基础，知识的转移是关键，而知识的应用才是重点，这样的结构形式决定了知识活动内容的丰富性。从系统工程的角度来看，产业技术联盟所包含的知识、知识活动以及其管理过程就

第6章 产业技术联盟跨组织知识协同效率

是一个复杂的系统,但是它是一个知识协同系统。研究者 Bell 和 Alb[1] 的研究成果说明:产业技术联盟的知识活动能力能够在很大程度上决定产业技术联盟知识协同系统的结构以及功能,从而这一因素能够对产业技术联盟跨组织知识协同效率产生较大的影响,也就是说,产业技术联盟的内部环境以及它所处的外部环境将会对其运行效果产生较大的影响,所以,研究产业技术联盟知识系统的运行环境——产业技术联盟知识活动的平台或场所"巴"[2]很有意义。

产业技术联盟是一种具有"地方根植性""空间聚集性"和"产业关联性"的组织形式,它既是一个社会系统,也是一个经济系统。从社会技术系统来看,产业技术联盟又是一个技术系统,所以它是一个技术经济社会系统。产业技术联盟的技术活动以及经济活动受到各种因素的影响,使得两者之间的关系比较复杂,其原因在于受到文化因素和社会因素的影响,所以从某种更准确的程度上而言,产业技术联盟既是一个技术经济系统,又是一个社会文化系统。这两种系统在技术联盟中有其相对应网络,分别是价值网络和社会网络。前者是产业技术联盟的成员通过相应的产业关联以及价值的创造形成的正式的网络,其主要功能是实现联盟的核心任务以及最终目标,即创造价值[3]。对于价值网络而言,其自身的"结构根植性"特性使其自身的运行效果产生重大影响。社会网络指的是社会单位之间的经济、政治、传统、文化以及人与人之间的各种关系所形成的网络关系,这种关系是非正式的,它具有明显的开放性、动态性以及根植性等特征[4]。所谓根植性就是指"文化的根植性"和"社会的根植性",也就意味着社会网络是社会上各种因素综合起来形成的

---

[1] ULLAH S, NOR N H M, DAUD H, et al. An Eigenspace Method for Detecting Space-Time Disease Clusters with Unknown Population-Data[J]. 计算机、材料和连续体(英文),2022(1):9.

[2] (德)迈诺尔夫·迪尔克斯,(英)约翰·蔡尔德,(日)野中郁次郎,等.组织学习与知识创新[M].上海社科院知识与信息课题组译.上海:上海人民出版社,2001.

[3] 朱思文.世界级制造业集群技术创新驱动机制与路径研究[J].湖南科技学院学报,2019(10):78-80,95.

[4] 赵云鹏.基于社会网络分析理论对产业集群创新的研究[J].江苏商论,2018(5):101-103.

混合物，所以它受到社会上各种因素的影响[1]。社会网络是一种比较复杂的网络关系，它的组成成分注定该种关系内部存在着相互影响。产业技术联盟的知识活动就是在上述两种网络关系中进行的，这两种网络关系，即技术经济系统和社会文化系统，从某种程度上而言已经成为产业技术联盟运作环境的重要组成部分，这两种系统共同决定着产业技术联盟的整体发展，后来彭灿[2]将这两种系统称为"社会文化环境"和"技术经济环境"。两种系统在运作中所产生的成效直接影响技术联盟的能力和知识水平，再加上技术联盟所具有的知识协同能力系统是由技术联盟成员各自的知识和能力共同组成，其自身的稳定性较差，如果所处的运作环境发生变化，那将直接影响技术联盟的稳定性，从某种意义上讲，知识协同能力系统也是系统环境的组成部分之一。从上述分析能够看出，影响产业技术联盟跨组织知识协同效率的环境因素主要有知识能力环境、社会文化环境以及技术经济环境，这三者的共同作用将直接决定技术联盟的运作绩效。Bathelt等[3]研究者将这种环境影响因素称为"本地蜂鸣"，这形象地表述了环境因素之间的相互联系，也能够突出这所谓的地方环境在技术联盟的运作中所起到的作用。

随着经济的不断发展，任何产业技术联盟的知识系统都不能维持自身的运作，也就意味着技术联盟本身不能以"闭门造车"的方式开展知识活动，必须广泛地吸收外来知识，补充自身的不足，进而与外源知识形成不可分割的、密切的关系，只有这样产业技术联盟才能及时地吸收最新的科学技术知识以及生产经营信息，从而克服产业技术联盟在运作中所面临的问题，促进自身走可持续发展道路。综上所述，一个完整的产业技术联盟自身的知识协同系统必须具有开放性。

6.1.4 行为要素

产业技术联盟跨组织知识协同的成员之间既存在相互依赖又存在竞

---

[1] 陈娜."耦合性"视角下产业集群集成创新能力实现机制研究[J]. 江苏商论, 2019（3）: 119-121.

[2] 杨同华. 生态产业集群内知识转移对开放式创新的影响研究[D]. 南昌：江西财经大学, 2018.

[3] ÖNER, Asll Ceylan. Branding and place identity of scientific innovation in life sciences[J]. Dialogues in Human Geography, 2018, 8（3）: 342-344.

第6章　产业技术联盟跨组织知识协同效率

争关系。产业技术联盟之所以能够存在是因为成员为了追求利益最大化，这样才通过协同形式达成协同关系，从而更好地谋取利益，所以技术联盟成员需要应用这种协同合作的方式在这个复杂环境中完成困难的任务。成员之间的这种互惠互利的关系已经形成了一种趋势，这种关系主要是以组织间的平等协调关系来维持的，并不以价格机制为基础，从而为产业技术联盟的稳定性打下了坚实的基础。

Ghoshal[1]在其研究过程中认为，企业间具有两种行为机制，即正式的层级结构和非正式的交往关系，两者的共同点是都能够对组织间的知识资源产生巨大的影响。前者具有正式化和集权化两个重要的特征，这两个特征都是针对产业技术联盟内部因素进行定义的，其中正式化反映的是成员之间是否存在正式的规则或者通过合同进行相应的规定，而集权化则指的是决策权力是否集中于上游企业。这两个特征能够反映企业的活动是以什么样的方式进行的，这也是企业的一个基本特征。与正式的层级结构不同，非正式的交往关系则指的是成员之间的、自愿的行为机制，这种交往关系并没有明确的规定，也没有严格的要求，所以非正式的交往关系能够真正意义上促进成员之间的协调关系，也是在实际生产中不可缺少的行为机制。因为产业技术联盟是一个整体，所以必须具有明确的规章制度对联盟成员进行限制，只有这样才能在合作上取得一致性，而行为机制就是促进协同合作的重要工具，也是重要手段，是技术联盟中不可或缺的组成部分。

窦红宾[2]认为，行为机制是处理组织之间关系的机制。因为组织中众多的知识资源常常都是隐秘性的，若要获得其他组织的隐秘知识资源就必须与其进行协商，从而达成一致意见，行为机制在此过程中起到至关重要的作用。行为机制不仅能够使产业技术联盟成员更好地利用自身的学习资源，还能够促进与其他组织之间的和谐关系，尤其是在现在这个社会网络中，知识资源之间的交换以及流动都必须依靠一定的机制进行保护，只有这样才能高效地传递知识资源，从而形成良好的协同合作速

---

[1] SHI W. The Use of Enterprise Social Media and Knowledge Sharing Effectiveness [C]// The Use of Enterprise Social Media and Knowledge Sharing Effectiveness. 2017.

[2] 陈欣美. 开放式创新视角下软件企业知识协同概念模型及机制研究 [J]. 农业图书情报学刊, 2020, 32 (8): 25-33.

度。行为机制的存在就是为了保证知识协同效率,它的作用内容主要体现在以下几个方面。

第一,相互信任关系是产业技术联盟能够正常运作的基础,同时也能够提高知识资源的交换率。产业技术联盟的信任率将直接决定信息共享机制的建立,只有技术联盟的信任率较高时才能建立信息共享机制;相互信任关系的建立能够保证一些隐秘知识资源的交换,保证双方协同合作程度的提高,同时这种关系能够使信息资源的持有者降低对隐秘信息资源的保护意识,从而能够为合作伙伴提供更具有发展意义的知识资源,并且提供更丰富的转移渠道,对于知识资源的诠释也比较全面,以便合作伙伴能够从中直接获取有利的知识资源,从而促进双方之间的协同合作。相互之间的信任关系能够提高在学习中的开放性,能够促进组织及时有效地解决问题,发挥组织的协同作用。双方的知识资源共享关系是建立在相互信任的基础之上,知识资源的受益方也要提供利用知识资源的目的、背景,以此来加深合作双方之间的信任,同时也加深了双方之间的了解。

第二,产业技术联盟是由各个单个成员组成的,所以成员之间在知识领域、目标以及文化背景方面存在着明显的差异,同时成员之间存在着相互依赖的关系,这样就促使成员之间冲突的产生。对于这些冲突要及时进行协调,从而达到整体的最优化,这也是产业技术联盟能够顺利运作下去的基础,协调作用能够促使技术联盟成员之间建立共同的规则,营造一个和谐的氛围,促进知识协同。对于冲突的协调过程,应当耐心沟通,明确合作的目的,提高双方的积极态度,促进问题的及时解决。在协调双方冲突时,一定要保证处理问题的公平性、公正性,只有这样才能实现合作双方的共赢。

第三,合作的调整包括组织机构和规章制度的调整,还包括通过创造环境等方式促进知识的协调、便利。知识资源转移后并不能直接适用接受方,它需要经过整理和重构,所以合作双方的协调合作能够促进知识协同效率的提高;也能够提高知识协同的速度,这样就能促进产业技术联盟成员之间知识资源共享的建立,使知识资源的协同更加便捷。通过相应的合作调整能够促进技术联盟成员之间的合作交流,增加对彼此的了解,同时也能促使成员对行业术语、专业词汇、交流语言以及共同交易规则的熟悉，从而保证产业技术联盟成员之间的合作能够顺利进行。对于产业技术联盟规范和制度的调整，能够促使产业技术联盟成员相互间能力知识和偏好锁定在一定的范围内，从而保证合作过程中规章制度、信念和信仰、语言和符号能够一致，因为语言和符号是社会群体交流的主要工具，只有确定了产业技术联盟成员之间的语言和符号，才能保证知识协同的实现。产业技术联盟成员在共同的语言和符号下，能够促进技术联盟的知识协同达到预期的结果，保证产业技术联盟能够顺利地运作下去，促进产业技术联盟的可持续发展。

6.2 效率评价指标体系

6.2.1 效率评价的重要性

作为资源的重要构成部分，知识具备着"1+1>2"的特征，其资源应用不存在枯竭问题。产业技术联盟以法律性或非法律性契约为现实基础进行生产及服务、交易协调与维护，其集合具备选择性、持久性、结构化、自治性等特征。产业技术联盟形成依赖动力的目的在于通过知识协同实现外部知识利用，知识协同属于网络租金形成的基础因素[1]。如缺乏有效的知识协同则无法实现产业技术联盟发展目标，基于此，知识协同在整个产业技术联盟发展中发挥着决定性作用，其属于核心要素[2]。产业技术联盟知识协同指的是为实现产业技术联盟某一项或多项复杂目标成员之间开展的知识交流、学习与知识创新及整合的活动，为完成复杂目标实现成员组织发展目的提供方式，知识协同的现实意义主要表现为：其一，有效避免了成员组织之间知识创造的重复性问题，较大程度上节约了知识创造的实际成本；其二，在短时间内实现知识创造，知识价值

---

[1] GAO J, WU Y. Application of support vector neural network with variational mode decomposition for exchange rate forecasting (Retraction of Vol 23, Pg 6995, 2018)[J]. Soft computing: A fusion of foundations, methodologies and applications, 2021（25-20）.

[2] 彭文杰，汤毅．互联网＋健身消费特征及其形成机理解析[C]// 第十一届全国体育科学大会论文摘要汇编，2019.

提升；其三，为提高成员组织知识竞争力提供依托。

从成员视角进行分析，以知识协同为方式提高组织市场实际价值属于知识协同的现实性目标。产业技术联盟跨组织知识协同效率指标，属于产业技术联盟成员在执行知识协同的操作过程中所获取的实际结果与最大预期目标之间的差异程度及接近程度的一种相对指标，以数学方式进行表达，则为：

"知识协同效率"＝"现实中知识协同结果"／"知识协同的最大预期目标结果"×100％。即知识协同的现实结果与最大预期目标结果之间的比值。

产业技术联盟成员最大预期目标，指的是在相对理想的状态下进行知识协同，其过程中不存在负面影响及干扰因素，也不存在知识协同障碍，在这种状态下所获得的最佳结果。然而在实际操作中，知识协同过程中会出各种干扰性因素导致其知识协同效率降低，实际所获得的知识协同效果与最大预期目标效果之间存在着相对差异与距离。100％的知识协同效率在实际操作中难以实现，所设定的最大预期目标属于产业技术联盟跨组织知识协同操作所追求实现的最终目标。从理论概念上进行产业技术联盟跨组织知识协同效率直接衡量是不科学的，因为理论条件下的知识协同最大预期目标在现实条件下是无法具备与不存在的。但将最大预期目标作为衡量效率的重要标准，如知识协同实际结果与最大预期目标结果之间接近，则可以说明知识协同实际效率较高，反之则说明知识协同效率较低。

在产业技术联盟跨组织知识管理机制之中，将知识协同效率评价作为管理的重要内容。产业技术联盟跨组织知识管理行为的目标设定为：以隐性知识或显性知识的外部共享途径为依托，运用成员集体知识进行单一成员组织的创新能力与应变能力提升。构建有效的跨组织知识协同机制，能够实现单一组织对知识创新的重复性投入问题规避，节约一定的知识资源，并在相对高的起点之上进行知识创新，实现知识创新现实效率的提升，进而提升成员组织的知识竞争力。然而，在产业技术联盟跨组织知识协同机制运行过程中，如何进行其机制运行效果判断及衡量，成为机制应用的重要问题。如运行机制自身存在着问题，则需要考虑是否能够设定有效的反馈监控机制，通过对存在问题的捕捉及反馈进行机

第6章 产业技术联盟跨组织知识协同效率

制修正。为确保知识协同机制运行质量,引入知识共享评价机制,并将评价机制作为一种反馈机制,对产业技术联盟跨组织运行中的战略、目标及变化是否存在协调性与一致性进行反映,通过反馈机制进行成员行为协调,以确保组织知识管理目标能够顺利实现。

知识协同效率评价机制的构建,其现实性作用主要表现为:第一,通过评价机制,能够推动所有组织成员进行合作目标、行为、信心、各种预期结果之间的差异认知,促使成员能够更为理性地认知与评价知识协同之中存在的认知差距问题;第二,评价机制能够促使组织成员进行信任程度、利益分配公平性及文化相容性等问题的思考,为营造更好的知识协同氛围及环境提供支撑;第三,发挥评价机制的激励作用,在评价机制反馈结果下进行管理人员及组织成员行为协调与优化,激励其以更佳的状态进行知识协同,切实提高知识协同效率。由此可见,在产业技术联盟跨组织知识管理中评价机制发挥着十分重要的作用。

知识协同效率评价机制,以一定标准及目的为基础,采取具备科学性与合理性的方法,对评价客体进行价值评估与判断,其机制运行的目标在于进行产业技术联盟跨组织知识协同活动优化与改善,以最大限度上进行知识协同效率提升,确保知识共享目标能够顺利完成。

6.2.2 效率评价的基本思想

产业技术联盟跨组织知识协同效率评价作为一个完整系统具备复杂性,为实现对知识协同本质与规律的客观描述,需要构建完善的指标体系,然而众多指标构成的指标体系其操作难以实现。单一指标能够实现对知识协同效率评价体系某一个或多个属性特征进行描述,为此,在指标体系构建过程中,多选择具备代表性的主要指标进行分析与处理,确保评价指标体系构建的合理性与科学性,是科学评价与判断知识协同实际效率的基础。在建立评价指标体系中应遵循以下原则:

(1)以过程性为基础

在产业技术联盟合作创新中,知识协同的过程性非常明显,它本身又是一个复杂的过程,所以对知识协同过程的评价目的主要在于对过程进行分析并及时调整,进而可以达到提高知识协同效率的目标。产业技术联盟合作创新中知识协同效率评价主体必须明确知识协同整个过程的主要目标体系，在此基础上对知识协同各阶段的情况或行为进行评价，并根据评价结果修正各阶段的目标和指导计划。

由于产业技术联盟跨组织知识协同的过程是循环展开的，据此，可以将产业技术联盟合作创新中的知识协同过程按时间划分为准备期、行为开始期、运行整合期和协调应用期四个阶段。

第一，在准备期，联盟组织之间的势差必然对知识协同过程及其效率产生深远的影响。因此，这个时期的评价应反映出组织之间在知识协同战略匹配上的相容性问题，也就是驱动问题，找出影响组织之间对知识协同本身认识差异的关键指标，达成驱动组织开展知识协同行为的目标。通过评价能够找出组织之间对知识协同在价值链中的分歧与差异，找出其中影响知识协同效率的根源所在。

第二，在行为开始期，联盟中的不同组织形成知识协同团队，这些组织必须面对复杂的环境，以及伙伴选择、收益分配等问题。通过对相应指标的评价，可以发现其中存在的问题。

第三，运行整合期。通过对以上评价过程的认识，知识协同在产业技术联盟合作创新中并不一定会产生高效率，需要在知识协同过程中进行调和整合，因此提高知识协同效率的关键在于运行过程的调整，主要包括组织模式构建、组织稳定性、能力培养等。这些都是针对运行中出现的问题进行整合的效率评价，在知识协同效率评价中处于核心位置。

第四，协调应用期。在这一时期，知识协同已经较为成熟，直接表现出知识协同的效率高低。由于协同效率存在滞后性的特征，因此，对协调应用阶段的指标进行评价是必要的。这部分指标体现了后期知识协同过程的延续性和可持续发展。

（2）以公正客观性为保证

评价指标要公正合理地体现整个产业技术联盟跨组织知识协同效率的高低，不能偏向于联盟中某类组织而忽略其他类型的组织的利益，特别是在核心企业盟主领袖式组织模式中，领袖企业应起到公正合理评价的导向作用，从而有利于激发所有成员组织参与并提高知识协同效率的积极性。

为了达到公正评价的目的，评价过程必须有大量的专家参与，要求评价主体由精通产业技术联盟跨组织知识协同效率规律和评价规律，明确、理解产业技术联盟合作创新中知识协同效率目标的专家或学者来担任,并组成评价小组。小组成员应当包括业界学者、企业家、联盟管理者、政府部门、企业中层干部、核心知识型员工、技术工人等。只有这样,产业技术联盟跨组织知识协同效率评价活动才能够遵循知识协同发展的规律及其目标做出恰如其分的评价。另外,为了实施非歧视性评价,避免知识协同效率的评价结果对某些组织成员有利,而对另外一些组织产生不利的现象,组建评价小组的成员不仅要有来自联盟组织的专家、学者、企业管理者、员工,还要邀请独立于联盟之外的相关专家、学者。

(3)以反馈性为目标

在知识协同效率评价中,不能为了评价而评价,仅仅将评价结果的获得当作知识协同评价过程的结束。毕竟,产业技术联盟跨组织知识协同效率评价往往是根据一组具体指标体系评价某一个特定的客体,由于不同的知识协同所处的产业技术联盟环境、类型、组织模式不尽相同,协同的条件和目标也不尽相同等,因此,还需要进行全面的分析之后才能判断,并根据判断的结论做好下一轮知识协同的工作,防止出现低效率的知识协同过程和结果。如果评价情况与实际情况吻合度比较高,则相应的组织就可以针对存在的问题采取相应措施,共同协调和整合知识协同中的具体问题,不断提高联盟跨组织知识协同的能力和水平。如果评价结果与实际情况出入较大,则应寻找造成评价结果出现偏差的原因。

当然,在产业技术联盟跨组织知识协同效率评价中还应遵循科学性、可操作性的基本思想。所谓的科学性就是指评价体系中的指标应体现出产业技术联盟跨组织知识协同的实际情况,避免无关指标进入评价体系;另外要综合考虑跨组织的系统性,保证指标的层次性。所谓可操作性则是指知识协同的评价需要考虑成本与效率的平衡问题,指标的数据应易于收集,具有一定的稳定性,可靠性有保证,指标数量也不应太多或过于复杂。

6.2.3 效率评价的指标体系

如表6-1所示,产业技术联盟跨组织知识协同效率评价指标体系较为复杂,要将其过程与机制分析透彻,以实现其目标,需要构建极为复杂的指标体系,这无法达成也不现实。为此,只能根据某个形式对其主要指标进行处理,在合理范围内评价效率。

虽然知识协同效率与其成员组织的贡献高低存在着直接关系，但产业技术联盟跨组织知识协同效率受跨组织相互作用的难以量化的因素影响较多，且其知识协同效果并非能够即时性表现，其效率表现存在着滞后与延迟等特征。在进行知识协同效率评价作业时，需要综合考虑成员组织之间难以进行量化的相互作用与相互关系所带来的影响。针对知识协同评价，以财务视角进行效率计算与评价操作十分困难，且过于重视结果型指标则会缺乏对其过程的考虑。在实际活动中，跨组织的相互协调与行为活动特性属于知识协同效率实现的重要基础。此外，以实践视角来看，产业技术联盟知识协同成员组织之间的环境差异及组织差异是客观存在的，属于影响知识协同效率不可忽略的因素。

表6-1 产业技术联盟跨组织知识协同效率评价指标体系

一级指标	二级指标
组织差异	协同目标的组织差异（A1）
	协同利益期望的组织差异（A2）
	协同信心的差距（A3）
	对协同知识的理解差距（A4）
环境	协同程序与分配的公平性（A5）
	相互信任的程度（A6）
	协同运作的稳定性（A7）
	组织间文化的相容性（A8）
	协同知识的属性（抽象性）（A9）
	知识协同的平台（物质条件）（A10）
行为	成员组织之间管理者的沟通（A11）
	协同团队员工之间的沟通（A12）
	法律等契约的设计与调整（A13）
	项目进行中缺乏人才的补充协调（A14）
效率	对协同成员的满意程度（B1）
	同行对协同的反应程度（B2）
	客户（消费者）对协同的反应程度（B3）
	成员组织知识的增加程度（B4）
	创新产品市场占有率（或产品市场占有率的提高程度）（B5）
	创新产品利润率（或产品利润率的提高程度）（B6）

第 6 章　产业技术联盟跨组织知识协同效率

基于对知识协同效率评价及相关因素的思考，并综合参考伊夫·多兹，加里·哈默尔、胡平波、徐瑞平、陈莹等[1][2][3]人研究成果，在进行知识协同效率分析时选择三个主要维度，即跨组织之间组织存在的差异、知识协同现实环境及行为要素，其维度确定的逻辑思考在于：在进行知识协同作业之前，产业技术联盟成员与成员之间存在着认知范围及水平等差异性，其差异性对知识协同效率实现存在着一定影响；在知识协同操作的过程中，成员与成员之间协同的环境及氛围十分重要，其文化、信任、公平性等会对知识协同带来客观影响。只有通过组织之间的相互协调与行为优化，才能降低客观因素所带来的不利影响，为提高知识协同效率提供助力。从逻辑关系上看，组织成员之间存在的差异、知识协同现实环境及行为要素与知识协同效率结果之间为因果关系，即通过三个维度的整合与运作来实现知识协同效率，知识协同效率结果是其维度综合作用所带来的结果。具体内容为：

（1）组织差异指标体系

成员组织个体知识结构及经验存在着差异性，其在知识协同认识层面上也存在着一定差异，在实际操作过程中实现所有成员组织所设定的环境是不切实际的。组织差异指标表现为合作目标、利益期望、信心与知识理解等层面。具体为：

①合作目标的组织差异

产业技术联盟知识协同目标设计属于所有成员需要认知与考虑的首要问题，合作目标组织差异指的是成员组织对相关的知识协同目标实现所存在的现实差距的思考，其差异性是影响知识协同效率的重要潜在性因子，在知识协同过程中需要高度重视。

②利益期望的组织差异

产业技术联盟成员其普遍存在着知识协同利益期望效果偏高问题。在进行成员合作契约编制的过程中其多存在着对各种因素的乐观考虑，

---

[1] 伊夫·多兹,加里·哈默尔.联盟优势[M].郭旭力,鲜红霞,译.北京:机械工业出版社,2004:128-151.

[2] 张志良.企业知识产权工作评价指标体系的构建与应用研究[J].中小企业管理与科技,2021(36):161-163.

[3] 李泽中.多维数据融合的虚拟知识社区个性化知识推荐研究[D].长春:吉林大学,2020.

以相对乐观的知识协同效率作为期望基础,从而导致知识协同合作存在着一定的缺陷问题。进行利益期望差异合理缩短,需要综合考虑产业技术联盟成员组织为实现期望结果付出的代价、承担的义务与所面临的实际困难等。

③信心差距

在产业技术联盟进行知识协同过程中并非是不存在风险问题的,潜在风险因素较多。例如,在知识协同过程存在着信心不足等实际问题,员工在合作过程中存在着核心知识泄密等担忧问题。知识协同合作过程就意味着对知识使用权进行部分放弃,员工可能还存在对合作成员知识依赖程度较高问题等。信心差距问题的存在可能会导致合作陷入困境中从而对知识协同效率带来影响。

④协同知识的理解差距

成员组织个体之间存在着差异,其掌握的知识及知识理解存在着差异,在知识协同过程中存在着成员抱怨合作伙伴所掌握知识并非其所期望,这种问题即知识理解差异。从一个角度而言,合作伙伴知识水平与成员组织期望差距较大,则会导致成员组织一定程度失望,认为其在进行契约设计时对其知识程度及水平过于夸大。为了切实弥补成员组织与合作伙伴之间存在的知识理解差异问题,需要切实对合作伙伴所具备的技能基础与知识水平进行熟悉与了解。

(2)环境指标体系

进行知识协同环境氛围评价与考察,多以公平、信任、协同平台、宏观文化及运作稳定性等作为主要指标,这些指标能够对知识协同过程产生客观影响,也对协同效率结果产生影响。

①合作程序与分配的公平性

公平包括程序公平与分配公平两个层面。程序公平指的是产业技术联盟成员在法律契约与相关制度编制过程中是否彰显公平、公正,具体表现在成员组织的决策参与环节、沟通环节与反馈环节。决策参与指的是成员组织在制定法律契约过程中进行有效参与;沟通则代表成员组织能够对决策问题进行有效沟通,进行自我意见及看法的充分表达;反馈即成员组织对结果存在不满意或有意见时可以向产业技术联盟组织提出要求进行重新编制。分配公平则更多体现在成员组织对知识协同效益分

第6章 产业技术联盟跨组织知识协同效率

配结果的公平性上。成员组织公平感是以其他成员组织相互参考所形成的一种结果，其中包括对自我期待的对比。如通过参考对象获取参考结果让成员组织认为是公平时，则对分配公平的认可度较高，知识协同效率也较高；反之，则会导致成员组织具备挫败感心理，影响其知识协同积极性及动力。

②信任

信任代表成员组织对对象行为意愿的轻易接受，其意味着一定风险的承担。在知识管理过程中，具备合作性与信任性的文化能够提高知识协同效率。如产业技术联盟跨组织其信任关系能够保持良性增长，则其信息流量增加，员工之间沟通与交流频繁，通过沟通进行问题解决与信息协同，为实现高效率知识协同提供条件。

③运作稳定性

运作稳定性指的是团队整体为实现所设定合作目标能力的一种看法。在团队成员知识协同行为中，运作稳定性因素发挥着较强影响。如其运作稳定性较低，则会导致成员组织认为其行为结果并不会达到目标从而会放弃知识协同；而运作稳定性较高，则有助于提高成员组织凝聚力及知识协同效果。运作稳定性与联盟绩效之间存在着相互影响关系，即运作稳定性与知识协同效率之间存在着一定因果关系，运作稳定性高低影响着联盟效率高低，而知识协同效率高低则会对运作稳定性带来一定程度的影响。

④组织间文化的相容性

例如，产业技术联盟组织文化具备较强的相容性，则会在一定程度上推动知识在组织与组织之间进行转换与流通，从而实现知识交易成本的有效降低，在质与量上推动知识协同效果，提高交易收益，且相容性组织文化会在成员组织之间形成普遍认同的价值标准，能够让组织之间的员工习惯及思考相对一致，成员组织之间信任感构建容易，在交流过程中存在的阻碍较小，能够以较低的知识交易成本实现较高的知识协同效果。

⑤协同知识的可表达性

例如，在知识协同任务中，其任务知识比例中显性知识所占据比例较高，则知识可表达性也较高；反之，其隐性知识比例越高则其可表达性越低。协同知识可表达性高低直接关系着知识交流成本与知识转换成本。

⑥知识协同平台

产业技术联盟成员组织知识管理系统存在着分散性与独立性等特征，其成员组织在知识存储、知识传播及创造方法上存在着差异，为有效实现产业技术联盟组织知识协同任务及目标，要求依托具备统一性的知识协同平台，通过协同平台进行各成员组织知识交流与沟通，确保所有成员组织能够有效快速协同知识并降低组织知识交易实际成本。此外，知识协同平台为组织成员进行知识捕捉、分类及应用提供了便捷，为丰富产业技术联盟知识库提供了帮助，并为实现知识交易收益增加提供了现实知识基础。

（3）行为指标体系

在产业技术联盟跨组织中，其成员与成员之间存在着复杂的动态式知识协同关系，知识协同要求存在着变化性，其动态变化特征要求契约不应为一成不变的。在行为机制基础上，成员组织需要在不确定的环境条件下进行复杂性合作任务，避免出现机会主义行为。从实质上看，跨组织知识协同是构建在有意识的努力之上，并非属于自发关系，如缺乏意识下的努力行为，则会导致知识协同及合作网络崩溃。行为指标中的因素主要表现在以下四个方面：

①成员组织之间管理者的沟通

强化管理者沟通行为，能够让成员组织更为真实发现对方知识优势及不足，通过扬长避短的方式形成互补结构，为实现更高的知识协同效率与价值提供支撑。沟通属于确保成员组织知识协同有效开展的重要现实方式，通过沟通方式对知识协同心态、期望等进行认知与理解，为缩短知识协同组织差异，及时进行问题处理与解决提供方便。

②员工之间的沟通

考虑到员工来自各自成员组织，员工之间缺乏沟通，在进行知识协同过程中存在着一定障碍。而人与人之间的心理距离与沟通存在着较大关系，通过密切沟通能够拉近成员与成员之间的心理距离。成员与成员之间的陌生关系主要是因为缺乏有效沟通机会所造成的。有效沟通是形成密切关系的重要基础。成员组织在相同环境及共同合作任务下进行知识协同，其刚开始过程中多因陌生关系进展较慢，通过员工与员工之间的有效沟通，方可将知识协同进行具体落实与操作，及时发现问题，切

第6章 产业技术联盟跨组织知识协同效率

实降低成员组织之间所存在的组织差异,为营造和谐良好的知识协同环境发挥积极作用。

③法律契约的调整

产业技术联盟成员契约,属于成员在知识协同合作条件基础之上所进行的承诺集合,其承诺为成员组织在签约时产生契约并在契约到期之时进行兑现,契约表现为正式契约与非正式契约两种形式。然而在实际情况下,产业技术联盟构建过程中多面临着信息不对称问题与信息不充分问题,较多问题无法有效沟通,导致合作过程中知识协同问题认知存在着一定偏差。此外,知识协同过程其具备不确定性,知识协同在将来所获取的程度及效果在某种程度上而言是现在选择所引起的结果,而现在选择及决策则是在对未来的预期基础上进行的,这种问题的存在导致知识协同现在与将来存在着随机性关系。为此,在各方充分认知环境状态信息,充分考虑组织差异等因素的基础上,针对缺乏充分描述的条款可以进行重新谈判,通过对契约的调整与改进提高双方利益。正式契约调整需要通过法律机制来实现,而非正式契约则多通过口头方式或书面方式进行调整,属于社会性机制调整。契约调整与改进,有助于提高知识协同效率。

④缺乏人才的补充协调

依据技术创新完成过程进行知识类型划分,则包括创新构思知识、设计知识、市场销售知识、R&D 知识、制造知识等,这些知识构成相对完整的知识链条。在其知识链条之上形成与技术创新过程相对应的知识流,通过技术创新过程进行知识链循环运转,让知识创新融入知识创造的过程之中,切实提高知识价值与知识协同效率。然而,在知识协同操作之前或知识协同初期,受成员组织认知差异及环境等因素影响,在合作创新项目之中多会存在知识缺乏等问题,导致项目知识链条缺乏完整性,为此,需要进行成员组织知识协同,进行知识链条缺乏知识补充,确保知识创新顺利实现并提高知识协同效率。

在产业技术联盟跨组织知识协同操作行为及过程中,需要综合考虑成员组织自身知识特性、跨组织差异与互动等因素,确保知识协同行为的科学性、知识协同效率评价的客观性与有效性。在知识协同效果评价时,其指标选择多无法采取量化的方式进行处理,为此,需要选择应用问卷调查、个别访问、访谈等模糊方法进行判断与处理。这些指标对知识协同效率存在的影响具备非线性关系，其内在原因为：评价指标对知识协同效率可能存在着直接影响，但在实际情况中，知识协同效率受两个或两个以上指标的交叉作用及影响更大，如环境与协调性指标之间其交互作用对知识协同效率存在着较为显著的影响。基于此，在进行产业技术联盟跨组织知识协同效率评价与分析过程中，多以非线性关系进行数学评价模型为主，如选择神经网络模型等。神经网络模型在应用中能够对非线性关系进行有效反映，在非线性数学模型领域应用十分广泛，且其模型应用能够对输入指标之间存在的交互网络关系特征进行较为显著的描述，而应用普通回归模型则无法对其指标相互关系进行描述❶。为此，在产业技术联盟中多选择神经网络模型作为知识协同效率评价的基础性模型。神经网络模型还可以应用于管理实践及经济等领域，其具备计算快捷、可靠等优势，通过该模型能够对知识协同效率指标与知识协同效率之间的关系进行相对客观描述❷。

6.3 基于 BP 神经网络的效率评价

6.3.1 BP 神经网络的基本原理

（1）BP 神经网络的发展

BP 神经网络于 1986 年提出，已经得以广泛使用，BP 神经网络是一种单向传播的多层前向型网络，其结构及流程如图 6-2、图 6-3 所示，BP 神经网络为多层神经网络，包括输入、中间和输出三个层次，通过"误差逆传播算法"回到输入层，其传递函数一般包括 Sigmoid 型的对数、正切函数或线性函数等。由于 BP 神经网络模型并不需要设定固定的逻辑层，因此在众多评价模型中，BP 神经网络模型得以广泛应用，本书也是基于此选择用 BP 神经网络来对产业技术联盟跨组织知识协同的效率进行评价。

---

❶ 刘晓煜. 复杂因素对技术联盟知识转移作用机理及评价研究 [J]. 科学管理研究，2018, 36（1）：116-120.

❷ 魏海坤. 神经网络结构设计的理论与方法 [M]. 北京：国防工业出版社，2005: 25-39.

第6章 产业技术联盟跨组织知识协同效率

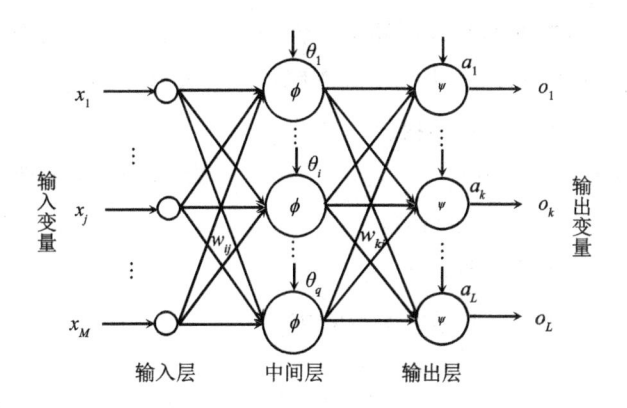

图6-2 BP网络结构

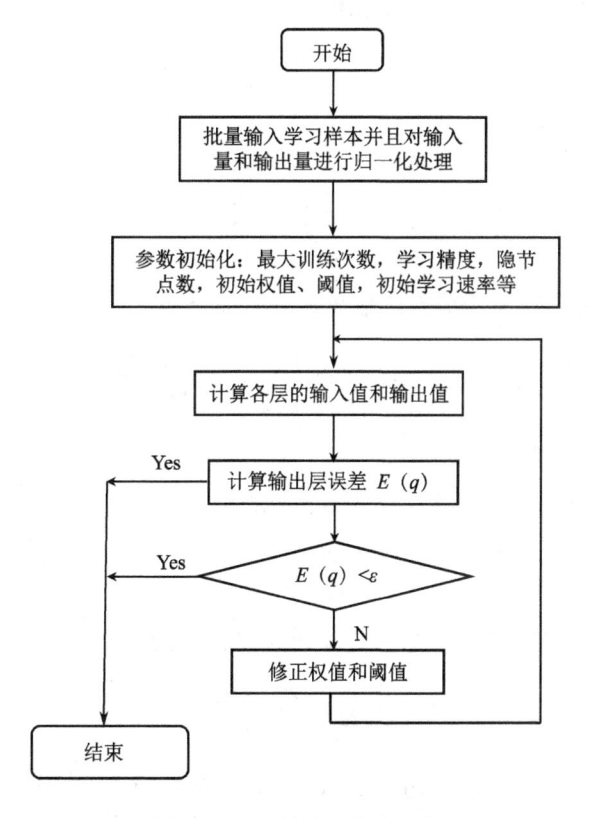

图6-3 BP算法程序流程图

（2）基本BP算法公式推导

基本BP算法公式主要包含信号的前向传播以及误差的反向传播。

图6-2中：设x_j为输入层第j个节点的输入值，$j=1,\cdots,M$；设定w_{ij}

为中间层第 i 个节点到输入层第 j 个节点的权值；设定 θ_i 为中间层第 i 个节点的阈值；设定 $\phi(x)$ 为中间层的激励函数；设定 w_{ki} 为输出层第 k 个节点到中间层第 i 个节点之间的权值，其中 $i=1$，…，q；设定 a_k 为输出层第 k 个节点的阈值，其中 $k=1$，…，L；设定 $\psi(x)$ 为输出层的激励函数；设定 o_k 为输出层第 k 个节点的输出值。

①信号的前向传播过程

计算中间层第 i 个节点的输入值 net_i：

$$\text{net}_i = \sum_{j=1}^{M} w_{ij} x_j + \theta_i \tag{6-1}$$

计算中间层第 i 个节点的输出值 y_i：

$$y_i = \phi(\text{net}_i) = \phi\left(\sum_{j=1}^{M} w_{ij} x_j + \theta_i\right) \tag{6-2}$$

计算输出层第 k 个节点输入值 net_k：

$$\text{net}_k = \sum_{i=1}^{q} w_{ki} y_i + a_k = \sum_{i=1}^{q} w_{ki} \phi\left(\sum_{j=1}^{M} w_{ij} x_j + \theta_i\right) + a_k \tag{6-3}$$

计算输出层第 k 个节点的输出值 o_k：

$$o_k = \psi(\text{net}_k) = \psi\left(\sum_{i=1}^{q} w_{ki} y_i + a_k\right) = \psi\left[\sum_{i=1}^{q} w_{ki} \phi\left(\sum_{j=1}^{M} w_{ij} x_j + \theta_i\right) + a_k\right] \tag{6-4}$$

②误差的反向传播过程

计算样本 p 的二次型误差准则函数表示为 E_p：

$$E_p = \frac{1}{2} \sum_{k=1}^{L} (T_k - o_k)^2 \tag{6-5}$$

计算 P 个训练样本的总误差准则函数表示为 E：

$$E = \frac{1}{2} \sum_{p=1}^{P} \sum_{k=1}^{L} (T_k^p - o_k^p)^2 \tag{6-6}$$

设定 Δw_{ki} 为修正输出层权值的修正量，输出层阈值的修正量为 Δa_k，中间层权值的修正量为 Δw_{ij}，中间层阈值的修正量为 $\Delta \theta_i$。

$$\Delta w_{kj} = -\eta \frac{\partial E}{\partial w_{ki}}; \quad \Delta a_k = -\eta \frac{\partial E}{\partial a_k}; \quad \Delta w_{ij} = -\eta \frac{\partial E}{\partial w_{ij}}; \quad \Delta \theta_i = -\eta \frac{\partial E}{\partial \theta_i} \tag{6-7}$$

对输出层权值进行调整：

$$\Delta w_{ki} = -\eta \frac{\partial E}{\partial w_{ki}} = -\eta \frac{\partial E}{\partial \text{net}_k} \frac{\partial \text{net}_k}{\partial w_{ki}} = -\eta \frac{\partial E}{\partial o_k} \frac{\partial o_k}{\partial \text{net}_k} \frac{\partial \text{net}_k}{\partial w_{ki}} \quad (6-8)$$

对输出层阈值进行调整：

$$\Delta a_k = -\eta \frac{\partial E}{\partial a_k} = -\eta \frac{\partial E}{\partial \text{net}_k} \frac{\partial \text{net}_k}{\partial a_k} = -\eta \frac{\partial E}{\partial o_k} \frac{\partial o_k}{\partial \text{net}_k} \frac{\partial \text{net}_k}{\partial a_k} \quad (6-9)$$

对中间层权值进行调整：

$$\Delta w_{ij} = -\eta \frac{\partial E}{\partial w_{ij}} = -\eta \frac{\partial E}{\partial \text{net}_i} \frac{\partial \text{net}_i}{\partial w_{ij}} = -\eta \frac{\partial E}{\partial y_i} \frac{\partial y_i}{\partial \text{net}_i} \frac{\partial \text{net}_i}{\partial w_{ij}} \quad (6-10)$$

对中间层阈值进行调整：

$$\Delta \theta_i = -\eta \frac{\partial E}{\partial \theta_i} = -\eta \frac{\partial E}{\partial \text{net}_i} \frac{\partial \text{net}_i}{\partial \theta_i} = -\eta \frac{\partial E}{\partial y_i} \frac{\partial y_i}{\partial \text{net}_i} \frac{\partial \text{net}_i}{\partial \theta_i} \quad (6-11)$$

另外：

$$\frac{\partial E}{\partial o_k} = -\sum_{p=1}^{P} \sum_{k=1}^{L} \left(T_k^p - o_k^p \right) \quad (6-12)$$

$$\frac{\partial \text{net}_k}{\partial w_k} = y_i, \quad \frac{\partial \text{net}_k}{\partial a_k} = 1, \quad \frac{\partial \text{net}_i}{\partial w_{ij}} = x_j, \quad \frac{\partial \text{net}_i}{\partial \theta_i} = 1 \quad (6-13)$$

$$\frac{\partial E}{\partial y_i} = -\sum_{p=1}^{P} \sum_{k=1}^{L} \left(T_k^p - o_k^p \right) \cdot \psi'(\text{net}_k) \cdot w_{ki} \quad (6-14)$$

$$\frac{\partial y_i}{\partial \text{net}_i} = \phi'(\text{net}_i) \quad (6-15)$$

$$\frac{\partial o_k}{\partial \text{net}_k} = \psi'(\text{net}_k) \quad (6-16)$$

得到：

$$\Delta w_{ki} = \eta \sum_{p=1}^{P} \sum_{k=1}^{L} \left(T_k^p - o_k^p \right) \cdot \psi'(\text{net}_k) \cdot y_i \quad (6-17)$$

$$\Delta a_k = \eta \sum_{p=1}^{P} \sum_{k=1}^{L} \left(T_k^p - o_k^p \right) \cdot \psi'(\text{net}_k) \quad (6-18)$$

$$\Delta w_{ij} = \eta \sum_{p=1}^{P} \sum_{k=1}^{L} \left(T_k^p - o_k^p \right) \cdot \psi'(\text{net}_k) \cdot w_{ki} \cdot \phi'(\text{net}_i) \cdot x_j \quad (6-19)$$

$$\Delta \theta_i = \eta \sum_{p=1}^{P} \sum_{k=1}^{L} \left(T_k^p - o_k^p\right) \bullet \psi'(\text{net}_k) \bullet w_{ki} \bullet \phi'(\text{net}_i) \qquad (6\text{-}20)$$

（3）基本 BP 算法的缺陷及其改进

BP 算法由于学习效率较低、收敛速度缓慢，容易出现局部极小的问题，因此，常进行一些修正和改进。

①附加动量法

设定对带有附加动量因子的权值和阈值进行调整，其公式表示为：

$$\Delta w_{ij}(k+1) = (1-mc)\eta \delta_i p_j + mc \Delta w_{ij}(k) \qquad (6\text{-}21)$$

$$\Delta b_i(k+1) = (1-mc)\eta \delta_i + mc \Delta b_i(k) \qquad (6\text{-}22)$$

式中，k 为训练次数；mc 为动量因子，一般取 0.95 左右。

附加动量法实质上就是对最后一次的权值（或阈值）通过一个 mc 来传导。这样，δ_i 将变小，导致 $\Delta w_{ij}(k+1) = \Delta w_{ij}(k)$，为此能够使 $\Delta w_{ij} = 0$，帮助减少局部极小的情况出现。另外，在使用这种方法时，需正确使用其权值修正公式。判断条件如下，其中 $E(k)$ 为第 k 步误差平方和：

$$mc \begin{cases} 0, & E(k) > E(k-1) \times 1.04 \\ 0.95, & E(k) < E(k-1) \\ mc, & \text{其他} \end{cases} \qquad (6\text{-}23)$$

②自适应学习速率

如何选择适合的学习速率较为困难，在实际应用中往往是根据经验来设置。为了解决这一问题，研究人员对学习速率进行自动调整。原则是判断检查权值是否能够对误差函数有所减少，如果是这样，可以适当增加量，反之则减少速率，式（6-24）给出了计算方法，其中 $E(k)$ 为第 k 步误差平方和：

$$\eta(k+1) = \begin{cases} 1.05\eta(k), & E(k+1) < E(k) \\ 0.7\eta(k), & E(k+1) > 1.04 E(k) \\ \eta(k), & \text{其他} \end{cases} \qquad (6\text{-}24)$$

$\eta(0)$ 的取值为随机。

（4）网络的设计

首先，设定网络的层数。通过增加中间层的神经元来降低误差，提高精度。其次,计算中间层的神经元数量。可以通过对不同数量的情况进行训练比较,而后确定增加的数量。再次,初始权值的设定较为关键,其大小对于学习效率影响很大。一般取初始权值在(-1,1)之间的随机数。最后,学习速率的取值在 0.01~0.8。

6.3.2 效率评价实证分析

(1)神经网络训练样本的采集

本书神经网络训练样本的获取采用问卷形式获得,根据前文对指标的判断,在问卷设计中分为五个部分,包括基本情况和四大指标体系的调查。特别是对指标体系的调查从 A1-A12 和 B1-B6 设置五个等级。考虑到实际调查的难度,本次调查发放问卷 106 份,实际回收有效问卷 33 份。

(2)神经网络模型的设计

第一,确定输出。本书将第五部分的问卷结果作为输出,并设定五个等级,对应 1、0.8、0.6、0.4、0.2 的值。

第二,确定输入。问卷中的 2~4 部分为输入,同样设定其值为五个等级 1、0.8、0.6、0.4、0.2。

第三,本书的神经网络在 Matlab R2010a 中运行,对应 14 维输入和 6 维输出。

根据中间层结点数的计算方法,本书的结点数为 29,学习效率取值 0.05,迭代次数最大为 1 000 或者误差为 0.000 1。最后经过 285 次迭代,达到终止误差要求(图 6-4)。另外,可以用训练好的神经网络对样本进行仿真,其中 10 个样本的仿真结果与实际的输出情况进行的比较如表 6-2 所示。

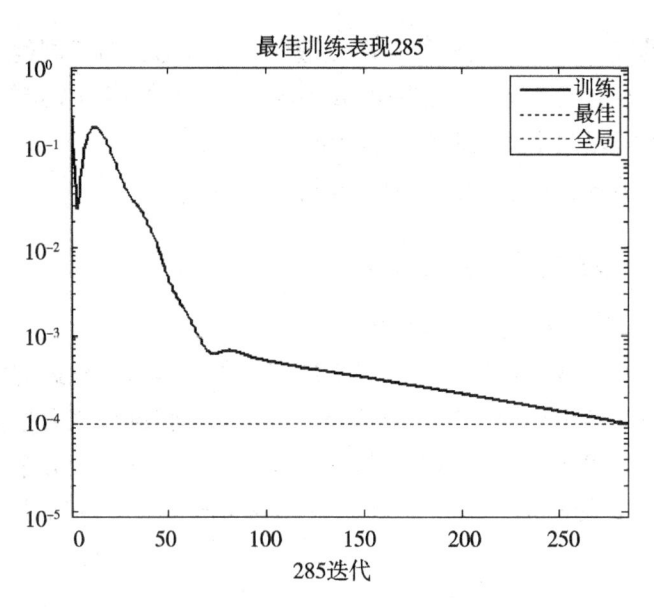

图 6-4 BP 神经网络训练的迭代中误差变化情况

表6-2 训练后的BP神经网络模型实际输出和期望输出

样本	调查结果	仿真结果	误差
1	[0.8, 0.6, 0.6, 0.6, 0.8, 0.6]	[0.798 6, 0.602 8, 0.597 6, 0.601 5, 0.801 7, 0.596 3]	[-0.001 4, 0.002 8, -0.002 4, 0.001 5, 0.001 7, -0.003 7]
2	[0.8, 0.6, 0.6, 0.6, 0.8, 0.6]	[0.798 6, 0.602 8, 0.597 6, 0.601 5, 0.801 7, 0.596 3]	[-0.001 4, 0.002 8, -0.002 4, 0.001 5, 0.001 7, -0.003 7]
3	[0.8, 0.6, 0.6, 0.6, 0.8, 0.6]	[0.798 6, 0.602 8, 0.597 6, 0.601 5, 0.801 7, 0.596 3]	[-0.001 4, 0.002 8, -0.002 4, 0.001 5, 0.001 7, -0.003 7]
4	[0.8, 0.6, 0.6, 0.6, 0.8, 0.6]	[0.798 6, 0.602 8, 0.597 6, 0.601 5, 0.801 7, 0.596 3]	[-0.001 4, 0.002 8, -0.002 4, 0.001 5, 0.001 7, -0.003 7]
5	[0.8, 0.4, 0.8, 0.6, 1.0, 0.8]	[0.799 7, 0.390 8, 0.799 6, 0.601 0, 0.999 6, 0.809 1]	[-0.000 3, -0.009 2, -0.000 4, 0.001 0, -0.000 4, 0.009 1]
6	[0.8, 1.0, 0.8, 1.0, 1.0, 0.8]	[0.801 6, 1.000 0, 0.801 0, 1.000 0, 0.999 7, 0.796 0]	[0.001 6, 0.001 0, 0, -0.000 3, -0.004 0]
7	[0.8, 0.8, 0.8, 0.8, 0.8, 0.6]	[0.799 6, 0.796 5, 0.801 1, 0.801 5, 0.800 9, 0.606 2]	[-0.000 4, -0.003 5, 0.001 1, 0.001 5, 0.000 9, 0.006 2]
8	[0.8, 0.8, 0.8, 0.8, 0.8, 0.6]	[0.799 6, 0.796 5, 0.801 1, 0.801 5, 0.800 9, 0.606 2]	[-0.000 4, -0.003 5, 0.001 1, 0.001 5, 0.000 9, 0.006 2]
9	[0.8, 0.8, 0.8, 0.8, 0.8, 0.6]	[0.799 6, 0.796 5, 0.801 1, 0.801 5, 0.800 9, 0.606 2]	[-0.000 4, -0.003 5, 0.001 1, 0.001 5, 0.000 9, 0.006 2]
10	[0.8, 0.8, 0.8, 0.8, 0.8, 0.6]	[0.799 6, 0.796 5, 0.801 1, 0.801 5, 0.800 9, 0.606 2]	[-0.000 4, -0.003 5, 0.001 1, 0.001 5, 0.000 9, 0.006 2]

第6章 产业技术联盟跨组织知识协同效率

从表6-2可以发现，误差之比最大值为0.009 1、-0.009 2，误差率为 -1.1%、1.1%，由此表明，仿真结果和实际输出较为一致，因此模型是可信的。

（3）BP神经网络模型的评价

根据对神经网络的训练结果，对组织差异、环境和行为进行调查，就可以评价产业技术联盟跨组织知识协同效率。为此，本书对现实中的三个协同主体进行了调查，其输入值为：

P_1= 0.8，0.6，0.4，0.6，0.6，0.8，0.6，0.8，0.6，0.8，0.8，0.8，0.6，0.8

P_2= 0.8，1.0，0.6，0.6，0.8，0.6，0.8，0.6，0.4，0.6，0.8，0.8，0.8，0.6

P_3= 0.6，0.4，0.6，0.4，0.8，0.8，0.8，0.6，1.0，0.6，1.0，1.0，0.8，0.8

输出值为：

0.8，1.0，0.6，1.0，0.8，0.6，1.0，0.8，0.8，0.8，0.8，0.8 和 0.8，0.8，0.8，0.8，0.8，0.8，0.8

将输出值与仿真结果进行比较，能够表达出神经网络模型的信度与效度。经过计算，其仿真结果为：

R_1= 0.913 1，0.991 6，0.611 2，0.991 1，0.891 0，0.661 1

R_2= 0.951 1，0.851 2，0.811 7，0.862 7，0.833 2，0.811 2

R_3= 0.823 1，0.821 7，0.792 6，0.832 7，0.781 5，0.893 2

比较表明，除第一个仿真结果的1和4分量误差较大外，其余结果基本与实际输出相似。实际上，出现误差也是可以理解的，毕竟产业技术联盟跨组织知识协同不仅受本文指标的影响，还有其他影响因素，特别是有一些偶发性的因素。因此，根据最终评价结果，在一定的置信区间内能够计算出产业技术联盟跨组织知识协同效率。

（4）实证结果与政策建议

经过一系列实证研究与分析，建立于神经网络模型基础上的产业技术联盟跨组织知识协同效率评价模型，其运行并不需要构建十分准确的数学模型，只需要对典型模型进行学习从而确定神经元联结权值与阈值范围等参数，即可对评价数据进行深入的评价与计算分析。模型权值是通过学习方式获取，这种方式反映知识协同效率与指标之间存在非线性关系，从而规避了传统评价方法中的人为干扰因素与不确定性问题。经过神经网络模型在知识协同效率评价领域的实践应用，数据分析获得其模型应用具备可行性，其模型应用为实现知识协同效率定量分析提供了新的方式与思路。为实现产业技术联盟跨组织知识协同效率提升，还可以思考以下三个方面：

第一，确保知识协同合作伙伴选择的谨慎性与合理性，切实降低产业技术联盟成员与成员之间的认知差异，为实现更高的知识协同效率提供组织基础。在实际操作过程中，应坚持以知识协同操作的实际要求为出发点，选择在利益期望、知识理解、合作目标、完成信心等方面相对接近的合作伙伴❶❷。

第二，将知识协同环境建设作为重要内容并以和谐环境促进知识协同效率。环境作为知识协同操作的现实条件与基础，成员之间的相互关系及知识协同效率受环境影响存在客观性，良好的知识协同环境有助于提高知识协同效率❸。为此，产业技术联盟可通过一定协议构建和谐的知识协同环境，保障合作公平、信任相互、文化相容、平台合理等❹。

第三，强化成员组织之间的协调力度，为实现知识协同目标提供保障。在知识协同过程中，不同组织成员之间存在着差异性，其成员之间存在着复杂且动态的相互关系。为保障成员组织有效完成复杂性合作任务，需要依据知识协同的现实要求积极进行契约合理调整，通过科学协调与优化避免机会主义行为，并保障知识协同任务有效完成❺。知识协同

---

❶ RAJESWARI S. RAINA. Technological and institutional change: India's development trajectory in an innovation systems framework [M]. Emerging Economies, 2015: 329–351.

❷ BASILE I, NEUNUEBEL C. Blended finance in fragile contexts: Opportunities and risks[J]. OECD Development Co-operation Working Papers, 2019.

❸ SRIVASTAVA S, MISRA M. Tracking technology trajectory through regression modelling: a retrospective techno-analysis [J]. Technology Analysis & Strategic Management, 2015, 27 (4): 420–436.

❹ DELGADO-VERDE M, G MARTÍN-DE-CASTRO, J CRUZ-GONZÁLEZ, et al. Complements or substitutes? The contingent role of corporate reputation on the interplay between internal R&D and external knowledge sourcing[J]. European Management Journal, 2020, 39 (1): 70–83.

❺ ZHAO S K, YU H Q, XU Y C, et al. Relationship-specific investment, value creation, and value appropriation in cooperative innovation [J]. Information Technology and Management, 2014, 15 (2): 119–130.

第6章 产业技术联盟跨组织知识协同效率

网络以成员意识协调努力为基础,并非属于自发关系,为确保合作网络有效运行,需要重视管理者沟通、成员组织之间沟通的有效性与合理性,确保各种条件以保障知识协同目标顺利实现。

本章小结

本章分析了产业技术联盟跨组织知识协同效率的影响要素,提出了产业技术联盟跨组织知识协同效率的指标体系,并基于 BP 神经网络开展了评价研究,给出了政策建议。

研究表明,产业技术联盟跨组织知识协同效率评价作为一个完整系统具备复杂性,为实现对知识协同本质与规律的客观描述,需要构建完善的指标体系,然而众多指标构成的指标体系其操作难以实现。单一指标能够实现对知识协同效率评价体系某一个或多个属性特征进行描述,为此,在指标体系构建过程中,多选择具备代表性的主要指标进行分析与处理,确保评价指标体系构建的合理性与科学性,是科学评价与判断知识协同实际效率的基础。同时,基于对知识协同效率评价及相关因素的思考,并综合参考伊夫·多兹、加里·哈默尔、胡平波、徐瑞平、陈莹等人研究成果,在进行知识协同效率分析时选择三个主要要素,即组织差异、知识协同现实环境及行为要素,通过三个要素的整合与运作来实现知识协同效率,知识协同效率结果是其综合作用所带来的结果。根据最终评价结果,在一定的置信区间内能够计算出产业技术联盟跨组织知识协同效率。

第 7 章 产业技术联盟跨组织知识协同的支撑条件

产业技术联盟跨组织知识协同是推动跨组织合作、推动知识流动与溢出的合作创新效应，增进联盟知识创新能力的有效形式。但是，诸多以此为动因的知识协同运行效果不甚理想，产业技术联盟跨组织知识协同从意愿产生到实现利益分配的整个过程中，都涉及不同要素的联系、相互作用，涉及相应的保障机制以整合资源，涉及网络平台以提供协同的基础，涉及文化建设以提供良好环境，因此，需要对产业技术联盟知识协同的支撑条件进行必要的分析。

7.1 保障机制

如图 7-1 所示，产业技术联盟跨组织知识协同的保障机制包括知识共享保障机制、知识转移保障机制、知识学习保障机制、知识创新保障机制、激励机制与信任机制等。其逻辑关系为：为了保障知识协同活动的进行，联盟中不同组织首先应保障主体知识能够开展知识共享，进而提高知识转移能力并促进主体内化学习，最终实现主体知识创新的价值，其中还应注意不断构建协同的激励与信任机制。

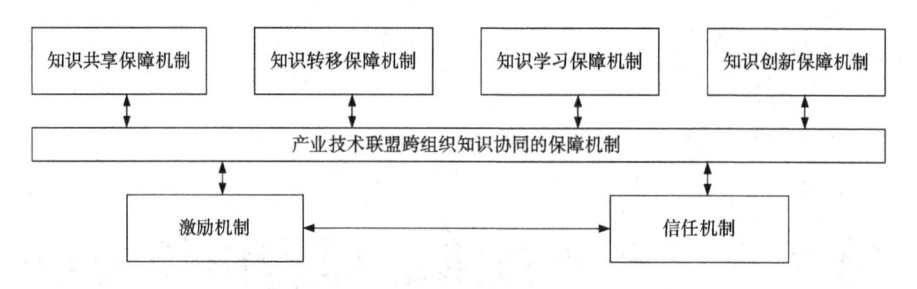

图 7-1 产业技术联盟跨组织知识协同的保障机制

7.1.1 知识共享保障机制

知识共享机制是产业技术联盟跨组织知识协同的基础，是保障产业技术联盟组织间知识流动、知识协同的条件。本文所指的知识共享限定在产业技术联盟这一范围内，讲的是产业技术联盟内组织之间的知识共享，是一种狭义的概念。产业技术联盟内某一组织将自身具备的知识分享给联盟内其他的组织，完成知识的流动与共享，并在此过程中产生知识的火花，为知识的重组与创新创造条件，最终形成知识溢出。知识共享机制运用先进的信息技术储存组织之间的显性知识，为不同知识流动、共享、重新组合提供了空间与可能。

（1）产业技术联盟内部知识共享机制的知识范畴

产业技术联盟内跨组织间知识共享的范围较广，不仅包括显性知识的共享，还包括隐性知识的共享。显性知识和隐性知识是组织知识的两大构成部分，互相依存、互相转化，共同促进组织的发展。显性知识是容易展现、容易表达的那部分知识，可以运用文字描述、图形转换等方式为组织间的知识流动、知识共享、知识创新提供可能。与显性知识的易表达、易展现不同，隐性知识更为复杂，一般只存在于组织成员大脑内的那部分知识，如组织成员的思想观念、个人素质、知识储备、工作经验、技术技能等，隐性知识的储备往往是企业核心竞争力的所在。然而显性知识与隐性知识不是一成不变的，是可以相互转化的。例如，作为组织显性知识的产品图纸、说明书等可以通过组织成员的自我学习而内化为成员自身的知识资本，加上成员本身所具有的知识储备和工作经验形成知识的创新，转化为组织的隐性知识。隐性知识比如成员的技术诀窍、工作经验等也可以通过传帮带学习、总结、记录等方式形成易于

第7章 产业技术联盟跨组织知识协同的支撑条件

展现和表达的文字说明,转化为显性知识,为产业技术联盟内组织间所共同学习。

产业技术联盟内的知识共享范畴在一定程度上由产业技术联盟内组织间的契约或合同决定,知识在多大范围内进行共享、何种知识进行共享、共享给哪些组织都由契约或合同决定。在契约或合同的制约下,显性知识与隐性知识都可以在合约范围内进行交流与共享。产业技术联盟将组织间所需共享的知识建立相应的知识库,既包括组织间的显性知识又包括组织间的隐性知识,既包括产业技术联盟内各组织自身的知识储备,又包括各组织间需进行共享的知识。在产业技术联盟跨组织知识共享机制的影响和促进下,联盟内组织自身具备的知识储备会逐渐转入产业技术联盟内的共享知识库,加快产业技术联盟内组织间的知识流动、知识共享和知识创新。

(2)知识共享机制的实现方法

确立了产业技术联盟跨组织知识共享的必要性,就确立了产业技术联盟跨组织共享知识库的设立。共享知识库的设立是产业技术联盟跨组织知识共享的首要条件,也是知识流动、知识创新的必经之路。共享知识库的设立要保障知识共享的效率,保障组织间知识传递的有效性和低重复率,适时、适当、智能地为组织提供其所需的知识,加快知识的流动与创新。产业技术联盟知识共享机制的设立必须从组织的实际需求出发,将组织所需知识都存放于共享知识库内,由组织来选择其所需的知识。知识共享机制不再是一对一的模式,而是一对多,为不同组织提供各种所需的知识,提高共享的效率,解决产业技术联盟内组织发展中的各种问题,实现创新与互利共赢。此外,产业技术联盟知识共享机制的存在提高了组织间原有的知识储备和知识存量,知识的流动与共享为新知识的产生与发展提供了可能,新知识、新技术的产生就是组织核心竞争力的增强,就是组织的发展与进步,组织的进步与发展又为新知识的共享与转化提供动力,以此形成产业技术联盟跨组织知识共享的良性循环。

(3)知识共享机制的运作过程

产业技术联盟知识共享机制的运作包括以下四个程序:

第一,产业技术联盟内的组织需要将其准备纳入共享知识库的知识进行编码与表述，显性知识是易于表达、易于编码的那部分知识，而隐性知识则不易表达，一般存在于组织成员大脑内的知识可以通过转化形成部分显性知识，进行编码和表述。不能转化的部分隐性知识还可以通过非正式的知识共享机制来实现共享。

第二，形成产业技术联盟共享库知识。既包括产业技术联盟内组织间的显性知识，又包括其隐性知识，既包括产业技术联盟内各组织自身具备的知识储备，又包括产业技术联盟内各组织间共有的共享知识。

第三，产业技术联盟内各组织主体将已编码好的知识进行收集、整理、归类、融合。

第四，产业技术联盟内的各组织进入共享库知识，根据组织自身发展需求选择相应的知识进行吸纳、消化与创新。

7.1.2 知识转移保障机制

知识转移是产业技术联盟内实现跨组织知识流动、知识共享、知识创新的必经之路。知识转移通常是由共享知识提供方流向共享知识需求方，在知识转移的过程中，共享知识提供方与需求方之间的信任与合作程度决定了知识转移的顺利程度。而产业技术联盟知识转移机制就是在一定平台上为知识的转移提供便利。由于产业技术联盟内各组织间的发展目标与战略方向相同而产生最大限度上的信任与合作，这就为知识转移的顺利进行提供了可能。

（1）知识转移的路径

产业技术联盟共享知识库内将知识分为显性知识与隐性知识两大类，因此知识的转移包括显性知识转移与隐性知识转移。显性知识是易表达、易编码的那类知识，一般主要通过以下三种路径进行转移：

第一，显性知识的文本化。显性知识经过编码、表达的过程才能为产业技术联盟内各组织所理解与运用。文本化使显性知识更加规范与标准，更利于传播与分享。

第二，知识库的构建。知识库是产业技术联盟知识转移路径中重要的一环。知识库包含联盟内各组织中重要的产品信息、组织运转结构信息、组织战略资源信息等，对产业技术联盟内各组织间的知识流动与共享至关重要。

第7章 产业技术联盟跨组织知识协同的支撑条件

第三，知识图谱。即通过知识图谱的绘制告知产业技术联盟内各组织各类知识的准确位置，何时、何地寻找其所需要的知识。知识图谱对于知识网络来讲起引导的作用，可以极大地提高知识流动、知识共享、知识创新的效率。

隐性知识不易表达、不易编码，一般是存在于组织成员大脑内的那部分知识。隐性知识的转移路径主要包括以下三个。

第一，转化为显性知识。隐性知识只有先转化为显性知识，才能进行编码与规范化，才能为产业技术联盟内各组织学习、共享。

第二，借助业务往来实现隐性知识的转移。在产业技术联盟内各组织间积极开展各种业务往来，在相关契约或合同规定下完成相关隐性知识的转移与运用。

第三，网络连接。将产业技术联盟内各组织通过各种资源配置过程、生产销售过程连接起来形成一个巨大的网络结构，为组织间的隐性知识转移与共享提供条件。

产业技术联盟内各组织的知识存量大小与知识消化、吸收能力强弱都关系到知识转移的效率。产业技术联盟内不仅包括各个组织自有的知识库，还包括为各个组织所公有的共享知识库，在这个共享知识库内，所有产业技术联盟内的组织都可以在任何时间、地点、空间上完成知识的吸收、传递与转移。共享知识库的这种特点为产业技术联盟组织间的知识传递与知识获取提供了时间与空间上的畅通，肃清了知识转移过程中的阻碍，极大地提高了产业技术联盟内组织间的知识转移效率。知识转移与知识共享是互为存在的两个机制，互相协调，互相促进。

（2）建立有效的知识转移机制

有效的知识转移机制是知识转移、知识共享的重要前提，它关系到知识转移的效率与知识共享的实现程度。建立有效的知识转移机制需要以下几个过程。

①强化产业技术联盟内知识输出方的传输能力

知识输出方是共享知识的源头，其共享知识的意愿与输出知识的能力关系到知识转移能否顺利进行。首先，意愿决定行动力，如果知识输出方愿意共享自己组织的显性知识与隐性知识，才会具有强大的动力去完成知识的输出，相反如果知识输出方不愿意或者意愿不强，那么必定缺乏相应的行动力去完成知识输出，最终影响知识接收方的知识获取。其次，知识输出方输出知识的能力也至关重要。知识需要恰当、正确地编码与传输才能准确无误地为知识接收方所获取。如果知识输出方缺乏相应的输出能力，不具备出色的传达、传播技能，那么再重要的信息与知识也无法为知识接收方所获取。知识输出能力的强弱主要包括两方面内容：一是知识输出方相关组织成员对知识接收方组织的了解程度。知识输出方需要了解知识接收方的组织经营理念、战略规划、知识存量大小、知识需求内容，组织成员价值观等，在此基础上才能根据实际情况相应调整知识输出的方式和方法，提高知识转移的效率；二是知识输出方相关组织成员自身的职业素养。要想准确无误地传达知识，知识输出方本身应具有完整的知识体系、过硬的职业素养和出色的语言沟通能力。

②强化知识接收方的接收能力

知识转移是一个双向的活动，包括输出方与接收方两个对象，因此知识接收方获取知识的意愿也会影响知识的转移效率。知识接收方对知识的渴望程度越高，其获取知识的动力越强，越有助于知识传输的有效性。提高知识接收方的接收能力可以从以下三个方面着手：一是强化组织成员培训。通过培训提高组织成员的思想觉悟、工作能力与知识水平；二是提供完善的学习体系，从根本上提高组织成员的学习能力与消化吸收能力；三是在产业技术联盟内构建学习型组织，激励组织成员之间的沟通、交流与学习。

③构建完善的知识转移平台

知识的转移离不开共享知识库的构建，而共享知识库的构建需要完善的知识管理系统进行整合、配置。知识管理就是将共享知识库中的共享知识进行归类、整合，形成有效的共享知识网，为产业技术联盟内各组织获取知识提供便捷。

7.1.3 知识学习保障机制

学习的欲望是获取知识的前提条件，在产业技术联盟知识共享过程中，组织间知识学习机制的建立至关重要。知识学习机制的建立与完善需要通过以下五个方面：

第一，激发产业技术联盟内组织的学习欲望。只有有了学习欲望才会产生对知识的渴求，组织间知识的流动、交流与共享才有可能发生。激发产业技术联盟内组织的学习欲望，首先应该从激发组织认识到自己的不足开始，认识到组织间存在的差距与自身知识储备的不足，可以引发组织向上求索的动力，产生学习的欲望，进行知识的获取。

第二，知识的创新。产业技术联盟内组织产生学习的欲望后会进行知识的学习，新知识的获取和自身知识储备的融合与再创造形成组织自身新的知识储备，形成知识的创新。对于产业技术联盟内的组织来讲其学习能力越强，获取其他组织知识的能力就越强，其融合自身知识储备进行知识创新的能力也就越强。

第三，对创新知识的运用。新知识只有运用到组织的实际运营中才会彰显其价值和作用。

第四，对创新知识的推广与宣传。创新知识的推广与宣传可以使创新知识为组织内的更多成员所熟知，为创新知识的全面运用打下坚实的基础。

第五，衡量创新知识最终的使用效果。创新知识在组织运营中最终效果的衡量是对创新知识价值的有效判断。有了对创新知识价值的有效判断，可以形成不断修正、不断投入使用的知识创新循环体系，为知识的创新、共享构建完善的知识学习机制。

综上所述，不断发现产业技术联盟内各组织间的差距才是促使组织不断进行知识创新的永恒动力。

7.1.4　知识创新保障机制

运用创新知识创造新的生产力并为组织的实际运营带来收益才是知识协同、知识共享的最终目的。产业技术联盟内组织间的知识创新都是以组织发展、组织运营为根本目的的，最终组织的收益才是衡量知识创新的有效工具。产业技术联盟内组织间的知识创新是具有方向性的，只有组织具有某种知识上的需要，才会在某种特定知识方向上进行知识的获取，进而来满足组织的知识需求，促进组织发展。知识的创新最终回归于实践价值才是产业技术联盟知识创新机制的真谛所在。

（1）产业技术联盟内知识的管理与累积

产业技术联盟内各个组织间知识的流动与共享形成了共享知识库，

在知识管理系统的归类、整理下完成产业技术联盟内知识的累积。通过产业技术联盟内组织间的学习与消化吸收，累积的知识逐渐内化为产业技术联盟自身的知识储备，为进一步的知识转移、知识共享与知识创新形成良性循环。

（2）共同战略目标引导下的知识创新

产业技术联盟由各种不同的组织构成，各个组织为了自身发展在产业技术联盟内进行知识的转移、共享与创新。每个组织都具有自身的发展目标，而身处产业技术联盟内又具有共同的战略发展目标，在共同战略目标的驱使下，各个组织贡献自身的知识储备与核心竞争力，通过不同组织间知识的学习、交流、共享再结合自身的知识储备形成新的知识资本。

（3）创新知识的实践运用

创新知识的开发与创造最终是为了产业技术联盟内各组织核心竞争力的不断提高和组织效益的不断增强。创新知识的价值只有经过实践的考验才能有效验证。在市场经济的不断发展中，组织发展之间的竞争越来越激烈，组织为了自身竞争力的提高不断寻求创新知识的途径。只有创新知识的不断累积才能为组织构建不间断的核心竞争力，才能在激烈的市场经济竞争中不断发展壮大。知识的创新只是产业技术联盟组织间知识共享的第一步，创新知识最后用于实践研发中形成实际效益才是知识创新机制设立的根本所在。

产业技术联盟内共享知识库的存在是知识共享的前提条件，更是知识创新的保障。知识创新是知识协同的最高表现形式，是产业技术联盟内组织间知识共享的理想状态，知识的创新可以形成良好的示范效应为下一阶段的知识协同做准备。

7.1.5 激励与信任机制

在产业技术联盟内进行知识的共享、转移、学习与创新离不开组织间的信任与合作，因为这是一个多方共同参与的合作机制。信任是合作的基础，只有双方保持对彼此的信任，才会将组织自身的核心知识与信息转移、传播给其他组织。产业技术联盟组织间的知识协同离不开激励与信任机制的调控，它并不单独存在而是不断贯穿知识共享、转移、学习与创新的全过程。激励与信任机制的存在可以促进知识的共享、转移、

第7章 产业技术联盟跨组织知识协同的支撑条件

学习与创新机制更加完善，顺利地运行。

（1）知识协同激励机制

产业技术联盟中各组织参与的最终目标都是获得自身的发展，因此组织在产业技术联盟中的各项活动都需要权衡利弊，计算投资回报率。在这种价值观念的主导下，产业技术联盟中知识协同的管理需要激励机制的参与来激发组织参与知识共享、转移、学习与创新的主动性和积极性。产业技术联盟中知识协同行为产生的过程就是成本与收益不断博弈的过程，因此知识协同激励机制的构建应该主要包含以下四个方面。

①保持产业技术联盟整体与组织个体知识的高增长率

组织在参与产业技术联盟知识协同活动中总是不断比较成本与收益，产业技术联盟整体与组织个人知识的高增长率对组织来讲无疑具有强大的吸引力。知识就是生产力，知识的增长就意味着组织核心竞争力的不断构建，在核心竞争力的推动下，组织的收益会处于不断增长状态。因此，知识的高增长率对产业技术联盟内的组织来说具有极强的激励效果。产业技术联盟保持知识的高增长率需要从以下两个步骤做起：一是强化产业技术联盟内各组织间的沟通与合作，强调合作双方彼此之间的信任；二是鼓励拥有优质资源和核心竞争力的成员组织进行知识的共享与传播。

②提高产业技术联盟知识的收益率

知识收益率是指创新知识运用于产业技术联盟的实践运行中所获得的收益。创新知识运用于实践中所获得收益率的高低代表了产业技术联盟的整体实力。组织在选择参与产业技术联盟知识协同时必然要考虑知识协同本身能为自身带来收益率的大小。产业技术联盟整体实力越强，为组织带来的收益率就越高，自然越受到组织的青睐。同理，优秀组织对产业技术联盟的参与又极大地提高了产业技术联盟整体的运营能力，在这种良性循环下，强强联合，不断提高知识收益率。

③激励产业技术联盟内各组织间的多次知识协同合作

组织间的多次知识协同合作在一定程度上比一次性合作的成本更低、收益更高。因为在多次合作中，组织双方建立了关系更加稳定、信任度更高的合作模式，其中双方承担的失信成本、彼此之间的磨合成本也降低，成本的降低最终导致收益的提高。综上所述，多次知识协同合作更易形成一种稳定、默契的合作关系，减少风险，降低成本。

④注重提高产业技术联盟内成员组织的综合能力

第一，提高产业技术联盟内成员组织自身的运营能力。培养成员组织对优质资源的把握与获取，提高成员组织对创新知识的敏锐洞察力。

第二，是提高成员组织将知识运用于实践的能力。知识只有转化为现实生产力才有价值，成员组织对创新知识的现实把握在组织运营发展中也至关重要。

（2）知识协同信任机制

产业技术联盟知识协同信任机制与激励机制是知识协同合作得以顺利进行的不可分割的两部分。在市场经济条件下，竞争越来越激烈，产业技术联盟内各组织间也不例外。组织间除了共同的战略发展目标，还都具有组织自身的发展目标，因此产业技术联盟内各组织间既存在合作关系也存在竞争关系。所以组织间的信任程度不仅关系到组织自身的发展，也关系到产业技术联盟知识协同整体上的发展。在复杂的市场竞争中，瞬息万变的市场环境与市场政策的不确定性决定了产业技术联盟知识协同信任机制建立的艰巨性和长期性。产业技术联盟知识协同信任机制一经建立就是一个需要不断修正、不断完善的过程：其一，构建透明化的合作机制与激励机制。透明化的规章制度与机制运行能够增强合作组织双方的信任度，有助于打破疑虑，构建公平、公正的收益分配体系。其二，强化产业技术联盟内组织间的合作意识，强调一荣俱荣，一损俱损的利益关系，为知识的共享、转移、学习与创新打下基础。其三，规范产业技术联盟内知识协同相关法律法规的制定，为组织间的合作创造良好的制度环境。

7.2 协同网络支撑平台

7.2.1 网络的构建

产业技术联盟基于知识共享、知识协同的需要将各类企业组织在一起，进行优化资源配置。产业技术联盟这种组织形式不同于传统的层级组织，也不同于一般的市场组织，既具有相对的稳定性，又具有应有的灵活性，更加适应经济发展条件下的生产运作模式。产业技术联盟内的

第7章 产业技术联盟跨组织知识协同的支撑条件

组织既具有统一性又具有相对独立性,同时兼具产业技术联盟整体的战略目标与组织自身的发展目标。产业技术联盟内组织间的这种既紧密相连又彼此独立的模式形成了产业技术联盟的网络结构。

产业技术联盟的本质就是集中优势资源促进共同发展。集合产业技术联盟内所有组织中的优质资源,优化配置,高效共享与创新,为产业技术联盟的发展提供科学生产力。因此在地区经济发展中,产业技术联盟的构建至关重要。产业技术联盟的运行可以带来共生效应、激励效应、晕轮效应等,产生积极的示范与带头作用,实现地区经济发展与产业技术联盟发展的双赢。产业技术联盟的发展与运行离不开各组织主体间的知识共享、转移、学习与创新,各主体与主体、主体与联盟之间的知识协同关系形成了错综复杂的网状结构,为产业技术联盟与组织个体的发展不断拓展、延伸、创新。综上所述,网络结构是产业技术联盟的主要特点,它为联盟内优质资源的配置、知识资源的运用提供了可能,网络结构的运行是产业技术联盟知识创新的动力。产业技术联盟网络结构的顺利运行需要对联盟内各组织的结构功能、资源分配进行详尽的分析,通过对各组织优质资源的准确把握和合理运用,最大限度地提高产业技术联盟内的知识创新率,并最终提高创新知识运用于实践活动中所产生的实际生产力,为区域经济的发展做出贡献。产业技术联盟创新网络结构的完善不仅有助于规范各组织间的合作关系,也有助于引导知识创新的方向,为产业技术联盟发展的有序化、规范化打下坚实的基础。

(1)产业技术联盟网络结构界定

产业技术联盟网络结构就是在组织间进行各项知识协同活动时所形成的合作关系网。产业技术联盟内的各类组织与所共享、转移、学习与创新的各类知识分别属于产业技术联盟网络结构中的主客体关系,在不断的知识协同中形成动态的网络结构。产业技术联盟内的各类组织作为主体是网络结构的关键所在,代表着网络结构的主要动力,通过对知识的协同效应带动整个网络结构的运行。组织主体是网络结构中的节点,流动、协同的各类创新知识构成网络结构的网状,两者共同维持产业技术联盟网络结构的稳定性与持续性。产业技术联盟中的组织主体通常有企事业单位、相关研究所、高校与金融机构等,这些主体掌握着产业技术联盟中最核心、最前沿的创新知识,其在产业技术联盟中所进行的各项知识创新、转移、实践、应用活动构成了网络结构中重要的节点,而流通的各项知识资源就是网络形成的血脉,血脉的不断流动就是产业技术联盟知识协同的活力所在。综上所述,产业技术联盟网络结构中主体与客体的行动力与创新力决定了产业技术联盟运行中知识协同的效率与质量。

(2)产业技术联盟网络作用关系

产业技术联盟内包含各种类型、各种层级的组织,这些组织掌握着各类不同的知识资源与知识资本,因此在产业技术联盟运行中最主要的任务就是优化资源配置,充分利用各组织优势与核心竞争力,弥补产业技术联盟的不足与缺憾,实现组织主体与产业技术联盟互利共赢。作为产业技术联盟节点的各组织主体之间存在着各种不同的合作关系,或正式的或非正式的,彼此相连互相影响,形成错综复杂的网络结构,如图7-2所示。在产业技术联盟运行中,组织始终处于核心地位,拥有各类核心资源和知识资本,所以我们对产业技术联盟中的组织进行了全面的分析。

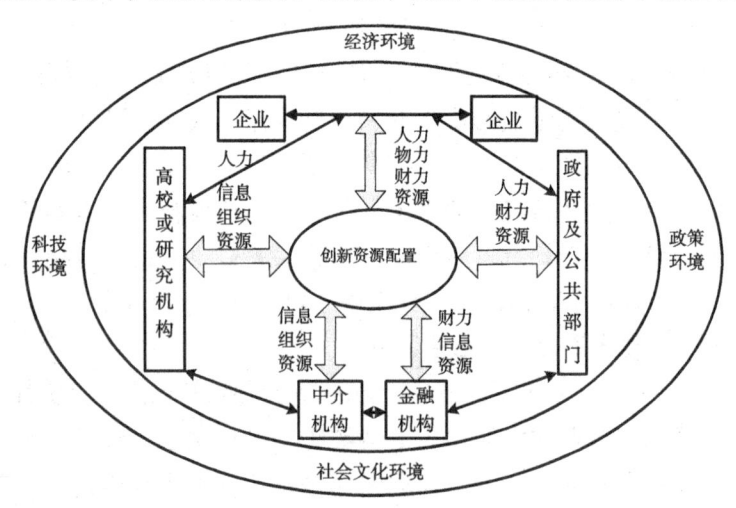

图7-2 产业技术联盟网络下的资源流动

①组织与组织的关系

在产业技术联盟内组织与组织之间通过知识的共享、转移、学习与创新紧密联系在一起,为了各自的组织目标和产业技术联盟整体的战略目标进行全方位的合作与创新。这种共同利益诉求、战略目标下的合作关系更加深入,通过核心知识、人力资源、管理模式等方面的学习与优势互补,促进产业技术联盟的快速发展。

第7章 产业技术联盟跨组织知识协同的支撑条件

②组织与科研院所、高校的关系

科研院所、高校是知识创新、科学研究、先进生产力的主要来源。产业技术联盟内的组织为了实现知识创新就必须依赖于科研院所、高校先进的实验设备和工程中心，形成产学研相结合的创新体系。

③组织与政府的关系

产业技术联盟内的组织想要获得发展离不开政府的支持与鼓励。政府调控下的政策法规关系到组织的发展环境以及是否能够获得所需资源。此外，政府的政治意向关系到产业技术联盟组织创新的方向和科学的引导。

④组织与金融机构的关系

金融机构的存在主要是为产业技术联盟内的组织发展提供必要的资金流与金融服务。组织发展中不可避免地会遇到各种各样的风险投资，这时就需要金融机构为组织承担风险损失，对产品创新、知识创新提供足够的资本支持。

⑤组织与中介机构的关系

产业技术联盟内组织间的合作与交流需要通过中介机构的信息支持与共享，完善组织间资源的配置。中介机构介于组织与组织之间，通过提供知识与服务等实现各类组织之间的连接。

综上所述，组织与组织之间以及组织与各类相关主体之间存在复杂的关系。王雪原、陈伟丽[1]等人通过分析发现，产业技术联盟内在组织之间形成的网状结构的质量与效率影响着联盟内知识创新的效率和优质资源配置的效率。为了实现产业技术联盟与内在组织之间的互利共赢，促进区域经济大力发展，政府始终致力于完善相关政策法规，保障产业技术联盟网络结构的顺利构建，最终实现各项资源的优化配置。在政府宏观调控下还需加强产业技术联盟内成员组织互利共赢的价值理念，在统一目标的实施下提倡各组织的自身优势，保证网络结构的多元化，满足各类资源优势互补的需要。同时，产业技术联盟知识协同离不开各项资金的支持，需要与金融机构、中介机构等相关主体建立良好合作关系，最大限度地为产业技术联盟的发展争取相关资源，构筑完善的资源库，为联盟成员组织提高优质资源利用率。

---

[1] 张宏斌，周先波，王雅维. 加入大数据产业联盟能促进企业的技术创新绩效吗——基于社会网络视角的分析[J]. 产经评论，2021，12（3）：5-21.

7.2.2 平台构建

产业技术联盟通过各类组织间优质资源的互补与配置,实现知识创新的高效率、低成本,在一定程度上满足了产业技术联盟的发展和区域经济的优化。产业技术联盟各组织主体之间错综复杂的合作交流关系形成了网状结构,由组织之间的契约关系或制度设定所制约。由组织间合作交流关系形成的知识协同网络一般包含三要素:网络节点、网络经脉、网络连接路径。网络节点是指产业技术联盟中的各级各类组织,组织作为知识协同的主体,控制着网络经脉的走向和网络连接路径。网络经脉是指各级各类组织所拥有的一切核心信息和知识资源,包含人力资源、工作经验、核心竞争力、企业战略、科学技术等,通过这些信息的流动与共享,网络各节点之间才紧密联系起来,构成产业技术联盟网络结构运行的动力所在。网络连接路径是指网络节点即组织主体之间的合作方式,包括显性合作、隐性合作和组合合作等。通过产业技术联盟组织主体之间一定方式的合作,知识、信息的流通,完成知识的创新和联盟的发展。

产业技术联盟中组织间知识的共享、转移、学习与创新都是组织间的双向行为,在知识互相流动中产生思维的碰撞,促进新知识的产生。因此创新知识的产生就是组织间互相合作与交流的结果。正如前文所述,产业技术联盟知识库内既包含组织间的显性知识又包含组织间的隐性知识,在产业技术联盟组织间的知识流中显性知识的传递至关重要,而隐性知识的共享与交流也不可忽视。在产业技术联盟内互相合作的组织双方存在两种不同的知识协同方式,即单向协同与互惠协同。知识协同方式的不同又由联盟内组织间的合作方式、契约关系界定、权利义务分配等决定。产业技术联盟内组织间的合作方式通常划分为三种:松散型合作关系、半紧密型合作关系与紧密型合作关系。松散型合作关系是指组织双方没有固定的合作关系与契约合同,只是在特殊情况下会发生一次知识间的交流与合作,此后双方组织不再合作,双方处于相互游离的状态。半紧密型合作关系与紧密型合作关系组织双方通常具有稳定的合作关系与共同的战略目标。我们从知识流的显性与隐性之分、知识协同方式的不同与双方组织的合作方式几个维度出发构建"产业技术联盟知识

第7章 产业技术联盟跨组织知识协同的支撑条件

协同网络模型"。以知识流的显性与隐性之分、知识协同的双向单向之分、双方的合作方式来界定产业技术联盟内组织间的知识共享方式,并且这种知识共享方式一旦建立就必须为组织双方所共同遵守,不能轻易改变。但随着组织双方运营方式、战略目标的改变,知识共享方式可进行适当的调整与变化。图7-3中的双向箭头就代表了知识共享方式之间的互相转换,知识协同方式的确立是对组织双方的有效约束,而一旦这种约束失效,产业技术联盟中的知识就面临着被泄露的风险。

从知识协同的四种方式能够发现,这四种知识协同方式一般情况下是以买卖交换、互惠交换以及非互惠给予三种形式存在,其中,互惠交换是知识协同的主要形式,其根本原因是企业之间的这种知识协同是建立在自身利益的基础上。互惠交换的本质就是将知识进行相互交换,其交换的目的就是获得来自其他组织的知识。

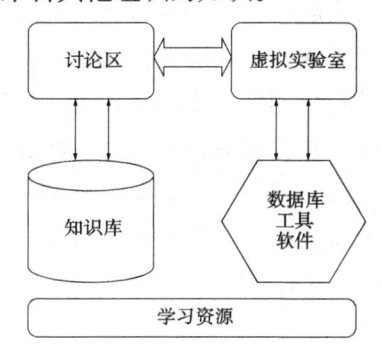

图7-3 产业技术联盟跨组织知识协同网络支撑平台的构建

图7-3中包含四种交换模式,一是单方面的知识交换,主要在一些服务外包组织中出现;二是典型的知识互惠式交换模式,如两合作者共同经营的企业,彼此之间相互交换市场销售方面的知识;三是单向隐性知识交换,这一产业技术联盟是为了分享供应商的隐性知识;四是互惠型知识交换模式,这一模式往往主要特征就是知识的协同,隐性知识的交换是项目顺利进行的重要组成部分。

知识协同的内容与方式主要取决于合作双方之间的信任程度,它会随着双方的信任程度而产生相应的不同。技术联盟成员之间的这种高度信任能够在一定程度上降低联盟的经营成本以及知识协同的风险,在一定程度上增加产业技术联盟的透明度和开放性,进而促进产业技术联盟的发展。但是合作双方之间的这种信任并不能消除双方保护知识的必要性，而只能在某种程度上减少这种必要性。Patricia指出信任与合作之间并不是必然的正向关系，它们之间的关系仍需进行深入的研究❶。

虽然上述的四种模式各不相同，但是四者并没有好坏之分，所起到作用的不同只是由于所处的合作环境不同以及相互之间的信任程度不同。知识的协同并不都是正面的，也存在负面的，这将直接决定产业技术联盟能否在战略动机上取得一致性。

7.3 文化建设

7.3.1 跨组织文化的信任机制

产业技术联盟在文化建设过程中常常会出现管理者与员工发生非理性行为，这种现象具有两面性，它既能促进技术联盟的发展，也能在一定程度上制约文化建设与合作伙伴之间的信任。道家祖师老子曾经说过阳极阴生，阴阳之间存在相生相克，两者可以相互转换。对于产业技术联盟而言，文化建设的信任机制是以时间偏好的不一致性、锚定心理以及互惠性偏好等原理为基础，它是对传统经济学信任机制的改革，是一种补充，也是一种前所未有的挑战。

（1）基于锚定心理的信任机制

这种行为经济理论指的就是人会对自己已经拥有的或者已经选择的东西产生一种偏好，使人们容易忽视对于其他新事物的关注。所以，人们会对已经选好的合作者、自身利益的合法代理人以及自身已经确定的价值观产生一种偏好，并且会对其进行相应的维护。在产业技术联盟文化建设过程中，一定要建立准确的员工评审制度，因为这样在一定程度上能够提高产业技术联盟成员之间的信任，让员工参与到产业技术联盟的文化建设的决策过程中，能够使员工切身体会到自己属于技术联盟的一部分，从而降低员工在文化建设过程中的抵触心理，使员工能够真正支持文化建设，同时在一定程度上也打击了那些不合作者，促进了产业

---

❶ OH Y, YOO N. Effective cooperation modes based on cultural and market similarities in interfirm relationships[J]. Journal of international management, 2022, 28（1）: 100891.

第7章 产业技术联盟跨组织知识协同的支撑条件

技术联盟的运作。

（2）基于互惠偏好的信任机制

老子认为，"信不足焉，有不信焉。"要建立人与人之间的信任关系就必须尝试相信别人，不管对方怎样对待你，你都一如既往地信任他，只有这样才能真正建立社会诚信，这就是互惠性偏好。只要自身抱定相信他人的这种决心去相信他人，反过来他人也会相信你，这就是一种互惠的关系。所以互惠偏好无论在生活中还是在管理过程中都起到了至关重要的作用，在产业技术联盟的文化建设过程中，管理者可以通过利用互惠互利的原理对产业技术联盟的信任进行管理，也可以制定一个复杂的管理体系，在产业技术联盟中试行，若不能达到预期的结果，这时再实行一种简单的管理体系。简单的管理体系会在员工之间实行，其原因是管理者的让步促使员工被动接受这种简单的管理体系。如果要建立联盟的信任关系，管理者就要对员工抱定一定程度的信任，认同和接受员工以及原文化，这样就为建立联盟的信任营造了一个良好的氛围。

（3）基于心理账户的信任机制

所谓心理账户就是指理性的人以非理性的态度看待事物，也就是同一件事以不同的角度看待则会有不同的结果。人们在生活中总是希望生活能够充满乐趣，当自身的利益即将受到损失时，人们总会刻意地回避，不愿去面对即将到来的困境。如果要建立产业技术联盟的文化建设信任机制，就必须考虑技术联盟成员的心理账户，使文化建设的过程中不断涌现新的事物，新的好消息，只有这样才能真正得到员工的信任，为产业技术联盟的文化建设奠定基础。

（4）基于前景理论的信任机制

前景理论指导人们不仅要关注财富的绝对值，更重要的是要关注其增长值，关注其变化量。对于自身的损失倾向于冒险，对于盈利则是趋向于确定性，这就是前景理论的主旨。对于产业技术联盟而言，它自身的前景是不确定的，其原因是产业技术联盟的成员都将自身的利益与技术联盟的利益紧密地联系在一起，这样就会患得患失。这种患得患失与产业技术联盟的文化建设有着密切的关系，如果产业技术联盟的利益因为文化的整合而受到损失，这时技术联盟的成员就会重新对合作伙伴的知识资源进行认识，然后建立新的信任关系；相反，如果这种文化建设有利于技术联盟的利益,那么文化的整合就很容易被接受。所以,产业技术联盟文化的整合与联盟的管理者在契约中所签订的内容有直接关系,还与前景理论的信任机制有着密切的关系。

(5) 基于羊群效应的信任机制

在行为经济理论中有这样的理论,就是人们的某些行为是对大众行为的一种模仿,而不是由自身所创造出来的。从这一理论可以清楚地看到人们并不能完全理性地对自身的行为进行决策,有时候会出现盲目行为。此外,对于信任的选择也会受到各种因素的影响,如舆论。所以对于产业技术联盟而言,联盟文化的整合一定要进行宣传,并树立较好的信誉,久而久之,这种信任就会被传递下去,使员工之间建立稳固的信任关系,以信任作为回报成为合作伙伴之间的联系。同时,产业技术联盟的管理者也可以通过奖惩的手段在员工中树立舆论领袖,以此来传递产业技术联盟的优势,从而引起其他员工的羊群行为,这也是统一意识的有效手段。

7.3.2 文化建设的学习机制

产业技术联盟的文化建设,不仅是一种文化与文化的交流,更重要的是相互之间的学习,通过学习提高自身的竞争力,这是对合作伙伴优秀文化的吸收。从理论上讲,学习的本质就是一种模仿,逐渐向所模仿的对象靠拢。之所以建立产业技术联盟的学习机制就是为了更好地诠释人们在不理智情况下的思维方式以及行为方式,从而使产业技术联盟成员意识到自身的不足,进而完善自身。

(1) 基于怀旧心理和偏好逆转的学习机制

每个人都有怀旧的心理,对旧事物有一种特殊的感情,这就使人们对于旧的事物具有过度的关注。在产业技术联盟中建立学习机制,首先就要改变旧事物在人们心目中的地位,使人们以一种新的思维方式去看待事物,从而在行为方式上也能有所改变。对于联盟员工的新文化培训,其培训人员可以以一种新的表达方式传递给员工,从而使员工更容易接受学习,提高学习的动力。由于旧事物在员工的思想中已经根深蒂固,所以培训人员可以采取新旧文化对比的培训方式对员工进行培训,这样就能够给员工更多的选择。为了使员工对新文化产生兴趣,培训者也可

第7章 产业技术联盟跨组织知识协同的支撑条件

以对新文化进行一定程度上的装饰，凸显新文化的优势，使员工更容易接受。学习就是新旧文化的交替，这是社会发展的必然趋势，建立产业技术联盟的学习机制，能够使员工在学习上占有主动性，促进员工的学习。

（2）基于互惠偏好的学习机制

要提供更好的学习条件，使员工能够更好地为技术联盟工作，从而实现产业技术联盟最终的目标，同时也能实现一个人的自我成长。实际中学习是相互的，就像技术联盟与员工之间的关系一样也是相互的，产业技术联盟为员工提供学习的环境，员工能够有充分的动力投入学习中，之后更好地回报技术联盟的培育，两者之间的关系是相互促进的。前面所说的互惠性偏好就是从本质上阐述了人们的利己心理，一切行动从自身的利益出发，但是技术联盟为了员工的全面发展以及自身的发展，应当使员工清楚利他行为也能提高自身的综合能力，最终实现自身的目标。所以，在产业技术联盟中培训者可以很好地利用这一点，建立良好的培训机制，从而提高员工的综合能力，在此过程中一定要加强对联盟文化的宣传，使员工切身意识到能够从联盟中学到东西，并为产业技术联盟的发展贡献自己的力量，进而得到技术联盟的认可。

（3）基于心理账户的学习机制

无论是在生活、工作还是学习中，只要是与自身有关的事物，人们都会无意间关注，并对其拥有一定的了解，这是人们潜移默化的心理并且对于不同的事物具有不同的心态。在生活中，人们都喜欢接触新鲜的事物，因为这能够给他们带来惊喜，同时人们不喜欢计划以外的支出，除非人们已经对此有了一定的心理准备，并认定该事情的发生是必然的，从而为其在心中开设了一个账户，如果人们在账户中不能找到与此相对应的一项，这时就会增加人们对其的厌恶。所以技术联盟应当做好相应的宣传工作，使人们心中所开设的账户能与此相对应，从而接受文化建设这一新鲜事物，使员工能够切身认识到这是他们应当学习的内容，值得关注，也是员工价值体系的组成部分。但是即使如此，产业技术联盟的培训者也应当有一定的心理准备，如果不能在员工的心目中开设这一心理账户，那么产业技术联盟的文化建设便会受到阻碍，员工会排斥这一新事物，使技术联盟的文化建设工作难以开展。

（4）基于前景理论的学习机制

人们的心理状态是不同的，人们偏向于获得的风险。产业技术联盟的前景是不确定性的，因为产业技术联盟的成员都是以自身的利益作为出发点。如果技术联盟员工所处的微观环境发生了变化，他们就会对自身的前景充满不确定性。产业技术联盟的培训者应当合理地利用员工的这种心态，大力地宣传产业技术联盟的文化建设，宣传文化建设对于各种不确定性情况的作用，使员工逐渐地认识、接受技术联盟的文化建设，进而使员工之间产生密切的联系，产生巨大的协同作用。由于人们在面临损失时更倾向于冒险，所以会促使员工参与到产业技术联盟的文化建设中来，通过一定程度的学习，提高自身的能力，使自身在价值上和行为上追求一致，不断地完善自身。若要达到上述目的，产业技术联盟的培训者应当建立顺畅的交流渠道，营造良好的学习环境，并采取一定的鼓励措施，促进员工的学习。

（5）基于从众心理的学习机制

人们对于同种事物会有不同的态度，由于个人的态度问题，所以之后的行为也会受到一定程度的影响。这种从众心理就能够很好地说明人们的倾向行为，同时人们倾向于模仿他人的行为，也容易对他人的行为进行附和，这就是传说中的随大流。所以，鉴于人们的这种趋向性，产业技术联盟的培训者可以在员工中树立具有代表性的先进个人，对于具有先进性的员工可以进行文化的教育以及技术的培训，这样在员工中就会产生一批优秀的先进集体，这对其他员工是一种积极的影响。其他员工会对其进行附和，从而加强自身的学习，这种随大流的趋向性能够使得员工在联盟的内部形成一种学习流，从而对其他员工也产生一定的影响。员工会在逐渐的学习中了解技术联盟的文化，主动地加入进来，从而推动产业技术联盟新的文化建设顺利进行。

本章小结

本章分析了产业技术联盟跨组织知识协同的支撑条件，包括保障机制、协同网络平台和文化建设。

研究表明，产业技术联盟跨组织知识协同的保障机制包括知识共享

第 7 章 产业技术联盟跨组织知识协同的支撑条件

保障机制、知识转移保障机制、知识学习保障机制、知识创新保障机制、激励与信任机制。同时,产业技术联盟创新网络结构的完善不仅有助于规范各组织间的合作关系,更有助于引导知识创新的方向,为产业技术联盟发展的有序化、规范化打下坚实的基础。由组织间合作交流关系形成的知识协同网络一般包含三个要素:网络节点、网络经脉、网络连接路径。另外,对于产业技术联盟而言,文化建设的信任机制是以时间偏好的不一致性、锚定心理以及互惠性偏好等原理为基础,它是对传统经济学信任机制的改革,既是一种补充,也是一种前所未有的挑战。产业技术联盟的文化建设,不仅是一种文化与文化的交流,更重要的是相互之间的学习,通过学习提高自身的竞争力,这是对合作伙伴优秀文化的吸收。从理论上讲,学习的本质就是一种模仿,逐渐向所模仿的对象靠拢。之所以建立产业技术联盟的学习机制就是为了更好地诠释人们在不理智情况下的思维方式以及行为方式,从而使产业技术联盟成员意识到自身的不足,进而完善自身。

第 8 章 总结与研究展望

8.1 总结

所谓产业技术联盟跨组织知识协同，不是组织内部、团队、个人之间的知识活动，而是在联盟中产生的协同创新行为，是不同类型知识的多维传导和互动过程。产业技术联盟也不是传统意义上的战略联盟，而是以互补、协同、共享、创新为目标的，通过对企业、高校、研究机构、政府部门及其他组织的知识资源优化，在联盟中不断实现对知识的获取、吸收、消化和应用，促进知识创新和技术创新，推动产业技术联盟的发展与成长。产业技术联盟的核心就是知识协同的主体，也是知识创新和技术创新的主体；在这些主体的作用下，知识客体不断流动，创新环境不断改善，最终提高联盟及企业的核心竞争力。由此，产业技术联盟跨组织知识协同是推动创新与发展的知识在联盟中的多向运动过程，也是知识网络的形成、演变和转化过程；在这一过程中，不同主体不断获取知识资源，降低市场交易成本和风险，通过自主创新，提升产业技术联盟的创新能力。

协同就是参与知识协同的成员之间，不同类型资源和相关资源重新配置，让资金、竞争优势、需求信息等资源生成价值回馈，因此而博弈的焦点问题，应该是联盟活动怎样重新构建、不同类型的资源如何有效配置、不同交易创造后的剩余应该如何调配。只有通过战略均衡概念的提出，才能做到有利于产业链中资源分配和联盟活动的整合，以便于实现战略均衡确保各方的价值实现。本文认为产业技术联盟跨组织知识协同受外因之轮和内因之轮两轮共同驱动：外因包括经济发展的知识特征与竞争的日益激烈、知识专业化加速与势差的存在、环境的复杂；内因包括变革需求、成本与费用的降低、提高创新效率与降低风险、知识资源的整合与优化等。本书在此前提下，探索了产业技术联盟跨组织知识协同形成的驱动要素因果回路，并进行了仿真模拟分析。

  本书探索了产业技术联盟跨组织知识协同行为博弈，提出了产业技术联盟跨组织知识协同行为博弈框架，分析了产业技术联盟跨组织知识协同伙伴选择博弈、形成博弈和合作行为博弈。研究表明，用博弈分析方法能够深刻揭示这些关系背后的内在规律。本书在分析产业技术联盟跨组织知识协同行为的基础上，分析了博弈特征和利益关系，进而建立了协同行为的博弈模型。研究发现，协同伙伴的选择是产业技术联盟知识协同过程中最根本也是最为关键的环节，伙伴选择是否合适与知识协同的成败是密切相关的。同时，产业技术联盟跨组织知识协同能够提高合作创新的有效性，提高企业的均衡利润，因此有足够的激励能够促使企业在联盟中开展知识协同活动。另外，产业技术联盟跨组织知识协同能够带来社会福利的提升，知识溢出越大，跨组织知识协同就越能够有效开展，合作企业就更愿意投入资源进行合作，生产出更多的创新产品，创造出更大的价值。自我进化是产业技术联盟跨组织知识协同合作行为的演化方式，也是知识主体合作行为演化为协同行为的方式。无论主体的初始知识禀赋与水平如何，其合作行为都能够自我进化到知识协同合作行为中，但是能否进化成功则与初始状态有关，因此，必须对联盟跨组织知识协同行为进行有效推动，并关注其运作模式对联盟稳定性的影响。

  本书探讨了产业技术联盟跨组织知识协同的运作模式，包括技术共同体运作模式、基于研发项目的跨团队运作模式、基于信息网络的虚拟组织运作模式和核心企业盟主领袖式运作模式，并开展了产业技术联盟运作稳定性的实证分析。

  第一，产业技术联盟打造的技术共同体平台，可以有效将各种技术创新企业进行紧密对接，实现各种技术创新元素的最佳组合，让技术创

第8章 总结与研究展望

新的整体运作优势得以快速彰显，进而改变以往单一企业或者技术研发机构技术创新和开发中出现的各种不足之处。

第二，在产业技术联盟开展跨团队合作的过程中，需要建立协调一致的团队运作模式。当然要想建立高效跨团队合作平台，需要团队各个成员之间不断地融合，互相包容，也需要不同团队成员之间相互尊重对方的立场。高效跨团队合作模式的建立，需要经过一段较为长期的团队成员磨合期。基于研发项目的跨团队运作模式，按照核心成员的数量和分布方式，可以分为联邦模式、星型模式和平行模式三种类型。

第三，虚拟组织在产品开发、设计与销售等工作中，可以更快地确定各自任务的承担者，进而让原有实体组织承担的工作分摊给更多平行单位共同完成。传统层级管理模式已经逐渐被虚拟网络管理模式所取代。虚拟网络运作结构承担的功能如下：具有非常高的虚拟运作的灵活空间；比实体组织的信息网络更加完善；组成虚拟组织的各个成员单位之间的信息交流是迅速、多变的；可以更加便捷地开展扁平化管理；让各种学习与创新变得更加便捷有序等。

第四，产业技术联盟能够获得快速发展的首要环节，就是要构建适合产业技术联盟发展的有效模式。这种模式必须能够让各个成员企业之间紧密合作，形成整体产业技术研发优势。强调"协同性"是产业技术联盟模式构建的最重要原则。核心企业在整个产业技术联盟中承担着盟主角色。通过核心企业的工作，可以让整个产业技术联盟更加协调有序地开展技术研发工作。

第五，产业技术联盟稳定对知识协同具有显著的正向性影响，知识协同对联盟绩效具有显著的正向性影响，而产业技术联盟稳定对联盟绩效的直接影响不显著，主要通过知识协同的中介作用对二者关系进行传递，即知识协同在产业技术联盟稳定对联盟绩效影响中发挥完全中介作用。研究发现有助于我们进一步揭示产业技术联盟稳定通过知识协同中介作用对联盟绩效的内在作用机制，为联盟绩效的增强提供科学的实现路径。

本书分析了产业技术联盟跨组织知识协同能力机构，包括知识协同网络节点维度、知识协同关系和认知维度、知识协同网络结构维度，并进行了产业技术联盟跨组织知识协同能力模型实证分析。研究表明，除假设 H5 和 H7 未得到验证外，其他假设均得以验证。这说明知识协同差距与产业技术联盟跨组织知识协同能力之间不是简单的线性关系，可能涉及其他的因素改变了二者之间的线性关系。同时，当联盟过于庞大的时候，联盟维护和知识协同的成本将逐步提升，知识源协同知识的意愿将逐步下降，知识协同的难度也将逐步提高，因此，联盟网络规模越大，说明联盟中个体企业的社会资本越大，获得外部知识的机会越多，知识协同能力高这一假设的提出是有前提条件的。

本书分析了产业技术联盟跨组织知识协同效率的影响要素，提出了产业技术联盟跨组织知识协同效率的指标体系，并基于 BP 神经网络开展了评价研究，给出了政策建议。研究表明，产业技术联盟跨组织知识协同效率评价作为一个完整系统具备复杂性，为实现对知识协同本质与规律的客观描述，需要构建完善的指标体系，然而众多指标构成的指标体系其操作难以实现。单一指标能够实现对知识协同效率评价体系某一个或多个属性特征进行描述，为此，在指标体系构建过程中，多选择具备代表性的主要指标进行分析与处理，确保评价指标体系构建的合理性与科学性，是科学评价与判断知识协同实际效率的基础。同时，本书基于对知识协同效率评价及相关因素的思考，并综合参考伊夫·多兹、加里·哈默尔、胡平波、徐瑞平、陈莹等人研究成果，在进行知识协同效率分析时选择三个主要要素，即组织差异、知识协同现实环境及行为要素，通过三个要素的整合与运作来实现知识协同效率，知识协同效率结果是其综合作用所带来的结果。根据最终评价结果，本书体系在一定的置信区间内能够计算出产业技术联盟跨组织知识协同效率。

本书分析了产业技术联盟跨组织知识协同的支撑条件，包括保障机制、协同网络平台和文化融合。研究表明，产业技术联盟跨组织知识协同的保障机制包括知识共享保障机制、知识转移保障机制、知识学习保障机制、知识创新保障机制和激励与信任机制。同时，产业技术联盟协同网络结构的完善不仅有助于规范各组织间的合作关系，更有助于引导知识创新的方向，为产业技术联盟发展的有序化、规范化打下坚实的基础。由组织间合作交流关系形成的知识协同网络一般包含三个要素：网络节点、网络经脉、网络连接路径。另外，对于产业技术联盟而言，文化建设的信任机制是以时间偏好的不一致性、锚定心理以及互惠性偏好

第 8 章　总结与研究展望

等原理为基础，它是对传统经济学信任机制的改革，是一种补充，也是一种前所未有的挑战。产业技术联盟的文化建设，不仅是一种文化与文化的交流，更重要的是相互之间的学习，通过学习提高自身的竞争力，这是对合作伙伴优秀文化的吸收。从理论上讲，学习的本质就是一种模仿，逐渐向所模仿的对象靠拢。之所以建立产业技术联盟的学习机制就是为了更好地诠释人们在不理智情况下的思维方式以及行为方式，从而使产业技术联盟成员意识到自身的不足，进而完善自身。

8.2　主要创新点

本书的主要创新点包括：

界定了产业技术联盟跨组织知识协同的概念。这一行为不是组织内部、团队、个人之间的知识活动，而是在联盟中产生的协同创新行为，是不同类型知识的多维传导和互动过程。产业技术联盟跨组织知识协同是推动创新与发展的知识在联盟中的多向运动过程，也是知识网络的形成、演变和转化过程；在这一过程中，不同主体不断获取知识资源，降低市场交易成本和风险，通过自主创新，提升产业技术联盟的创新能力。

探讨了知识协同在产业技术联盟运作稳定性中的中介作用；并突破传统二元分析视角，探索了产业技术联盟跨组织知识协同能力的三个维度，包括知识协同网络节点维度、知识协同关系和认知维度、知识协同网络结构维度。

构建了产业技术联盟跨组织知识协同效率的评价指标体系，在进行知识协同效率分析时选择三个主要要素，即组织差异、知识协同现实环境及行为要素，通过三个要素的整合与运作来实现知识协同效率，知识协同效率结果是其综合作用所带来的结果。根据最终评价结果，本书体系在一定的置信区间内能够计算出产业技术联盟跨组织知识协同效率。

8.3　研究展望

本书虽然从驱动力、行为博弈、运作模式、能力结构、效率指标、管理机制等多个层面对产业技术联盟跨组织知识协同的相关问题进行了深入的分析与探索，但尚有诸多难题仍需后续继续研究与探讨，从本书的内容与体系而言，后续研究可以从如下层面拓展与延续：

8.3.1 理论分析方面

本书虽然提出了产业技术联盟跨组织知识协同能力结构、效率的评价体系以及相关概念模型，并进行了验证，但产业技术联盟是一个较为复杂的系统，能力结构和效率评价的指标体系构建仍不完善，本书还处于初级阶段，对是否存在其他影响变量还有待进一步探讨。

8.3.2 实证研究方面

尽管考虑到调查的可行性与便利性，但是样本数量不足，问卷设计仍不完善；实践中对产业技术联盟跨组织知识协同的认知尚不成熟，数据的可信度需要进一步验证，问卷的设计还需进一步凝练。同时，由于时间和条件的限制，本书中采用的样本数据都是截面数据，截面数据相对于纵向数据而言，还不能完全说明产业技术联盟跨组织知识协同的根本机制，更为严谨的因果关系都是通过纵向研究来分析，所以还需要针对联盟的不同发展阶段对理论模型进行纵向研究。

参考文献

[1] 李青原，刘习顺．会计信息质量与资源配置——来自我国规模以上工业企业的经验证据[J]．会计研究，2021（8）：3-21．

[2] 纪慧生，姚树香．制造企业技术创新与商业模式创新协同演化：一个多案例研究[J]．科技进步与对策，2019，36（3）：90-97．

[3] ZHANG H，HU B. The effects of organizational isomorphism on innovation performance through knowledge search in industrial cluster[J]. Chinese Management Studies，2017，11（2）：209-229.

[4] ABDULLAH I，KHATTAK A，SUMBAL S. The residual impact of offshore outsourcing on learning and innovation for emerging-economy suppliers：evidence from the apparel industry of Pakistan[J]. Chapters，2021.

[5] KIM J，YOON J，LEE J D. Dominant design and evolution of technological trajectories：The case of tank technology，1915-1998[J]. Journal of Evolutionary Economics，2021，31（2）：676.

[6] 孟柳．中国产业技术范式的演进机制及转化路径研究[J]．中国电子科学研究院学报，2020，15（9）：849-855．

[7] BOGLIACINO F，PIANTA M. The Pavitt Taxonomy，revisited：patterns of innovation in manufacturing and services[J]. Economia Politica，2016，33（2）：153-180.

[8] LEYDESDORFF L，ETZKOWITZ H，IVANOVA I，et al. The Measurement of Synergy in Innovation Systems：Redundancy Generation in a Triple Helix of University-Industry-Government Relations[J]. SPRU Working Paper Series，2017.

[9] WANG C H, QUAN X I. The Effect of R&D Alliance Diversity and Network Position on Firm Innovation Performance: Evidence from the Emerging Biotechnology Industry[J]. Science, technology & society, 2017, 22 (3): 407-424.

[10] DYER J, GREGERSEN H, CHRISTENSEN C M. Innovator's DNA, Updated, with a New Preface: Mastering the Five Skills of Disruptive Innovators[M]. Harvard Business Press, 2019.

[11] ISHIKAWA N, SHIBATA T. R&D competition and cooperation with asymmetric spillovers in an oligopoly market[J]. International Review of Economics & Finance, 2020: 72.

[12] ROOT T. Alan Richardson: Reappraising the life and work of a twentieth-century Christian theologian, cleric and educator[D]. University of Nottingham, 2020.

[13] MARIO, RAPACCINI, et al. Servitization of SMEs through Strategic Alliances: a Case Study[J]. Procedia Cirp, 2019, 83: 16-181.

[14] KUZNETSOVA M A, Drahan K Y. The Use of Strategic Alliances in an Innovative Economy[J]. Business Inform, 2020, 9 (512): 75-80.

[15] CHEN H, MA T. Technology adoption with limited foresight and uncertain technological learning [J]. European Journal of Operational Research, 2014, 239 (1): 266-275.

[16] PING Q I, LI R X, Economics S O, et al. Research on the Enterprise Information Resource Sharing Model of Strategic Alliance Based on Contract Theory[J]. Information Science, 2018, 36 (8): 46-52.

[17] ALBERS S, WOHLGEZOGEN F, Zajac E J. Strategic alliance structures: An organization design perspective[J]. Journal of Management, 2016, 42 (3): 582-614.

[18] MARSHALL R S, NGUYEN T V, BRYANT S E. A dynamic model of trust development and knowledge sharing in strategic alliances[J]. Journal of General Management, 2005, 31 (1): 41-57.

[19] ARUN K, OZMUTLU S Y. Narratives of environmental munificence of 3PL firms on the relationship between dynamic capabilities, strategic

management and organizational performance[J]. Journal of strategy and management, 2022, 15（1）: 96-118.

[20] SCHILKE O, LUMINEAU F. The double-edged effect of contracts on alliance performance[J]. Journal of Management, 2018, 44（7）: 2827-2858.

[21] OBUNIKE C F, Udu A A. Technological innovativeness and growth: a study of small scale manufacturing firms in Lagos State[J]. Economics of Development, 2019, 17（4）: 39-53.

[22] RUII M M, OBRADOVI V, Dobrota M. Integrated Concept of Strategic Management as a Tool for Effective Technology Transfer in R&D Organisations[J]. European Project Management Journal, 2019, 9（2）: 74-84.

[23] FERNANDES D A, COSTA A A, LAHDENPERÄ P. Key features of a project alliance and their impact on the success of an apartment renovation: A case study[J]. International journal of construction management, 2018, 18（6）: 482-496.

[24] WAHEED M, AIN N U, KLOBAS J E. Unveiling knowledge quality, researcher satisfaction, learning, and loyalty: A model of academic social media success[J]. Information technology & people, 2021, 34（1）: 204-227.

[25] RAVICHANDRAN T, GIURA S I. Knowledge Transfers in Alliances: Exploring the Facilitating Role of Information Technology[J]. Information Systems Research, 2019, 30（3）: 726-744.

[26] AGGARWAL V S, KAPOOR M. Knowledge transfer among international strategic alliance partners and its impact on innovation performance[J]. International Journal of Human Rights and Constitutional Studies, 2019, 6（4）: 203-216.

[27] SUNAEVA G G, SUNAEVA S G, GOLTSEVA O S, et al. Scientific and Technological Creativity and Entrepreneurship in The Process of Projecting in Collaborative Graduation Qualification Works[C]// SHS Web of Conferences. EDP Sciences, 2020.

[28] VENKITACHALAM K, WILLMOTT H. Strategic knowledge management—Insights and pitfalls[J]. International Journal of Information Management,

2017, 37（4）: 313-316.

[29] LIN L H, HO Y L. Ambidextrous governance and alliance performance under dynamic environments: An empirical investigation of Taiwanese technology alliances[J]. Technovation, 2021（103）: 102240.

[30] CHENG T H, HUANG C J, SUNG C H, et al. Vulnerable Company's Triumphs in M&A Negotiation under the Impact of COVID-19 — An Empirical Study of Asian Companies[J]. Review of Pacific Basin Financial Markets and Policies, 2021, 24（2）: 2150012.

[31] GALVIN P, BURTON N, SINGH P J, et al. Network rivalry, competition and innovation[J]. Technological Forecasting and Social Change, 2020（161）: 120253.

[32] TSENG F C, HUANG M H, CHEN D Z. Factors of university-industry collaboration affecting university innovation performance[J]. Journal of Technology Transfer, 2020, 45: 560-577.

[33] FILIPPI E, PIZZOLITTO C. The past and the future of catalysis and technology in industry: a perspective from Casale SA point of view[J]. Catalysis Today, 2022（387）: 9-11.

[34] SHEN T, ZHU Y. Influencing Factors of Firm's Centrality in Innovation Coordination Network[J]. Technology Economics, 2018（11）: 19-29.

[35] ZHU G, WEN M, FAN X, et al. A Case Study on the Mechanism of University-Industry Collaboration to Improve Enterprise Technological Capabilities from the Perspective of Capability Structure[J]. Innovation and Development Policy, 2020（2）: 27.

[36] 武华维, 王超, 许海云, 等. 知识耦合视角下区域科学—技术—产业协同创新水平的评价方法研究[J]. 情报理论与实践, 2020, 43（5）: 8, 91-98.

[37] 苗东升. 系统科学精要[M]. 3版. 北京: 中国人民大学出版社, 2010.

[38] 郭治安, 沈小峰. 协同论[M]. 太原: 山西经济出版社, 1991.

[39] JOACHIMSTHALER E. The Interaction Field: The Revolutionary New Way to Create Shared Value for Businesses, Customers, and Society[M]. Hachette UK, 2020.

[40] BENNATO A R, MAGAZZINI L. Does regulation drive international research cooperation? Evidence from the pharmaceutical sector[J]. The World Economy, 2019, 42（4）：1200-1223.

[41] KRUESI L, BURSTEIN F, TANNER K. A knowledge management system framework for an open biomedical repository：communities, collaboration and corroboration[J]. Journal of Knowledge Management, 2020, 24（10）：2553-2572.

[42] AHMAD Z, LIU C, WANG C, et al. How collaboration impacts in the market orientation-performance relationship of SMEs？ A perspective from belt and road initiative[J]. Journal of Business & Industrial Marketing, 2021, 36（5）：796-806.

[43] TRAKUNSARANAKOM C. Proposals for tangible, intuitive and collaborative design of manufactured products through virtual and augmented reality environments[D]. Grenoble：Université Grenoble Alpes, 2017.

[44] FATFOUTA N, STAL-LE CARDINAL J. Towards a framework for integrated and collaborative knowledge management for engineering design-a case study[C]// Proceedings of the Design Society：DESIGN Conference. Cambridge University Press, 2020, 1：559-568.

[45] 戴胜利, 李迎春, 张伟. 技术创新联盟影响因素与路径框架——基于扎根理论的探索性研究[J]. 科技进步与对策, 2019, 36（19）：17-25.

[46] 张钰, 刘益, 王亚娟. 渠道竞合对制造商企业绩效的影响——基于悖论视角的研究[J]. 管理评论, 2017, 29（7）：213-224.

[47] 赵健宇, 王铁男. 战略联盟协同演化机理与效应——基于生物进化隐喻的多理论诠释[J]. 管理评论, 2018, 30（8）：194-208.

[48] 乔玉婷, 黄朝峰, 鲍庆龙. 产业技术联盟的运行机制和作用机理研究[J]. 科学管理研究, 2019, 37（4）：63-67.

[49] 周青, 王东鹏, 孙耀吾, 等. 面向"一带一路"企业技术标准联盟的理论溯源与研究趋势[J]. 信息与管理研究, 2019, 4（1）：51-66.

[50] 马家鑫. 产品品牌产业：国内综合格斗类赛事发展路径[C]// 第十一届全国体育科学大会组委会：第十一届全国体院科学大会论文摘要汇编. 北京：

中国体育科学学会，2019：7179-7180.

[51] 胡林荣，刘冰峰.景德镇陶瓷文化产业技术联盟知识协同的集聚效应研究[J].商业经济，2019（6）：47-47，189.

[52] 黎越亚，钟书华.区域智慧专业化"成长云"的形成——区域创新发展的起点[J].自然辩证法通讯，2022，44（4）：90-101.

[53] 唐新华.西方技术联盟冲击[J].瞭望，2022（22）：48-50.

[54] 杨一图，梅萌，杜宏群.产业技术联盟创新工作与诚信体系建设刍议[J].科技视界，2021（12）：184-186.

[55] 唐新华."芯片四方联盟"加速西方"技术联盟"构建[J].科技中国，2022（5）：95-98.

[56] 丁远一.产业技术创新联盟创新合作演化博弈分析——基于大数据辅助监管视角[J].工业技术经济，2022，41（7）：35-41.

[57] 李海燕，吕焕方，曹蓓.产业技术创新联盟绩效评价指标体系的构建[J]. 2022（22）：56-58，67.

[58] 樊嫣然.日本产业技术创新战略联盟的运行及其借鉴[J].科技创新与生产力，2022（2）：31-35.

[59] 桂萍，梅艳兰，胡庆为.技术联盟资源集成对创新能力影响的实证研究[J].开发研究，2013（6）：142-145.

[60] 唐雅露，陈一鸣.基于系统动力学的虚拟产业集群中技术联盟稳定性建模与仿真[J].现代商贸工业，2021，42（29）：3-4.

[61] 陈国鹰，孙进书，张爱国，等.技术联盟企业间联合行动对企业创新绩效的影响[J].科技进步与对策，2021，38（22）：83-90.

[62] 吴松强，黄盼盼，曹新雨.企业关系资本、知识共享与企业创新能力——基于先进制造业产业技术联盟的实证研究[J].科学管理研究，2021，39（1）：123-131.

[63] 周青，吴童祯，刘瑶.面向"一带一路"企业技术标准联盟模式与驱动因素的动态关联[J].信息与管理研究，2021，6（4）：1-13.

[64] 姜滨滨，卢尚辰.战略联盟推进后发企业技术追赶的实现机制研究[J].中国市场，2021（5）：79-81，87.

[65] 卫红霞.成立创新联盟实现优势互补[J].班组天地，2022（5）：63.

参考文献

[66] 王小杨，张雷，杜晓荣.基于产业技术创新联盟的产学研合作演化博弈分析[J].经济研究导刊，2018（1）：28-32，38.

[67] 冯潇，孟卫东，黄波，等.企业与政府间的创新信号传递与反馈研究[J].科学学与科学技术管理，2020，41（8）：63-79.

[68] 张京云，秦悦.基于平衡计分卡的科技型中小企业各生命周期绩效评价[J].商情，2019（43）：22-23.

[69] 冯逸凡.企业集群背景下XR电动车公司发展战略研究[D].南京：东南大学，2019.

[70] 朱清.产学研知识创新联盟运行风险控制研究[D].哈尔滨：哈尔滨工业大学，2017.

[71] 骆付婷.基于知识转移的军民融合技术协同创新模式与评价研究[D].绵阳：西南科技大学，2017.

[72] 周超.创新驱动发展战略下产业技术创新联盟模式探析——以佛山市为例[J].岭南学刊，2019（5）：41-48.

[73] 徐海峰.澳大利亚产业技术创新联盟税收优惠政策的经验与启示[J].科学管理研究，2018，36（4）：105-108.

[74] 邵伟.产业技术创新战略联盟运行绩效评价研究[D].南昌：江西师范大学，2017.

[75] 李亚健.中关村示范区企业及产业联盟标准化工作模式研究[J].科学与财富，2020（12）：138-139.

[76] 钱航.产业联盟治理对技术创新能力的影响机制研究[D].成都：电子科技大学，2017.

[77] 张完定，崔承杰，王珍.基于治理机制调节效应的技术创新与企业绩效关系研究——来自上市高新技术企业的经验数据[J].统计与信息论坛，2021，36（3）：107-118.

[78] 周守亮，魏春华.企业组织知识协同的内涵与机理研究[J].企业科技与发展，2021（2）：20-24.

[79] 薛海燕.论高校图书馆阅读推广的工作机制和现代营销[J].武夷学院学报，2021，40（11）：103-109.

[80] 宋姗姗，季婉婧，王金平.智库知识协同体系构建研究[J].数字图书馆论坛，

2022（4）：67-72.

[81] 蒲志强, 易建强, 刘振, 等. 知识和数据协同驱动的群体智能决策方法研究综述 [J]. 自动化学报, 2022, 48（3）：627-643.

[82] 张伟民. 基于概念格的数字图书馆协同知识构建研究 [J]. 办公室业务, 2022（6）：175-177.

[83] 李朝明, 杜宝苍, 林惠娟. 基于动态能力的企业协同知识创新问题研究 [J]. 武汉理工大学学报（信息与管理工程版）, 2013（1）：136-140.

[84] 左玮. 共享经济下服务型企业知识协同创新网络模型构建 [J]. 应用数学进展, 2022, 11（3）：966-972.

[85] 宋艳梅, 唐基元, 王利军. 关联规则在学生就业管理系统中的应用 [J]. 电脑知识与技术, 2017, 13（12）：205-206.

[86] 周洋, 何丽丽. 基于B/S模式的高校社团管理系统的研究与设计 [J]. 电脑知识与技术, 2018, 14（33）：84-85, 96.

[87] 汪星刚. 大数据环境下机械产品配置设计关键技术研究 [D]. 武汉：武汉理工大学, 2017.

[88] 田智杰, 邱志军. 基于知识管理的企业协同创新研究 [J]. 企业改革与管理, 2018（23）：5-7.

[89] 钟永恒. 基于知识管理的图书馆学科化服务研究 [D]. 武汉：武汉大学, 2018.

[90] 崔桂敏, 班婕. 知识管理与大数据下企业技术创新协同关系研究 [J]. 品牌研究, 2020（34）：137-139.

[91] DING Z, JIANG S, WU J. Research on construction technology innovation platform based on TRIZ [J]. Knowledge Engineering and Management, 2014, 278：211-223.

[92] HUNGA S C, TUB M F. Is small actually big？ The chaos of technological change [J]. Research Policy, 2014, 43（7）：1227-1238.

[93] TORRE C, MARRA F. Business Dynamics in Times of Covid-19：The Link Between Organizations' Performance and Uncertainty of Corporate Information[C]// The International Research & Innovation Forum. Springer, Cham, 2021.

[94] BARRY J J. Information communication technology and poverty alleviation: promoting good governance in the developing world[M]. Routledge, 2018.

[95] 周国华, 谭晶菁. 复杂产品装备关键共性技术合作研发模式研究[J]. 科技管理研究, 2018, 38（6）: 99-105.

[96] 马万钟, 朱小杰, 谢秋琪. 产业联盟标准化发展策略研究: 以武汉东湖高新技术产业为例[J]. 中国标准化, 2016（4）: 99-105.

[97] 熊素兰, 徐欣, 成曦. 基于优势主体的产学研结合技术转移模式与机制探究[J]. 江苏科技信息, 2019, 36（20）: 4-6,18.

[98] 华东, 史安娜. 中药产业协同创新组织合作伙伴选择的演化博弈分析[J]. 科技和产业, 2021, 21（10）: 229-233.

[99] 李力, 王宏起, 武建龙. 基于产业联盟的产业自主创新能力提升机理研究[J]. 工业技术经济, 2014（5）: 24-30.

[100] 段云龙, 张新启, 刘永松, 等. 基于管理协同的产业技术创新战略联盟稳定性研究[J]. 科技进步与对策, 2019, 36（5）: 64-72.

[101] 高长元, 张晓星, 张树臣. 多维邻近性对跨界联盟协同创新的影响研究——基于人工智能合作专利的数据分析[J]. 科学学与科学技术管理, 2021, 42（5）: 100-117.

[102] 杨子鑫, 白旭, 冯慧娜, 等. 基于农业全产业链金融协同支农创新研究[J]. 当代农村财经, 2021（9）: 61-64.

[103] BARNEY J B, KETCHEN JR D J, Wright M. Resource-based theory and the value creation framework[J]. Journal of Management, 2021, 47（7）: 1936-1955.

[104] MCKENZIE J. Addressing historical trauma and healing in Indigenous language cultivation and revitalization[J]. Annual Review of Applied Linguistics, 2022, 42: 71-77.

[105] BODHANWALA S, BODHANWALA R. Exploring relationship between sustainability and firm performance in travel and tourism industry: a global evidence[J]. Social Responsibility Journal, 2021, ahead-of-print (ahead-of-print).

[106] RASOUL H, HARADA Y, MDNOOR I. A Resource-Based View: How Information Technology Creates Sustainable Competitive Advantage

to Improve Organizations[J]. Journal of Advance Management Research, 2018, 6（12）: 1-5.

[107] TRUDEAU C, WANG Z. Should the more efficient firm expand? A bargaining perspective[J]. Economics Letters, 2019, 180（JUL.）: 25-27.

[108] LI Y, PENG Y, LUO J, et al. Spatial-temporal variation characteristics and evolution of the global industrial robot trade: A complex network analysis[J]. PLoS ONE, 2019, 14（9）: e0222785.

[109] ZHANG Z, YANG T, CHEN T. Innovation synergy analysis on electronics and information industry cluster in Shaanxi province[J]. Journal of Xi'an University of Posts and Telecommunications, 2017, 22（1）: 116-121, 126.

[110] FITZGERALD R. The Historical Development of East Asian Business Networks[M]. 2017.

[111] JIN Y, XU M, WANG W, et al. Venture capital network and the M&A performance of listed companies[J]. China Finance Review International, 2021, 11（1）92-123.

[112] Li Z, Kuhn G, Schirmer M, et al. Impaired bone formation in ovariectomized mice reduces implant integration as indicated by longitudinal in vivo micro-computed tomography[J]. PLoS ONE, 2017, 12（9）: e0184835.

[113] 卢强, 杨晓叶. 基于"结构—行为—绩效"逻辑的供应链融资效果研究——双元学习的中介作用[J]. 研究与发展管理, 2020, 32（5）: 3-15.

[114] GLÜCKLER J, BATHELT H. Institutional context and innovation[M]//The Elgar companion to innovation and knowledge creation. Edward Elgar Publishing, 2017: 121-137.

[115] KOPORCIC N, TORNROOS J A. Conceptualizing Interactive Network Branding in business markets: developing roles and positions of firms in business networks[J]. The Journal of Business & Industrial Marketing, 2019, 34（8）: 1681-1691.

[116] T, BESSER, C, et al. Agricultural structure and farmers' interconnections with rural communities[J]. International Journal of Social Economics, 2017, 44（3）: 326-376.

[117] 刘国巍，曹霞. 产学研 BA-CAS 合作机制下创新网络动态演化研究——基于系统生存论的关系嵌入视角 [J]. 技术经济与管理研究，2018（4）：32-37.

[118] SAVIOTTI P P, METCALFE J S. Present development and trends in evolutionary economics[M]//Evolutionary theories of economic and technological change. Routledge，2018：1-30.

[119] ESHAGHPOUR A, SALEHI M, RANJBAR V. Providing a Link Prediction Model based on Structural and Homophily Similarity in Social Networks[J]. Signal and Data Processing，2020，16（4）：45-58.

[120] 刘军. 社会联盟分析导论 [M]. 北京：社会科学文献出版社，2004：188-190.

[121] 罗家德. 社会网分析讲义 [M]. 北京：社会科学文献出版社，2005：44-47.

[122] WANG D, WANG W, ZHANG Z, et al. Delay-Optimal Random Access in Large-Scale Energy Harvesting IoT Networks Based on Mean Field Game[J]. 中国通信（英文版），2022，19（4）：121-136.

[123] 张影，高长元，王京. 跨界创新联盟生态系统共生演化模型及实证研究 [J]. 中国管理科学，2022，30（6）：200-212.

[124] WEI L, DANG X H. Study on the Emergence of Technological Innovation Network Community Structure and Effect on Ambidexterity Innovation in Asymmetric Perspective[J]. Operations Research and Management Science，2017.

[125] 王海花，孙芹，杜梅，等. 长三角城市群协同创新网络演化及形成机制研究——依存型多层网络视角 [J]. 科技进步与对策，2020，37（9）：69-78.

[126] AUCI S, COROMALDI M. Agricultural and Biotechnology Patents as an Adaptation Strategy to Climate Change: A Regional Analysis of European Farmer's Efficiency[M]. Cham: Springer International Publishing, 2022：27-46.

[127] RIVEROLA C, DEDEHAYIR O, MIRALLEs F. A Taxonomy of Social-Network-Utilization Strategies for Emerging High-Technology Firms[J]. Sustainability, 2022, 14（12）：6961.

[128] RIPPA M. Conceptual foundations of social protection in the context of the general welfare theory[J]. University Economic Bulletin, 2018（38）: 139-145.

[129] 杨王伟, 孙慧. 战略柔性、高管"双元"资本与创新绩效——动态环境下一个交互效应和调节效应模型 [J]. 企业经济, 2019, 38（1）: 57-65.

[130] MARTIN S, JAVALGI R R G, CAVUSGIL E. Understanding Ambidextrous Innovation and the Performance of Born Global Firms[C]//2016 Summer AMA Conference Proceedings, Regaining Relevance: Doing Research That Shapes the Practice of Marketing, 2016.

[131] BARON R M, KENNY D A. the moderator-mediator variable distinction in social psychological research: conceptual, strategic and statistical considerations[J]. Journal of Personality and Social Psychology, 1986, 51（6）: 1173-1182.

[132] BLEVINS D P, ECKARDT R, RAGOZZINO R. An Investigation of the Link between Governance And Performance in Nonprofit Organizations[J]. Academy of Management Annual Meeting Proceedings, 2018（1）: 11092.

[133] BECHKY B A, CHUNG D E. Latitude or Latent Control? How Occupational Embeddedness and Control Shape Emergent Coordination:[J]. Administrative Science Quarterly, 2018, 63（3）: 607-636.

[134] HARNEY B, LUCY F B. Microfoundations of dynamic capabilities for innovation: a review and research agenda[J]. Irish Journal of Management, 2017, 36（1）: 21-31.

[135] 庞敏华. 探讨战略联盟中影响知识转移的因素及对策 [J]. 环球市场, 2018（12）: 181.

[136] 梅赞宾. 基于服务供应链的工程物流集成商动态能力研究 [D]. 北京: 北京交通大学, 2018.

[137] JASIMUDDIN S M, LI J, PERDIKIS N. An Empirical Study of the Role of Knowledge Characteristics and Tools on Knowledge Transfer in China-Based Multinationals[J]. Journal of Global Information Management, 2019, 27（1）: 165-195.

[138] 包凤耐. 关系型社会资本如何影响企业创新绩效——基于知识转移的路径

解析[J]. 企业经济，2020，39（1）：129-135.

[139] 田雪松，付瑶，王欣，等. 基于神经网络模型的场景式稽查方法研究[J]. 电子元器件与信息技术，2022，6（1）：202-204.

[140] CUI T，WU Y，TONG Y. Exploring ideation and implementation openness in open innovation projects：IT-enabled absorptive capacity perspective[J]. Information & Management，2018，55（5）：576-587.

[141] SATOGLU，BEYZA E. The role of national innovation systems on FDI：a longitudinal data analysis on Dunning's Investment Development Path. 2016.

[142] AL-RAHMI W M，YAHAYA N，ALDRAIWEESH A A，et al. Big Data Adoption and Knowledge Management Sharing：An Empirical Investigation on Their Adoption and Sustainability as a Purpose of Education[J]. IEEE Access，2019，7：47245-47258.

[143] RAJALO，SIGRID，VADI，et al. University-industry innovation collaboration：Reconceptualization[J]. Technovation：The International Journal of Technological Innovation，Entrepreneurship and Technology Management，2017，62：42-54.

[144] HONG T. From the Fifth Discipline to the New Revolution：What We Have Learnt from Senge's Ideas over the Last Three Decades[J]. The Learning Organization，2020，27（6）：495-504.

[145] 尹剑峰，叶广宇. 先前知识、国际知识吸收能力与国际机会识别研究[J]. 技术经济，2020，39（10）：99-110.

[146] 袁凌，蒋新玲. 知识距离、知识寻求与员工创新行为：有调节的中介模型[J]. 科技进步与对策，2017，34（18）：118-125.

[147] 王俭，修国义，过仕明. 基于知识特征的在线评论知识转移效率测度研究[J]. 情报科学，2019，37（7）：146-150，170.

[148] MCKENZIE J，WINKELEN C V. Creating Successful Partnerships：The Importance of Sharing Knowledge[J]. Journal of General Management，2006,31（4）：45-61.

[149] BETTIS-OUTLAND H，CORTEZ R M，JOHNSTON W J. Trade show networks，trust and organizational learning：the effect of network ties[J].

Journal of Business & Industrial Marketing, 2021, 36（12）: 2165-2175.

[150] OTERO G, VOLKER B, ROZER J. Open But Segregated ? Class Divisions And the Network Structure of Social Capital in Chile[J]. Social Forces, 2021, 100（2）: 649-679.

[151] REN S G, ZHAO T Y, Management S O, et al. Research on the influence mechanism of entrepreneurial orientation, network range and network cohesion on the growth performance of new ventures[J]. Journal of Industrial Engineering and Engineering Management, 2018, 32（4）232-238.

[152] 辛德强. 创新独占、知识流动与创新联盟绩效关系研究[D]. 西安: 西安理工大学, 2019.

[153] 徐建中, 朱晓亚. 社会网络嵌入情境下R&D团队内部知识转移影响机理——基于制造企业的实证研究[J]. 系统管理学报, 2018, 27（3）: 422-432.

[154] DUAN Y, LIU S, CHENG H, et al. The moderating effect of absorptive capacity on transnational knowledge spillover and the innovation quality of high-tech industries in host countries: Evidence from the Chinese manufacturing industry[J]. International Journal of Production Economics, 2021（233）: 108019.

[155] BORAH A. Individual sense of justice and Harsanyi's impartial observer[J]. Economic Theory, 2021, 72（1）: 167-199.

[156] 顾昕. 治理嵌入性与创新政策的多样性: 国家-市场-社会关系的再认识[J]. 公共行政评论, 2017, 10（6）: 6-32, 209.

[157] VAGNANI G, VOLPE L. Innovation attributes and managers'decisions about the adoption of innovations in organizations:A meta-analytical review[J]. 国际创新研究学报（英文）, 2017, 1（2）: 27.

[158] 李委玲. 基于项目联盟的装配式建筑企业关系管理研究[D]. 郑州: 华北水利水电大学, 2019.

[159] MARTYNOVA, ELENA, WEST, et al. Principles and Practice of Structural Equation Modeling[J]. Structural Equation Modeling A Multidisciplinary Journal, 2018, 25（2）: 325-329.

[160] 尤莉，张晶晶. 人员异质性对大学组织绩效的影响机理及协调路径——基于学术人员与行政人员差异性特征的分析[J]. 重庆高教研究，2018（2）：69-79.

[161] 黄庆波. 跨国企业技术联盟关系破裂的案例分析[J]. 企业改革与管理，2020（19）：53-54.

[162] CASTAÑER X, OLIVEIRA N. Collaboration, coordination, and cooperation among organizations: Establishing the distinctive meanings of these terms through a systematic literature review[J]. Journal of Management, 2020, 46(6): 965-1001.

[163] ULLAH S, NOR N H M, DAUD H, et al. An Eigenspace Method for Detecting Space-Time Disease Clusters with Unknown Population-Data[J]. 计算机、材料和连续体（英文），2022（1）：9.

[164] 迪尔克斯，蔡尔德，野中郁次郎，等. 组织学习与知识创新[M]. 上海社科院知识与信息课题组，译. 上海：上海人民出版社，2001.

[165] 朱思文. 世界级制造业集群技术创新驱动机制与路径研究[J]. 湖南科技学院学报，2019（10）：78-80，95.

[166] 赵云鹏. 基于社会网络分析理论对产业集群创新的研究[J]. 江苏商论，2018（5）：101-103.

[167] 陈娜. "耦合性"视角下产业集群集成创新能力实现机制研究[J]. 江苏商论，2019（3）：119-121.

[168] 杨同华. 生态产业集群内知识转移对开放式创新的影响研究[D]. 南昌：江西财经大学，2018.

[169] ÖNER, ASLI CEYLAN. Branding and place identity of scientific innovation in life sciences[J]. Dialogues in Human Geography, 2018, 8（3）：342-344.

[170] SHI W. The Use of Enterprise Social Media and Knowledge Sharing Effectiveness[C]// The Use of Enterprise Social Media and Knowledge Sharing Effectiveness, 2017.

[171] 陈欣美. 开放式创新视角下软件企业知识协同概念模型及机制研究[J]. 农业图书情报学刊，2020，32（8）：25-33.

[172] GAO J, WU Y. Application of support vector neural network with variational

mode decomposition for exchange rate forecasting（Retraction of Vol 23，Pg 6995，2018）[J]. Soft computing：A fusion of foundations，methodologies and applications，2021，23（16）：6995-7004.

[173] 彭文杰，汤毅. 互联网+健身消费特征及其形成机理解析[C]// 第十一届全国体育科学大会论文摘要汇编，2019.

[174] 伊夫·多兹，加里·哈默尔. 联盟优势[M]. 郭旭力，鲜红霞，译. 北京：机械工业出版社，2004：128-151.

[175] 张志良. 企业知识产权工作评价指标体系的构建与应用研究[J]. 中小企业管理与科技，2021（36）：161-163.

[176] 李泽中. 多维数据融合的虚拟知识社区个性化知识推荐研究[D]. 长春：吉林大学，2020.

[177] 刘晓煜. 复杂因素对技术联盟知识转移作用机理及评价研究[J]. 科学管理研究，2018，36（1）：116-120.

[178] 魏海坤. 神经网络结构设计的理论与方法[M]. 北京：国防工业出版社，2005：25-39.

[179] RAJESWARI S. RAINA. Technological and institutional change：India's development trajectory in an innovation systems framework [M]. Emerging Economies，2015.

[180] BASILE I，NEUNUEBEL C. Blended finance in fragile contexts：Opportunities and risks[M]. Paris：OECD Publishing，2019.

[181] SRIVASTAVA S，MISRA M. Tracking technology trajectory through regression modelling：a retrospective techno-analysis [J]. Technology Analysis & Strategic Management，2015，27（4）：420-436.

[182] DELGADO-VERDE M，G MARTÍN-DE-CASTRO，J CRUZ-GONZÁLEZ，et al. Complements or substitutes? The contingent role of corporate reputation on the interplay between internal R&D and external knowledge sourcing[J]. European Management Journal，2020，39（1）：70-83.

[183] ZHAO S K，YU H Q，XU Y C，et al. Relationship-specific investment，value creation，and value appropriation in cooperative innovation[J]. Information Technology and Management，2014，15（2）：119-130.

[184] 张宏斌，周先波，王雅维. 加入大数据产业联盟能促进企业的技术创新绩效吗——基于社会网络视角的分析[J]. 产经评论，2021，12（3）：5-21.

[185] OH Y，YOO N. Effective cooperation modes based on cultural and market similarities in interfirm relationships[J]. Journal of international management，2022，28（1）：100891.